MÉTIER ENSEIGNANT

Je prépare ma classe

Moyenne Section

2e édition

Sous la direction de **Marc Loison**,
maître de conférence en histoire,
didactique de l'histoire et histoire de l'éducation,
IUFM-université d'Artois

Valérie Bouquillon, conseillère pédagogique
Marilyn Buisson, professeur des écoles, maître-formateur
Marie-Lise Daubelcour, conseillère pédagogique
Brigitte Faure-Vialle, professeur agrégée de biologie en IUFM
Éric Greff, professeur agrégé de mathématiques en IUFM
Gaëtan Lorek, conseiller pédagogique honoraire en éducation musicale
Jacqueline Lorek, conseillère pédagogique honoraire
Didier Malafosse, professeur agrégé de sciences physiques en IUFM
Yveline Minne, conseillère pédagogique honoraire
André Mul, professeur honoraire de mathématiques en IUFM
Christine Nowak-Andrzejak, conseillère pédagogique honoraire
Bernadette Sauvage, conseillère pédagogique départementale en arts visuels,
présidente du jury académique des épreuves d'arts visuels du CRPE
Claire Sellier, conseillère pédagogique honoraire,
déléguée académique de l'AGEEM
Marie-Anne Viaud, professeur des écoles

Maquette de couverture : Éric Doxat
Crédits photographies de couverture : *Little Girl in Pink Sweater Raising Hand in Class* © GettyImages.fr – Fotolia.com ; *Écolière* © Prod. Numérik – Fotolia.com ; *Montessori/Pre-School Class Listening To Teacher On Carpet* © Monkey Business – Fotolia.com ; *Erdkundeunterricht in der Grundschule* © Christian Schweir – Fotolia.com ; *Fillette au tableau avec sa maîtresse* © Prod. Numérik – Fotolia.com ; *Students Answering Teacher's Question* © AVAVA – Fotolia.com; *Group Of Primary Schoolchildren And Teacher Having Lesson In Class* © Jeff von Hoene – GettyImages.fr ; *Teacher And Students* © Daroonj – iStockphoto.com.
Maquette de couverture : Linéale Production
Maquette intérieure : Noir et Blanc
Illustrations : Julie Bourdais et Geneviève Loison
Photographies : droits réservés
ISBN : 978-2-311-00426-7

Sommaire

Avant-propos

Dans la continuité du décret du 11 juillet 2006 arrêtant le principe d'un socle commun de connaissances et de compétences pour les élèves de l'école primaire, mais aussi et surtout dans le pur respect des programmes de 2008 de l'école maternelle, le présent ouvrage a pour objectif prioritaire d'identifier les principales difficultés auxquelles les enseignants débutants sont confrontés et d'y apporter des réponses concrètes (séquences et séances d'apprentissage, suggestions ou pistes d'activités).

Au croisement des sept grandes compétences constituant le socle commun et des cinq domaines d'activités recommandés par les programmes de 2008 pour structurer les apprentissages à l'école maternelle, cet ouvrage aborde les points suivants particulièrement sujets à interrogation de la part des jeunes maîtres.

DOMAINES D'ACTIVITÉS	COMPÉTENCES
• S'approprier le langage, découvrir l'écrit.	La maîtrise de la langue française.
• Découvrir le monde : découvrir les objets, la matière, le vivant, les formes et les grandeurs ; approcher les quantités et les nombres.	Les principaux éléments de mathématiques et la culture scientifique et technologique.
• Découvrir le monde : se repérer dans le temps et dans l'espace. • Percevoir, sentir, imaginer, créer.	La culture humaniste.

Le décret régissant le socle commun de connaissances et de compétences insiste sur la construction progressive de ces dernières de l'école maternelle à la fin de la scolarité obligatoire. Chaque compétence requiert la contribution de plusieurs domaines d'activités (ou disciplines) et réciproquement, un domaine d'activités (ou une discipline) contribue à l'acquisition de plusieurs compétences.

Par ailleurs, les programmes de 2008 réaffirment la nécessité de promouvoir un enseignement adapté à la diversité des élèves par une continuité éducative au cours de chaque cycle et tout au long de la scolarité de manière à favoriser la lente émergence des champs disciplinaires.

Il n'est pas inutile de rappeler que la notion de cycle est étroitement liée à l'évolution de l'apprentissage de chaque élève et à l'évaluation de ses acquis. Elle recouvre une double préoccupation : la meilleure prise en compte des spécificités des apprentissages de chaque élève et une organisation plus cohérente des progressions grâce à une perspective étendue.

C'est pour répondre à cette double préoccupation que cet ouvrage propose des activités visant à :

– s'approprier le langage (échanger et s'exprimer, comprendre, progresser vers la maîtrise de la langue française) ;
– découvrir l'écrit (se familiariser avec l'écrit, se préparer à apprendre à lire et à écrire)
– découvrir le monde (les objets, la matière, le vivant, les formes et les grandeurs, les quantités et les nombres, le temps, l'espace) ;
– percevoir, sentir, imaginer et créer (le dessin et les compositions plastiques, la voix et l'écoute).

Ces activités ou situations d'apprentissage sont fournies par référence à des compétences clairement identifiées dans un tableau synoptique en début de chaque chapitre. Les compétences qui structurent chaque tableau sont présentées de manière détaillée et individuelle. Il n'y a pas lieu de voir dans cette présentation une quelconque hiérarchisation. Il ne faut en effet pas perdre de vue que les compétences s'interpénètrent inévitablement. Cet argument ne doit pas être pour autant avancé pour nier la pertinence d'activités par l'intermédiaire desquelles l'enseignant visera chez ses élèves une mobilisation plus forte, voire spécifique d'un type de compétences. Ces dernières, en fonction de la période dans le cycle, sont à travailler prioritairement, à consolider ou peuvent être abordées.

Le lecteur sera peut-être surpris de trouver, au niveau de chaque tableau synoptique de compétences, dans le cadre des apprentissages au cycle 1, la grande section de maternelle. Nous ne faisons que respecter la loi d'orientation du 10 juillet 1989 et les différentes instructions qui l'ont complétée par la suite notamment les programmes de 2008. La loi d'orientation de 1989 précise que la grande section « reste une classe de maternelle dont l'unité est non seulement maintenue mais réaffirmée. La grande section assure ainsi la cohérence de l'école maternelle dont elle est l'aboutissement. Les compétences définies pour le cycle des apprentissages premiers (cycle 1) correspondent d'ailleurs à celles qui sont actuellement attendues d'un enfant qui quitte cette école. La dernière année d'école maternelle est donc celle où l'enfant consolide la maîtrise de ces compétences puis commence les apprentissages fondamentaux (cycle 2) ».

Pour répondre concrètement aux attentes des enseignants débutant ou non dans une moyenne section, les auteurs pour la plupart professeurs d'IUFM, conseillers pédagogiques ou enseignants maîtres formateurs, après avoir éprouvé dans des classes toutes les activités décrites, ont opté pour une présentation des séances ou séquences sous forme de fiches de préparation de classe. Pour chacune d'entre elles, sont indiqués :

- la **préparation de la classe** (organisation de la classe, matériel, documents) ;
- le **déroulement de l'activité** (durée, modalités de travail, description de l'activité, résultats attendus, évaluation) ;
- quelques **conseils et pistes de remédiation** pour lever les principales difficultés susceptibles d'être rencontrées ;
- quelques pistes pour une **ouverture transdisciplinaire** ou un **prolongement**.

De plus, afin de tirer le meilleur parti des différentes fiches de préparation proposées, l'enseignant trouvera, dans la continuité de cet avant-propos :

- une vue d'ensemble des séances et de leur articulation avec des compétences et des objectifs en parfaite conformité avec les programmes de 2008 ;
- un exemple de programmation des activités ;
- un emploi du temps hebdomadaire type et quelques conseils pour la gestion du temps de classe.

Nous souhaitons que cet ouvrage devienne un outil de référence tant pour les maîtres confrontés aux réalités quotidiennes de la classe que pour les formateurs en IUFM ou en circonscriptions primaires.
La mise en œuvre éditoriale de ce dernier n'aurait pas été possible sans l'aide précieuse d'Élocia Durrieu, éditrice, que je tiens personnellement à remercier.

Marc Loison,
Maître de conférences, IUFM de l'université d'Artois,
directeur de collection.

Pour vous repérer dans cet ouvrage

Domaines d'activités	Chapitres	Séquences	Objectifs	Séances
LANGAGE ORAL ET ÉCRIT	**Chapitre 1.** S'approprier le langage	Échanger, s'exprimer	Apprendre à communiquer avec les autres : commenter en classe une page du cahier de vie élaborée à la maison ; dans un jeu de déguisement, établir un dialogue acteur/observateurs et rester dans la continuité de l'échange. Poser des questions en écoutant les autres pour deviner une image. Apprendre à dire des comptines numériques.	1 à 4
		Comprendre	Exécuter des consignes de plus en plus complexes ; comprendre la trame narrative d'une histoire lue par l'enseignant ; reconstituer une histoire avec des illustrations à ordonner.	5 à 7
		Progresser vers la maîtrise de la langue française	Comprendre le propos d'un échange ; maîtriser le lexique correspondant ; s'inscrire dans un jeu de rôle avec une marionnette ; faire le récit explicite d'une situation vécue en contexte ; raconter les moments d'une situation vécue dans un temps différé de l'action : expliquer un projet aux parents ; identifier et caractériser les personnages d'une histoire.	8 à 12
	Chapitre 2. Découvrir l'écrit	Connaître les fonctions de l'écrit	Repérer quelques écrits fonctionnels.	1
		Se familiariser avec la langue de l'écrit	Apprendre que l'écrit se constitue de signes conventionnels (rupture écriture-dessin).	2
		Se construire une première culture littéraire	Mettre en place un parcours de lecture ; se familiariser avec la littérature ; construire et écrire un texte.	3 à 8
		Découvrir les réalités sonores de la langue	Découvrir l'unité syllabique, la syllabe finale ; produire des rimes.	9
		Se livrer à des activités graphiques	Acquérir des habiletés multiples : mouvement de translation et de rotation (boucles).	10 et 11
		Découvrir le principe alphabétique	Organiser la découverte des rapports lettre/son.	12

Domaines d'activités	Chapitres	Séquences	Objectifs	Séances
DÉCOUVRIR LE MONDE	**Chapitre 3.** Découvrir les formes et les grandeurs	Différencier et reproduire des formes et des grandeurs	Différencier des formes par la vue et le toucher ; compléter une forme par symétrie ; différencier des figures par la forme et par la taille ; reproduire des assemblages de formes simples.	1 à 6
		Comparer, différencier et agencer des formes et des grandeurs	Comparer des longueurs et des masses ; reconnaître, différencier et nommer les formes ; agencer des formes ; différencier globalement des solides par la vue et le toucher.	7 à 12
	Chapitre 4. Approcher les quantités et les nombres	Comparer et dénombrer des collections	Comparer deux collections en fonction de leur nombre ; réaliser une collection qui a autant d'objets qu'une collection éloignée ; faire la partition de la collection en sous-collections; exprimer la quantité par un « mot-nombre » ; construire des collections par rapport à une collection de référence *« plus que », « moins que », « autant que »*.	1 à 5
		Dénombrer et construire la notion de nombre	Utilisation du dé ordinaire à points pour prendre autant que montre le dé ; utiliser le dé ordinaire à points pour se déplacer sur une piste ; dénombrer ou compter de petites collections non manipulées ; dénombrer une collection puis isoler une collection correspondant à un nombre donné ; placer le nombre sur la droite numérique ; calculer un complément simple.	6 à 11
	Chapitre 5. Découvrir les objets et la matière	Découvrir le vent en se livrant à une exploration manipulatoire et sensorielle	Découvrir les manifestations du vent ; fabriquer un ruban à vent ; produire du vent.	1 à 5
		Découvrir l'eau et les autres matières à travers une exploration manipulatoire et sensorielle	Se familiariser avec les propriétés de flottabilité ; donner du sens au mot imperméable ; trier des matériaux en fonction de leur perméabilité ou de leur imperméabilité ; trier des substances solubles et insolubles ; découvrir le changement d'état solide – liquide (neige, glace, eau).	6 à 13
		Manipuler des objets techniques	Choisir des outils adaptés au perçage ; découvrir la fonction et le mode d'utilisation du baladeur CD et développer l'habileté de l'utilisateur.	14 à 18
	Chapitre 6. Découvrir le vivant	Observer les caractéristiques du vivant	Découvrir la vie végétale à travers les plantations ; découvrir son visage et prendre conscience du rôle de chaque partie ; observer quelques manifestations de la vie chez la grenouille ; observer le mode de vie du poisson.	1 à 4
		Découvrir différents milieux, se sensibiliser aux problèmes de l'environnement	Participer à une action environnementale mise en place dans l'école.	5
		Découvrir son corps et se sensibiliser aux problèmes d'hygiène, de santé et de sécurité	Trier les aliments du petit déjeuner ; préparer le petit déjeuner à l'école ; développer le sens de l'observation et prendre en compte les risques de la rue ; identifier une situation anormale, un danger pour rester en sécurité ; apprendre à communiquer par téléphone pour demander de l'aide.	6 à 10

Domaines d'activités	Chapitres	Séquences	Objectifs	Séances
	Chapitre 7. Se repérer dans l'espace	Se repérer dans l'espace	Retrouver des objets dans la cour de l'école.	1
		Décrire des espaces moins familiers	Se déplacer, se repérer dans le jardin public ; représenter l'espace vécu par une maquette vivante.	2 et 3
		Décrire et représenter simplement l'environnement proche	Faire le plan de la classe ; suivre un parcours simple sur le plan de la classe.	4 et 5
		Suivre, décrire et représenter un parcours simple	Reproduire un parcours à l'identique, fabriquer une maquette ; coder des positions, des déplacements.	6 à 8
		Représenter l'organisation spatiale	Décrire un assemblage pour permettre sa reproduction.	9
		S'intéresser à des espaces inconnus et organiser ses premières connaissances sur l'ailleurs	Découvrir un type d'habitat traditionnel africain ; découvrir d'autres types d'habitat.	10 et 11
		Décrire des positions spatiales	Aller à la rencontre des différents adultes de l'école.	12
	Chapitre 8. Se repérer dans le temps	Construire et utiliser une frise journalière pour organiser les moments de son temps personnel	Percevoir l'alternance temps de la maison, temps de l'école ; utiliser les moments pour caractériser les temps de la journée ; placer dans l'ordre chronologique les temps de la journée ; mettre en place la frise journalière.	1 à 4
		Situer les événements les uns par rapport aux autres	Utiliser une fiche technique (recette) pour planifier la tâche ; prendre des repères pour maîtriser la chronologie ; caractériser et situer des repères sociaux (fêtes traditionnelles) ; percevoir 4 étapes d'une bande dessinée.	5 à 8
		Maîtriser les marques temporelles et chronologiques	Utiliser des images séquentielles pour saisir les notions de début, de déroulement et de fin.	9
		Exprimer et comprendre les oppositions entre présent, passé proche et passé lointain	Évoquer la vie autrefois à partir d'œuvres picturales ; découvrir, vivre et comparer les modes de vie anciens et contemporains.	10 et 11
PERCEVOIR, SENTIR, IMAGINER, CRÉER	**Chapitre 9** Le dessin et les compositions plastiques	Adapter son geste aux contraintes matérielles (instruments, supports, matériels)	Tirer parti des morceaux de papiers déchirés et des ressources expressives du papier ; déchirer des formes de papier dans une intention donnée.	1 à 3
		Observer et décrire des œuvres du patrimoine	Collecter des images artistiques ou non sur une thématique.	4
		Réaliser une composition en plan ou en volume selon un désir d'expression	En vue de réaliser un relief combiner des formes géométriques ; en vue de réaliser un volume associer des objets ou combiner des productions plastiques ; en vue de réaliser une suspension ou une installation combiner des objets ou des productions plastiques.	5 à 9
		Utiliser le dessin comme moyen d'expression	Utiliser le dessin pour traduire des expressions, des émotions.	10

Domaines d'activités	Chapitres	Séquences	Objectifs	Séances
		Observer et décrire des œuvres du patrimoine, construire des collections.	Établir des rapprochements entre plusieurs reproductions d'œuvres d'art, entre deux objets plastiques (impressions et objets de la même couleur).	11 et 12
	Chapitre 10 La voix et l'écoute	Pratiquer des activités vocales	Acquérir un répertoire varié de comptines et de chansons ; approfondir la culture vocale à partir d'un chant simple ; découvrir les paramètres du son ; chanter en chœur et en solo.	1 à 4
		Pratiquer des activités d'écoute	Reconnaître et différencier les rythmes de base ; accompagner des parties de comptines avec des instruments de percussion ; connaître des extraits musicaux d'origines diverses ; élaborer une partition ; s'exprimer corporellement ; affiner le geste instrumental.	5 à 11
		Utiliser des instruments de musique	Ressentir la régularité d'un mouvement sonore ; s'imprégner de formules rythmiques.	12 et 13

Repérage des compétences du socle commun

Domaines d'activités	Chapitres	Contenus des compétences	Séances
LANGAGE ORAL ET ÉCRIT	**Chapitre 1.** S'approprier le langage	Comprendre un message et agir ou répondre de façon pertinente.	1, 5, 8
		Nommer avec exactitude un objet, une personne ou une action ressortissant à la vie quotidienne.	9
		Formuler, en se faisant comprendre, une description ou une question.	2
		Raconter, en se faisant comprendre, un épisode vécu inconnu de son interlocuteur, ou une histoire inventée.	6, 7, 10, 11
		Prendre l'initiative de poser des questions ou d'exprimer son point de vue.	3, 12
		Avoir mémorisé et savoir interpréter des chants, des comptines.	4
	Chapitre 2. Découvrir l'écrit	Identifier les principales fonctions de l'écrit.	1
		Écouter et comprendre un texte lu par l'adulte.	3, 4
		Connaître quelques textes du patrimoine, principalement des contes.	6
		Produire un énoncé oral dans une forme adaptée pour qu'il puisse être écrit par un adulte.	2, 7, 8
		Différencier les sons.	9
		Faire correspondre les mots d'un énoncé court à l'oral et à l'ecrit.	5
		Reconnaître et écrire la plupart des lettres de l'alphabet.	12
		Écrire en écriture cursive son prénom. S'acheminer vers le geste de l'écriture : réalisations graphiques.	10, 11
	Chapitre 3. Découvrir les formes et les grandeurs	Comparer, ranger et classer.	1, 2
		Dessiner un rond, un carré, un triangle.	3, 6, 9
	Chapitre 4. Approcher les quantités et les nombres	Comparer des quantités, résoudre des problèmes portant sur les quantités.	1, 2, 5, 6, 9
		Mémoriser la suite des nombres au moins jusqu'à 30.	3
		Dénombrer une quantité en utilisant la suite orale des nombres connus.	8, 11
		Associer le nom de nombres connus avec leur écriture chiffrée.	4, 10
	Chapitre 5. Découvrir les objets et la matière	Reconnaître, nommer, décrire, comparer, ranger et classer des matières, des objets selon leurs qualités et leurs usages.	1, 2, 3, 4, 5, 6, 7, 8, 9, 10, 11, 12, 13, 14, 15, 16, 17, 18

Domaines d'activités	Chapitres	Contenus des compétences	Séances
DÉCOUVRIR LE MONDE	**Chapitre 6.** Découvrir le vivant	Connaître les manifestations de la vie animale et végétale, les relier à de grandes fonctions : croissance, nutrition, locomotion, reproduction.	1, 3, 4, 5
		Nommer les principales parties du corps humain et leur fonction, distinguer les cinq sens et leur fonction.	2
		Connaître et appliquer quelques règles d'hygiène du corps, des locaux, de l'alimentation.	6, 7
		Repérer un danger et le prendre en compte.	8, 9, 10
	Chapitre 7. Se repérer dans l'espace	Se situer dans l'espace et situer les objets par rapport à soi.	1, 2, 12
		Se repérer dans l'espace d'une page.	4, 5, 7
		Comprendre et utiliser à bon escient le vocabulaire du repérage et des relations dans l'espace.	3, 6, 8, 9, 10, 11
	Chapitre 8. Se repérer dans le temps	Utiliser des repères dans la journée, la semaine et l'année.	1, 2, 3, 4
		Situer des événements les uns par rapport aux autres.	5, 6, 7, 8
		Comprendre et utiliser à bon escient le vocabulaire du repérage et des relations dans le temps.	9, 10, 11
PERCEVOIR, SENTIR, IMAGINER, CRÉER	**Chapitre 9** Le dessin et les compositions plastiques	Adapter son geste aux contraintes matérielles (instruments, supports, matériels).	1, 2, 3
		Utiliser le dessin comme moyen d'expression et de représentation.	10
		Réaliser une composition en plan ou en volume selon un désir exprimé.	5, 6, 7, 8, 9
		Observer et décrire des œuvres du patrimoine, construire des collections.	4, 11, 12
	Chapitre 10 La voix et l'écoute	Avoir mémorisé et savoir interpréter des chants, des comptines.	1, 2, 3, 4
		Écouter un extrait musical ou une production, puis s'exprimer et dialoguer avec les autres pour donner ses impressions.	5, 8, 9, 10
		Adapter son geste aux contraintes matérielles (instruments, supports, matériels).	6, 7, 9, 11, 12, 13

Exemple de programmation des activités

Il faut se rendre à l'évidence : il est particulièrement délicat d'établir une progression des apprentissages en section de moyens. En effet, la mobilisation des compétences se fait inévitablement au fur et à mesure des thèmes d'étude, des projets de classe voire du projet d'école, sans hiérarchie aucune. La programmation des activités à mettre en œuvre et des compétences à mobiliser pourrait revêtir la forme suivante pour le seul exemple des compétences relatives au monde de la matière, des objets et du vivant. Il va sans dire qu'il faudrait étendre la programmation aux différents domaines d'activités. À cette fin on se reportera utilement aux différents tableaux synoptiques des compétences proposés au début de chaque chapitre.

Exemple d'une programmation relative à « Découvrir le vivant, la matière et les objets »

Compétences	Période 1 Projet 1	Période 2 Projet 2	Période 3 Projet 3	Période 4 Projet 4	Période 5 Projet 5
Décrire, comparer et classer des perceptions **Déterminer les organes des sens qui correspondent**	• Dans le « coin-eau » de la classe : découvrir les différentes propriétés de l'eau. • Jouer à transformer l'eau.			• Jouer avec le vent et fabriquer un objet qui fonctionne grâce au vent.	
Reconnaître et désigner des objets **Trier des objets d'après leurs usages** **Choisir des outils et des matériaux adaptés à une situation, à des projets spécifiques**			• Fabriquer des mobiles pour décorer la classe Percer différentes matières. • Fabriquer un arlequin articulé.		Dans le « coin-eau » de la classe : • jouer à faire couler et flotter les objets ; • fabriquer un bateau qui flotte.
Utiliser des appareils alimentés par des piles		• Aménager un « coin-écoute dans la classe » avec des baladeurs CD.			

La gestion du temps

1. Quelques principes

« Le programme de l'école maternelle, sans horaire contraignant, présente les grands domaines d'activités à aborder sur les trois années qui précèdent l'entrée dans la scolarité obligatoire ; il fixe les objectifs à atteindre et les compétences à acquérir avant le passage à l'école élémentaire. » , *Bulletin officiel,* n° 3, 19 juin 2008.

Si l'emploi du temps est à l'école primaire l'outil incontournable de la gestion du temps et le garant de la mise en œuvre des programmes, sa conception requiert de la part de l'enseignant d'école maternelle une attention toute particulière.
Il s'agit en effet :
- de prendre en compte à la fois les **domaines d'activités**, les **activités** dont elles découlent, les **modalités d'organisation** et leur **durée**,
- mais aussi de savoir combiner ces différents paramètres pour organiser une planification du temps qui soit **respectueuse** du cadre officiel, **adaptée** à la tranche d'âge concernée et suffisamment **équilibrée** dans le déroulement de la journée et celui de la semaine de classe.

Chacun des **grands domaines** qui structurent les enseignements de l'école maternelle doit figurer en favorisant le bon déroulement des activités et leur articulation, compte – tenu des besoins et des rythmes biologiques des élèves mais aussi parfois des contraintes d'utilisation des espaces collectifs..
Les **modes d'organisation** choisis doivent intégrer les formes de travail les plus adaptées (collectif, semi - collectif, individuel, groupes) en fonction des objectifs visés et de la tâche à effectuer.
La **durée** mais aussi le moment de la journée au cours duquel s'effectue la séance doivent être modulés en fonction de la section concernée. Le temps imparti doit être suffisant pour permettre à un élève d'entrer dans un vrai processus d'apprentissage (de 30 à 45mn en grande section).

2. Conseils pour la mise en œuvre

- Instaurer en début de journée **un temps d'accueil** tant pour favoriser la relation duelle avec l'élève que pour installer un climat de confiance avec les familles, particulièrement avec les petits.
- Tirer parti **des périodes de vigilance optimale** pour y inscrire les activités de découverte d'une nouvelle situation (milieu de matinée) et veiller à tenir compte des créneaux plus propices aux activités de réinvestissement.
- **La succession des activités** doit ménager des alternances judicieuses entre les tâches dirigées par l'enseignant ou les activités sur consignes (qui nécessiteront une attention plus soutenue) et celles plus autonomes qui relèvent d'un cadre moins contraint.
- **Les temps éducatifs** (l'accueil, la sieste, le passage aux toilettes, l'habillage, etc.) doivent être organisés avec une juste mesure, les temps de rangement font partie intégrante de l'activité en cours.
- **Le bilan de fin de demi-journée** permet d'effectuer un retour en grand groupe et de mesurer les écarts entre la tâche proposée et sa réalisation mais aussi de se projeter dans le déroulement de la demi-journée qui suit.

- Pour conforter la cohésion du groupe - classe, **les moments collectifs** (chants, lecture d'albums, point sur le projet en cours...) sont importants.
- **Les rituels** (mise à jour du panneau d'appel, du tableau de cantine, du calendrier ...) sont à juste titre considérés comme des **activités repères,** structurantes en matière de temps, d'espace et de vie collective. Ils ne présentent toutefois de l'intérêt que s'ils concilient véritablement objectifs pédagogiques pour le maître et apprentissages pour l'élève. Organisé sur une période définie, chaque rituel doit être envisagé dans une perspective évolutive au regard de l'année scolaire mais doit aussi avoir fait l'objet d'une programmation dans le cadre du cycle, afin d'éviter toute répétitivité.

Emploi du temps type

Cet emploi du temps est donné à titre indicatif.

	LUNDI	MARDI	JEUDI	VENDREDI
8 h 20 – 8 h 40	Accueil individualisé – Tableau des présents – Jeux éducatifs ou d'imitation – Dessins libres – Rangement (VE)			
8 h 40 – 8h 50	Rituels : appel – comptage – date – calendrier (DE, AL, DM)			
8 h 50 – 9 h 00	Collation (DE)			
9 h 00 – 9 h 30	Langage au cœur des apprentissages (AL)			
9 h 30 – 10 h 00	Ateliers 1 : langage écrit : graphisme, écriture, jeux de lecture (AL) Découvrir le monde : formes, grandeurs, espace, temps, monde du vivant, matière, objets (DM)			
10 h 00 – 10 h 30	HABILLAGE RÉCRÉATION			
10 h 30 – 11 h 10	Agir avec son corps : activités gymniques (AEC)	S'exprimer avec son corps : jeux dansés, expression corporelle (AEC)	Agir avec son corps : activités gymniques (AEC)	Agir avec son corps : actions de locomotion (AEC)
11 h 10 – 11 h 30	Langage écrit : jeux de conscience phonologique (AL)	Éducation musicale (PSIC)	Lecture d'albums (AL)	Chorale : chants (PSIC)
13 h 30 – 13 h 50	Repos – Écoute musicale			
13 h 50 – 14 h 30	Ateliers arts visuels : dessin, peinture, collage, fabrication d'objets, modelage, analyse d'œuvres Éventuellement un groupe en décloisonnement avec la maîtresse des petits : langage, conscience phonologique (PSIC)			
14 h 30 – 15 h 00	Activités en BCD (AL)	Jeux de rythme (PSIC)	Jeux vocaux (PSIC)	Activités en BCD (AL)
15 h 00 – 15 h 30	Habillage, récréation			
15 h30 – 16 h 00	Ateliers 2 : langage écrit et découvrir le monde (AL, DM) Idem matin			
16 h 00 – 16 h 30	Histoire lue – Retour oral sur la journée – Projet en cours – Poésies – Comptines (AL)			

Domaines : AL : s'approprier le langage oral et écrit – AEC : agir, s'exprimer avec son corps – DE : devenir élève – DM : découvrir le monde – PSIC : percevoir, sentir, imaginer, créer.

Partie 1

Langage oral et écrit

Chapitre 1

S'approprier le langage

:: Continuité des apprentissages en maternelle

:: Repères pratiques

:: Séances 1 à 12

Christine Nowak-Andrzejak

Continuité des apprentissages en maternelle

	1re année	2e année	3e année	Grande section
Échanger, s'exprimer				
Sait répondre de façon compréhensible aux sollicitations de l'adulte				
• entre en relation avec autrui	à travailler prioritairement	à travailler prioritairement		
• utilise un langage de plus en plus structuré et bien articulé		à travailler prioritairement	à travailler prioritairement	à consolider
Sait participer à un échange collectif				
• écoute autrui, se fait comprendre et reste dans le propos	peut être travaillé	peut être travaillé	à travailler prioritairement	à travailler prioritairement
• décrit, questionne, explique, justifie un choix		peut être travaillé	à travailler prioritairement	à travailler prioritairement
Sait dire des comptines ou poèmes en respectant la prononciation et en donnant le ton		à travailler prioritairement	à travailler prioritairement	à travailler prioritairement
Comprendre				
Sait comprendre les consignes ordinaires de la classe				
• une consigne simple	à travailler prioritairement	à travailler prioritairement	à consolider	
• une consigne complexe donnée de manière collective			à travailler prioritairement	à travailler prioritairement
Sait écouter et comprendre un poème, une histoire de plus en plus complexe racontée ou lue, un texte documentaire				
• observe des images et traduit en mots ses observations	à travailler prioritairement	à travailler prioritairement		
• restitue des éléments de la trame narrative d'une histoire	peut être travaillé	à travailler prioritairement	à travailler prioritairement	à consolider
• interprète et transpose l'histoire				à travailler prioritairement
• fait des liens à partir d'un texte documentaire lu				à travailler prioritairement
Progresser vers la maîtrise de la langue française en relation avec les actes du quotidien, les activités scolaires et l'univers de l'écrit				
Sait utiliser un nouvel outil linguistique (lexical ou syntaxique) fourni par l'enseignant	à travailler prioritairement	à travailler prioritairement		
Sait comprendre et utiliser un vocabulaire pertinent				
• noms, verbes, adjectifs	peut être travaillé	à travailler prioritairement	à travailler prioritairement	à travailler prioritairement
• termes génériques, adverbes, comparatifs			à travailler prioritairement	à travailler prioritairement
Sait comprendre et utiliser avec justesse				
• le genre des noms, les pronoms usuels, les prépositions			à travailler prioritairement	à travailler prioritairement
• les temps des verbes			peut être travaillé	à travailler prioritairement
Sait produire des phrases				
• courtes et correctes	à travailler prioritairement	à travailler prioritairement	à consolider	
• de plus en plus complexes et correctement construites			à travailler prioritairement	à travailler prioritairement
Sait s'intéresser aux mots, au sens des mots				à travailler prioritairement

- à travailler prioritairement
- à consolider
- peut être travaillé

Repères pratiques

1. Les axes forts du domaine d'activités

« Pour que l'enfant parle, il faut qu'il pense et pour qu'il pense, il faut qu'il vive ! Faites-les vivre, ils parleront ! » (Pauline Kergomard (1838-1925), *Un cinquantenaire 1925-1975*, OMEP).

Le langage oral apparaît sans conteste comme l'axe majeur des activités de l'école maternelle. Permanent, intégré à toutes les activités, il est au cœur de tous les apprentissages et sa dimension transversale est largement soulignée. Si le langage occupe une place aussi déterminante, c'est que sa maîtrise conditionne les apprentissages futurs de l'élève et que l'école maternelle tout entière joue un rôle prépondérant dans la prévention de l'échec scolaire.

L'accent porté sur la construction progressive d'une syntaxe permettant la production d'énoncés de plus en plus complexes et leur articulation ; la contribution à l'acquisition organisée d'un vocabulaire de plus en plus riche et adapté constituent des points essentiels de ce domaine.

2. Les spécificités de la section

A Quelques repères en matière d'acquis langagiers de l'enfant de moyenne section

Les éléments qui suivent [1] ne sauraient être considérés comme des normes au sens strict : ils constituent des points d'appui utiles pour la mise en place des futurs apprentissages du domaine langagier.

- Entre 4 et 5 ans, l'enfant dispose d'un corpus d'environ 1 500 mots et les phrases qu'il compose peuvent comporter 6 mots et plus.
- Pour l'essentiel, l'articulation est maîtrisée.
- On assiste à un maniement assez adapté des pronoms personnels, de la négation et des mots de comparaison. L'appropriation du genre et du nombre est en bonne voie d'acquisition.
- Les règles conversationnelles se mettent en place : les tentatives pour adapter le langage à la situation de communication et à l'interlocuteur apparaissent.

B Les aspects majeurs des apprentissages à mettre en œuvre en référence au tableau de compétences ci-contre

L'enfant de moyenne section a la plupart du temps acquis les compétences de communication en relation duelle. Il faudra toutefois encore l'accompagner dans son parcours « d'apprenti parleur » pour lui permettre d'aborder la participation à un échange qui s'oriente vers le collectif et qui intègre les usages de la communication : écouter l'autre et rester dans le propos de l'échange.

Les prétextes à exécuter des consignes et des actions plus complexes ou successives seront mis à profit.

Des histoires racontées ou lues par l'enseignant feront l'objet d'un travail de plus en plus soutenu en matière de compréhension.

La maîtrise d'un lexique pertinent, celle des pronoms usuels et des prépositions, la production d'énoncés plus longs et bien construits attesteront des progrès de l'élève en matière de maîtrise de la langue française.

1. *Source : Le Langage à l'école maternelle*/MEN 2006.

3. Éléments didactiques et pédagogiques

A L'adulte, un expert qui manie un « parler professionnel » et qui encourage les initiatives

Par la qualité du langage qu'il produit, par le soin qu'il apporte à moduler sa parole, par ses reformulations, le maître se positionne dans la classe comme un locuteur expert.

• Dès la section des moyens, la mise en œuvre d'un guidage suffisamment souple favorisera l'émergence d'initiatives de la part de l'élève : il faudra le mettre en confiance pour qu'il ose se tromper, qu'il reprenne le cours de sa parole et qu'il tente d'améliorer son propos.

• Le maître n'est pas « le maître du jeu » en permanence : il peut organiser des ateliers de langage au cours desquels il choisit d'occuper une position en retrait pour observer la manière dont la parole circule entre les élèves et les types d'énoncés produits.

• L'interaction entre les élèves est une source d'apprentissage : organisées dans le cadre d'une activité ou en petits groupes, les situations qui demandent aux enfants de coordonner leurs actions, de se mettre d'accord suscitent naturellement l'expression orale et stimulent les apprentissages.

B Les situations de langage

Pour qu'il y ait situation de langage, il faut à la fois un échange entre des interlocuteurs et un enjeu qui motive cet échange effectué à partir d'un code commun.

Ce n'est qu'au cours d'activités fondées sur des intérêts réels que se manifestera le véritable enjeu de la prise de parole. Dans des situations créant l'échange et la discussion, confrontés aux paroles des autres, les enfants sont amenés à tenter d'expliquer, de rapporter, d'argumenter, etc., ils sont alors en situation d'apprentissage du langage.

• Dès la moyenne section, le bagage langagier plus riche de l'enfant mais aussi les expériences antérieures qu'il peut mobiliser lui permettent d'entrer dans des échanges plus soutenus et de prendre de la distance par rapport à sa propre activité.

• La vie de la classe offre de multiples occasions de création d'un contexte de communication : prétextes liés à la cohésion du groupe, instauration de règles de vie communes, mise en place de projets dans la classe, etc.

• Il s'agit toujours de parler dans une intention : « parler pour »... demander, informer, expliquer, faire, etc.

• Le langage d'évocation nécessite la pratique d'un langage hors contexte de l'action. Raconter ou se raconter suppose d'acquérir les marques de l'énonciation, les connecteurs temporels et de commencer à mettre en place les flexions verbales. Les situations d'apprentissage conduites autour des histoires et des récits de vie contribueront à développer ce langage narratif.

C Des organisations toujours adaptées aux objectifs visés par chaque séquence d'apprentissage

Le grand groupe : il a sa raison d'être lorsqu'il favorise la visée sociale de l'échange : on informe la classe entière, on apporte des régulations, on donne des consignes, etc.

Cependant, c'est un système de communication très centralisé, dans lequel la parole du maître est dominante : il ne permet pas à tous les élèves de trouver un espace de parole adapté.

Les groupes conversationnels dont certains chercheurs comme A. Florin ont montré l'intérêt seront organisés de façon régulière : ils constitueront une réponse à la question du développement de la prise de parole chez l'enfant.

Séquence : Échanger, s'exprimer

Séance n°1 Le retour des cahiers de vie

:: **Compétence** : Comprendre un message et agir ou répondre de façon pertinente.

:: **Objectif** : Communiquer avec les autres à propos d'une page du cahier de vie élaborée à la maison.

:: **Type de discours** : Informatif.

:: **Capacités** : Savoir répondre de façon compréhensible aux sollicitations de l'adulte et des autres enfants de la classe. Produire un énoncé construit et bien articulé.

:: **Conditions préalables**

– Mettre en place un cahier de vie avec chaque élève de la classe.
– Inscrire à l'emploi du temps de la classe des activités de langage régulières autour de ce dernier.
– Avoir rencontré les parents afin de leur expliquer l'intérêt du cahier de vie, son fonctionnement : certaines pages leur seront consacrées et les inviteront à participer.
– Avoir transmis le cahier avec une page spécifique destinée aux parents qui propose une petite activité concernant le goûter préféré de l'enfant.

- **Organisation de la classe**
  Un groupe de 6 élèves installés autour d'une table.
- **Matériel**
  Le cahier de vie personnel de chaque élève : il s'agit d'un passe-vues constitué de pochettes en plastique qui favorisent l'implication autonome de l'élève. Très vite, l'enfant parvient à glisser dans les pochettes les feuilles sur lesquelles il vient de travailler avec le concours de l'adulte.
- **Document**
  La page qui concerne l'activité du jour.

:: Préparation de la classe

- Durée : 20 minutes.
- **Modalités de travail :** activité dirigée en atelier composé de parleurs hétérogènes.

:: Déroulement de l'activité

→ Description de l'activité

- **Phase 1 : le cahier a été transmis à la famille à la suite d'une activité particulière menée en classe : une séquence sur le petit déjeuner.** Une page spécifique a ensuite été dédiée aux familles.

L'incitation à participer au cahier de vie était la suivante :

« **Quel est ton goûter préféré ?** Dessine ou découpe dans des catalogues les photos de ce que tu aimes manger et boire pour le goûter. Demande à papa ou à maman de t'aider. »

- **Phase 2 : en classe, on découvre la page de chaque enfant dans le cadre d'un atelier.**

Les retours de la page « famille » sont très divers :

– il s'agit de quelques mots écrits qui racontent ou expliquent avec quelques dessins ;

– des traces collées et légendées témoignent : l'étiquette du pot de yaourt, la photo du fruit ou de la tranche de brioche que l'on a découpée dans un magazine ;

– des photos des divers éléments ou celle de la table installée ont été réalisées, etc.

Avec le groupe, on va resituer le contexte de départ : le retour du cahier dans la famille et le thème de participation qui était proposé.

Avec chaque enfant, à tour de rôle, on ouvre la page du cahier concernée et on l'invite à prendre la parole et à commenter spontanément les traces qui y figurent. Lorsque la prise de parole est difficile, l'adulte intervient en appui pour pointer sur la page la photo ou le dessin, poser une question ouverte qui sert de lanceur.

On découvre les traces dans leur diversité au fur et à mesure des commentaires des enfants. L'enseignant s'étonne : *tu crois* ? Relance : *alors, toi aussi, tu aimes bien*... Feint de découvrir des similitudes et les met en évidence : *oh, c'est comme Pierre*...

En synthèse de la séance, on fait circuler les cahiers à l'intérieur du groupe et on essaie de se souvenir de quelques constantes : les fruits, les produits laitiers, les boissons, etc., que l'on aime le plus. On s'entraîne à nommer en articulant le mieux possible.

Résultats attendus

La part d'inconnu lors des retours de la page « famille » est importante : si le thème est imposé, la forme du retour est libre, elle peut aussi être inexistante (pour diverses raisons).

Il conviendra de s'adapter à la diversité des supports à découvrir et de faire entrer en communication chacun des élèves du groupe. Dans la mesure où chacun a été réellement partie prenante dans la production de sa page, sa motivation à montrer, expliquer et commenter va être effective car chaque trace qui figure sur cette page réfère à un vécu personnel qu'il a envie de partager en classe.

Évaluation

Le degré d'adhésion de l'enfant à l'activité et le niveau de sa prise de parole :

– son aisance relative à oser parler dans un petit groupe ;

– la production d'un petit énoncé personnel plus ou moins construit et bien articulé ;

– l'utilisation d'un lexique adapté à la page à commenter.

:: Conseils

1. **Si la page du cahier revient sans participation de la famille**, il sera judicieux de mettre en place avec l'enfant (ou les enfants) concerné(s) un petit temps de travail spécifique de langage sur le thème du goûter, au terme duquel on mettra en forme avec chacun une trace qui sera ensuite présentée en groupe.

2. Ce travail mené avec des groupes de parleurs hétérogènes permettra de mettre en évidence les besoins spécifiques de certains élèves en matière de prise de parole. Il s'agira alors de proposer des situations de langage pour chaque élève identifié comme petit parleur dans le cadre d'ateliers conversationnels organisés dans ce but.

Séance n° 2 Devinez mon déguisement !

:: **Compétence** : Formuler, en se faisant comprendre, une description ou une question.

:: **Objectif** : Dans le cadre d'un jeu, établir un dialogue, acteur/observateur et rester dans la continuité de l'échange.

:: **Type de discours** : Descriptif.

:: **Capacité** : Savoir participer à un échange. Décrire avec justesse un déguisement.

:: **Condition préalable** : Un projet concernant le carnaval fédère les activités de l'école durant une période.

:: Préparation de la classe

- **Organisation de la classe**
  Atelier de 10 élèves (niveau de langage hétérogène) : 5 seront les acteurs successifs de l'activité, 5 seront des « spectateurs actifs ».
- **Matériel**
  Un paravent ou un espace permettant de se déguiser hors de la vue du groupe.
  Une tunique de couleur neutre que chacun des acteurs enfilera avant de chercher des accessoires.
  Des accessoires divers mais simples pour chacun des déguisements qui seront évoqués durant la séance (le clown, le jardinier, la princesse, la grand-mère, le cuisinier, etc.) : le chapeau pointu, le nez rouge, le nœud papillon, la trompette, le chapeau de paille, le tablier, l'arrosoir, le râteau, etc.
  On choisira des accessoires :
  - bien connus des enfants et donc rapidement identifiables ;
  - en nombre suffisant pour évoquer le personnage (4 objets différents) ;
  - très faciles à enfiler par un élève en situation autonome d'habillage.
- **Documents**
  Des fiches en bristol qui représentent chacun des accessoires utilisés pour la séance.
  Par exemple :

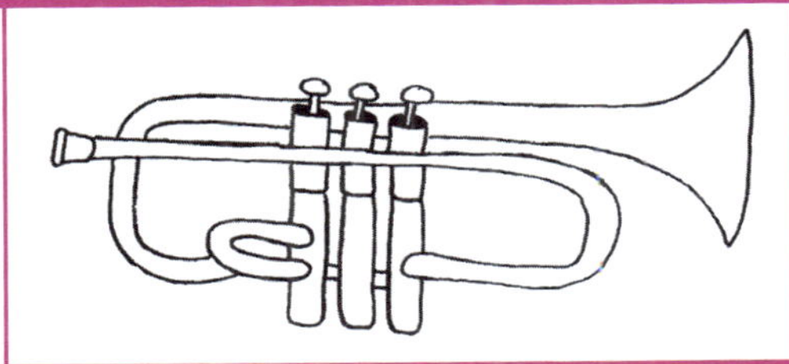

:: Déroulement de l'activité

- **Durée** : 30 minutes.
- **Modalités de travail** : atelier de 10 élèves installés dans le coin regroupement : on en désigne 5 qui seront chargés de se déguiser à tour de rôle derrière le paravent.

→ Description de l'activité

- **Phase 1. Rappel collectif du détail des accessoires** qui seront à la disposition des élèves : on fait l'inventaire systématique, on montre, on nomme et on met rapidement en lien avec un personnage : le fichu, c'est pour la grand-mère ; le râteau, c'est pour le jardinier, etc.

Présentation de la tâche : les élèves qui se déguisent doivent aller dans l'espace de déguisement, enfiler une tunique, choisir 4 accessoires.

Chacun doit dire ce qu'il prend comme objet et comment il le met. Par exemple : « Je mets le chapeau pointu sur ma tête, j'accroche le nez rouge sur mon nez, le nœud papillon autour de mon cou et je prends une trompette. » Quand il est prêt, il doit demander : « Devinez en quoi je suis déguisé ? » Aux propositions des élèves, il répond par oui ou non. Pour le groupe de spectateurs, il faudra bien écouter le nom de chaque accessoire qui sera donné, le rechercher sur le panneau de référence, décrocher la fiche bristol qui correspond. À la fin, il faudra essayer de deviner le bon déguisement en observant les 4 fiches. L'enfant déguisé dira si on a réussi à trouver en quoi il est déguisé et il se montrera aux spectateurs.

- **Phase 2.** On effectue un premier essai de l'activité que l'on mène à terme, l'enseignant est présent pour apporter les régulations nécessaires.

On fait un rapide bilan sur ce qui a bien marché et ce qui a été difficile :
Pour l'acteur du déguisement : bien choisir ses 4 objets ? Bien dire ce qu'il fait au fur et à mesure ?, etc.
Pour le groupe des observateurs : bien écouter le nom de chaque objet ? Reconnaître les objets sur le panneau ? Imaginer le déguisement ?

- **Phase 3.** L'enseignant se place en retrait, il observe particulièrement la prise de parole de l'élève derrière le paravent.

Résultats attendus

Cette situation crée les conditions d'une nécessaire communication entre l'élève acteur et le groupe d'observateurs : l'un doit dire ce qu'il fait dans un cadre contraint et très défini, les autres doivent se montrer très à l'écoute pour trouver le déguisement choisi.

Évaluation

Elle portera essentiellement sur la prise de parole de l'élève acteur en situation :
- il ose prendre la parole ;
- il reste dans la continuité de l'échange ;
- il nomme les accessoires choisis ;
- il dit comment il les place ;
- il pose la question finale. Il valide la proposition.

:: Pistes de remédiation

Pour des élèves qui n'ont pas le degré suffisant d'autonomie pour prendre le rôle de l'acteur :
- faire choisir une fiche sur laquelle figure un personnage déjà déguisé : elle servira d'aide-mémoire ;
- préparer au préalable avec l'élève les accessoires nécessaires, les placer dans l'ordre où il faudra les mettre, aider à dire ce qu'il fait une première fois pour « s'entraîner » ;
- mettre en place un tutorat avec un élève qui vient soutenir l'acteur derrière le paravent pour choisir les accessoires, les enfiler, énoncer au fur et à mesure, valider la proposition des observateurs.

Séance n° 3 Pose une question et trouve l'image

:: **Compétence** : Prendre l'initiative de poser des questions ou d'exprimer son point de vue.

:: **Objectif** : Poser des questions en écoutant les autres pour deviner une image.

:: **Type de discours** : Descriptif.

:: **Notion étudiée** : Catégoriser.

:: **Capacités** : Savoir écouter autrui et attendre son tour de parole. Poser des questions.

:: **Conditions préalables** :

Constituer diverses planches de jeu présentant des vignettes ou photographies selon des thématiques lexicales à définir : les métiers, les transports, les jouets, les animaux (du zoo, de la ferme, de la forêt, de la mer présentés par catégories ou mélangés).

Pour l'élève :

Avoir découvert les images qui constituent le plateau de jeu dans le cadre de jeux de classement, de loto, de mémory, etc., pour prendre des repères, savoir distinguer les images et nommer les éléments.

:: Préparation de la classe

- **Organisation de la classe**
  Atelier composé de 6 élèves (groupe homogène).
- **Matériel**
  Chaque enfant dispose d'un plateau de jeu : 12 vignettes y figurent, elles représentent les silhouettes ou photographies des véhicules choisis pour la séance (le choix de la série conditionnera le questionnement possible), il a également à sa disposition 11 caches aux dimensions des vignettes. Le meneur de jeu dispose d'une série de 12 images correspondant aux vignettes de la planche de jeu.

:: Déroulement de l'activité

- **Durée** : 20 minutes.
- **Modalités de travail** : atelier dirigé par l'enseignant qui est le meneur de jeu.

→ Description de l'activité

- **Phase 1 : présenter le jeu.** Chaque enfant a à sa disposition une planche de jeu représentant les véhicules suivants :

Bicyclette	Moto	Camion
Train	Bateau	Autocar
Ambulance	Avion	Tricycle
Fusée	Caravane	Traîneau

Il faut bien observer silencieusement les vignettes une par une dans un premier temps.

• **Phase 2.** L'enseignant montre une par une la série des 12 images qui correspondent aux vignettes de la planche en les nommant dans l'ordre où elles apparaissent sur la planche. Il indique qu'il va choisir sans la montrer ni la nommer une des images.

Exemple :

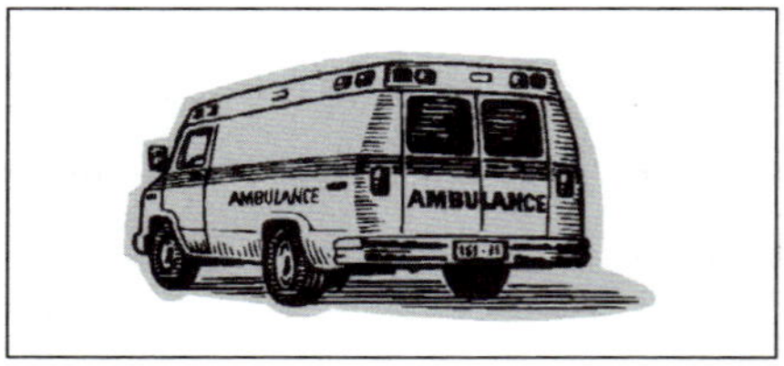

Ensuite, la consigne sera : « Devinez quel véhicule j'ai choisi. »
Pour deviner, on n'a pas le droit de donner le nom d'un véhicule : il faut poser des questions qui permettront de le décrire. Chacun à son tour pose une question. On écoute bien ce qu'a dit le camarade pour ne pas poser la même question.

• **Phase 3.** À tour de rôle, chacun va prendre la parole pour essayer de donner une caractéristique permettant de définir le véhicule. Les réponses de l'enseignant sont affirmatives ou négatives. Au fur et à mesure, les caches viennent recouvrir les véhicules ne convenant pas, par élimination.
L'enseignant guide les élèves à ce stade de l'activité pour leur montrer comment procéder : les amener à mettre en évidence que l'on peut, par exemple, cacher l'image du train dès lors que l'on sait que le véhicule recherché ne se déplace pas sur des rails. On procède ensemble à des éliminations successives. On confirme le nom du véhicule choisi par une dernière question le caractérisant.

Résultats attendus

À partir de ce type de support langagier motivant, il est attendu que :
- chaque élève entre dans le jeu et s'implique réellement dans la recherche qui verra son aboutissement grâce à la participation de tous ;
- le tour de parole s'effectue de manière fluide et dans le respect des règles conversationnelles.

Le rôle de l'enseignant est double dans ce jeu :
- veiller à la prise de parole de chaque élève à son tour ;
- aider à la pertinence du questionnement pour faire progresser l'élimination successive des images en bonne cohérence avec les éléments apportés par les élèves.

Évaluation

On portera essentiellement l'accent sur la capacité de l'élève à :
1. Écouter l'adulte et ses camarades.
2. Prendre la parole à son tour.
3. Interpréter les éléments apportés et savoir formuler une question prenant en compte la question et la réponse qui ont précédé constitueront seulement ici des compétences en cours d'élaboration.

:: Remarques

Cette activité prend le parti de donner à l'enfant l'occasion de verbaliser dans un cadre très contraint qui l'incite à une écoute attentive.
Le travail sur le questionnement en cohérence est ici un prétexte à l'activité, il n'en est pas la finalité : il sera bien entendu à reprendre et à approfondir dans d'autres contextes où la hiérarchisation des questions et l'interprétation des réponses seront une priorité (exemple : le jeu du portrait).

:: Piste de remédiation

Il faudra envisager avec certains groupes d'élèves d'utiliser des planches de jeu comportant moins d'images (6 à 9) et de composer la série en proposant des éléments appartenant seulement à deux ou trois catégories très différentes afin de faciliter le questionnement et l'élimination successive des images.

:: Prolongement

Introduire d'autres planches comme évoqué dans la rubrique « Conditions préalables » : il conviendra de choisir les catégories lexicales en fonction des projets de classe en cours.

Séance n° 4 Des comptines et des nombres

:: **Compétence** : Avoir mémorisé et savoir interpréter des chants, des comptines.

:: **Objectif** : Apprendre à dire des comptines numériques.

:: **Type de discours** : Poétique.

:: **Capacité** : Savoir dire une comptine avec une bonne prononciation.

:: **Condition préalable** : Savoir dire et redire des comptines à caractère narratif.

:: Préparation de la classe

- **Organisation de la classe**
  Les élèves de la classe installés en demi-cercle face à l'enseignant.
- **Matériel**
  Un corpus de comptines numériques appartenant au répertoire : leur apprentissage fait l'objet d'une progression ; elles seront exploitées pour leur aspect numérique dans le cadre de l'approche des quantités et des nombres.

Les nombres y sont énumérés dans l'ordre, la suite est fractionnée, les nombres sont associés à des collections, on introduit l'ordre des nombres, le cardinal d'une collection, on récite dans l'ordre croissant ou décroissant, on évoque les grands nombres, etc.

La séance présentée vise uniquement le travail d'appropriation de ce répertoire.

:: Déroulement de l'activité

- **Durée** : 15 minutes.
- **Modalités de travail** : activité dirigée.

→ Description de l'activité

- **Phase 1 : présenter la comptine. Exemple :** la suite des nombres est fractionnée de 2 en 2 ou de 3 en 3 :

1, 2, v'là des œufs,	**3, 4,** faut les battre !	**5, 6,** c'est Alice	**7, 8,** qui les cuit !
	9, 10, c'est Félix	**11, 12,** qui les couve !	

L'enseignant meneur de jeu impulse et accompagne au cours de ce premier temps. L'objectif visé est la mémorisation de la comptine.

- **Phase 2 : répondre à l'enseignant qui donne l'attaque de phrase.** Les élèves répondent comme dans un jeu dialogué en conservant le rythme. On inverse : les attaques de phrases sont données par les élèves, l'enseignant puis un élève donne la réponse. Certaines parties du texte sont intériorisées : d'abord la réponse que l'on chante dans sa tête, puis l'attaque de phrase.
- **Phase 3 : on termine en supprimant toutes les paroles qui sont intériorisées.** L'enseignant marque le rythme en effectuant une diction labiale pour soutenir les élèves en difficulté. Un élève qui a bien mémorisé texte et rythme devient meneur de jeu. Il s'aide des doigts pour accompagner la suite des nombres.

Résultats attendus

Familiariser les élèves avec un ensemble de comptines intégrant des nombres : elles seront d'abord exploitées sur le plan de la mémorisation de la suite numérique abordée sous différents angles (la suite des nombres présentée en chapelet puis abordée sous forme de suite sécable).

Ces supports feront l'objet d'un travail plus systématique concernant l'approche du nombre qui en sera grandement facilité : lien avec la bande numérique et la résolution de problèmes notamment.

Évaluation

La comptine est mémorisée en ce qui concerne le texte et la suite des nombres. L'élève sait la dire seul ou avec le soutien de l'adulte. Il parvient à intérioriser seul certaines parties de la comptine.

:: Prolongements

Inventer une nouvelle comptine fondée sur la même suite numérique en respectant les contraintes de structures et de rimes. Découvrir des suites numériques fractionnées différemment (de 3 en 3, de 4 en 4, etc.) et créer d'autres comptines sur le même modèle.

:: Ouverture transdisciplinaire

- Découvrir des livres à compter.

Exemples :

- *Poin, point, points* (Gautier-Larguereau) ;
- *Combien y a-t-il de petites bêtes dans la boîte ?* (Albin Michel Jeunesse)

- Après avoir découvert les caractéristiques de différents livres, en fabriquer un pour la classe.

Séquence : Comprendre

Séance n° 5 Écoute la consigne !

:: **Compétence** : Comprendre un message et agir ou répondre de façon pertinente.

:: **Objectif** : Exécuter des consignes de plus en plus complexes.

:: **Type de discours** : Injonctif.

:: **Capacités** : Comprendre des consignes complexes et les exécuter. Savoir donner des consignes et les valider.

:: **Conditions préalables** : Il est nécessaire de vérifier que les élèves savent comprendre et exécuter des consignes simples et les enchaîner ; reconnaître les couleurs primaires.

:: Préparation de la classe

- **Organisation de la classe**
  Atelier de 6 élèves de niveau langagier hétérogène. Les élèves sont installés sur des tables alignées face à l'enseignant (ou à l'élève donneur de consignes pour la suite de la séance).
- **Matériel**
  Des cubes emboîtables de couleur ou tout autre matériel permettant de construire des petites tours de couleur (une série identique par enfant : cubes de petit format, choisis selon les couleurs primaires).
- **Documents**
  Des cartes de petit format représentant des tours réalisées avec les cubes (2, 3 puis 4 couleurs).

:: Déroulement de l'activité

- **Durée** : 20 minutes.
- **Modalités de travail** : atelier dirigé par l'enseignant dans sa première phase puis par des élèves qui vont donner les consignes lors de la phase 4.

→ Description de l'activité

- **Phase 1 : présentation du jeu.** L'enseignant se place face aux élèves et explique les modalités. « Chacun dispose d'une boîte contenant des cubes de couleur. Il faudra construire des tours en écoutant bien ce que je vais indiquer : la **couleur** de chaque cube et **comment** placer chaque pièce. »
À chaque fois, on posera la tour sur la table puis on vérifiera si chacun a réussi.
- **Phase 2. Exécution de consignes intégrant :**
- la reconnaissance des couleurs de base : 2, 3 (puis 4 couleurs) ;
- la reconnaissance des connecteurs temporels tels que : *d'abord*, *après*, *ensuite*, *puis*, etc.
La première consigne vérifie que chaque enfant a bien compris le jeu :
« **D'abord**, vous prenez un cube rouge **puis** vous placez un cube jaune. »
On valide la compréhension. On enchaîne les consignes qui mettent en jeu les items cités ci-dessus en variant la formulation des connecteurs temporels. À chaque fois, le retour à la consigne

est donné par l'enseignant, chaque enfant valide sa réalisation en pointant au fur et à mesure sur chacun des cubes. Lorsqu'une difficulté est rencontrée dans la compréhension d'une consigne :
- l'enseignant repère deux réalisations dont l'une a bien pris en compte les données et l'autre pose un problème ;
- on observe les constructions, on verbalise les différences ;
- une phase de confrontation est ménagée à l'intérieur du groupe puis on effectue la modification.

• **Phase 3.** Selon le degré de réceptivité du groupe, on pourra envisager de poursuivre avec la mise en œuvre d'autres types de consignes.

Exécution de consignes intégrant des connecteurs spatiaux : *au-dessus* de, sur, *entre* :
« Vous posez un cube jaune et **au-dessus** trois cubes rouges. » ; « Vous placez un cube bleu **entre** deux cubes jaunes. » Validation par comparaison avec un exemple témoin et une reformulation effectuée par un enfant.

Exécution de consignes intégrant la notion d'ordinal : *le premier, le deuxième, le troisième, le dernier*.
« Le premier cube est bleu, le deuxième est rouge et le troisième est vert. »
Validation par reformulation d'un enfant qui utilise sa production pour s'aider à dire la consigne.

• **Phase 4 : l'enseignant se met en retrait, un enfant devient meneur de jeu.** On introduit les nouvelles modalités de jeu. L'enfant acteur se place face aux élèves. Il a à sa disposition une boîte contenant des cartes présentant différents modèles de tours. Il en choisit un hors de la vue des élèves. Il décode le modèle et donne les consignes. L'enseignant joue le rôle de régulateur uniquement si c'est nécessaire : lors de la phase d'émission des consignes ou pour la validation.

Résultats attendus

- Une parfaite concentration de l'élève qui doit entrer dans l'activité.
- Une très bonne écoute pour intégrer des consignes successives.
- Une bonne adaptation au langage des consignes : elles sont formulées différemment mais concernent une réalisation finale identique : en premier, d'abord/ensuite, le deuxième, etc.

Évaluation

On observera les différents niveaux de réponse :
- l'enfant exécute une consigne/il enchaîne deux consignes ;
- il verbalise une erreur/il corrige une erreur ;
- il reformule la consigne/il donne des équivalences ;
- il sait donner des consignes.

:: Pistes de remédiation

Un travail spécifique sera mené avec des enfants qui manifestent des difficultés particulières : écouter, reformuler des consignes simples qui seront énoncées de manière plus individualisée, les exécuter ; enchaîner des consignes simples en décomposant la tâche ; comprendre le sens des mots : vocabulaire temporel ou spatial ; comprendre les critères de réussite.

:: Prolongements

• On utilise le principe du paravent, les élèves jouent deux par deux.

• On organise sur le même modèle des petits groupes de trois élèves : l'un est l'émetteur des consignes, l'autre est l'exécuteur, le troisième est l'observateur. On inverse les rôles.

• On change les supports : on utilise des pièces mobiles pour composer une scène ou un paysage. On confronte ensuite la réalisation initiale et celle qui est obtenue par l'exécution des consignes.

Séance n° 6 Ce qui est important dans une histoire

Compétence : Raconter, en se faisant comprendre, un épisode vécu inconnu de son interlocuteur ou une histoire inventée.

Objectif : Comprendre la trame narrative d'une histoire lue par l'enseignant.

Type de discours : Narratif.

Capacité : Savoir restituer de mémoire tout ce qui est important dans une histoire lue.

Conditions préalables : L'enfant doit avoir commencé à se familiariser avec la culture des livres et avoir une « pratique du livre » adaptée : tourner les pages dans l'ordre, les regarder en respectant l'organisation de gauche à droite et de haut en bas. Ritualiser des moments de lecture de récits : il est indispensable d'habituer les enfants à l'écoute d'une parole complexe et d'un discours organisé qui est celui du langage de récit. Ce faisant, l'enfant développe des capacités à imaginer, mémoriser, anticiper, restituer puis recréer des histoires.

Préparation de la classe

- **Organisation de la classe**
  Activité menée en petit groupe dans l'espace de regroupement de la classe ou en BCD. Veiller particulièrement à une installation adaptée des élèves : leur capacité d'écoute en sera favorisée.
- **Matériel**
  Deux silhouettes montrant Louise de face et de dos ; l'ensemble, rigide, est fixé sur des baguettes qui permettent de tenir et de montrer les personnages.
- **Documents**
  L'album *Petit bout tout doux* de Claude Lager (L'école des Loisirs) dans lequel on trouve deux histoires : *Petit bout a disparu/Petit bout plein de trous*.

Déroulement de l'activité

- **Durée** : 20 minutes + 10 minutes de restitution collective.
- **Modalités de travail** : atelier dirigé avec 6 élèves. La phase 3 se fera avec toute la classe.

→ Description de l'activité

- **Phase 1 : créer un horizon d'attente vis-à-vis de l'album.** Découverte de la première de couverture et mise en évidence par le questionnement des éléments signifiants de l'image : le personnage principal (une petite fille), le lieu (une chambre), l'action en train de se dérouler (elle dort paisiblement, sa main agrippe un morceau d'étoffe : un petit bout de tissu tout doux). Pourquoi ? Que va-t-il se passer ? **Découvrir l'histoire lue :** lecture magistrale du premier récit : *Petit bout a disparu*. Ce premier temps vise l'appropriation du récit sans le support des images.

Présentation du personnage : la petite fille s'appelle Louise, elle a un « petit bout » qui l'accompagne partout. Description des actions principales : elle joue, elle fait de la magie, elle mange, elle va sur le pot, elle pleure, elle ne s'endort qu'avec son petit bout. Mise en évidence du problème : elle a perdu Petit bout. Elle le cherche en vain dans sa chambre. Elle se met en quête et sort dans le noir. Résolution : Petit bout est sur le banc, elle peut s'endormir.

• **Phase 2 : relecture effectuée avec le support des illustrations.** Celles-ci, toutes avec des teintes pastel au début de l'histoire, donnent vie à Louise accompagnée de Petit bout dans les actions de sa vie quotidienne que les enfants sont invités à nommer au fur et à mesure. Elles créent, par les tons plus sombres, une intensification du suspense au moment où Louise se risque dans le noir pour enfin favoriser la résolution finale. Lors d'une seconde présentation, chaque page est observée finement pour reprendre la progression du récit : les élèves accompagnent les images de leurs commentaires.

• **Phase 3 : retour en grand groupe.** Il va s'agir pour chacun des élèves de l'atelier de restituer de mémoire l'histoire aux enfants auxquels elle n'a pas encore été présentée. Pour la matérialiser et soutenir la narration, on dispose de deux silhouettes sur bristol grand format fixées sur des baguettes : l'une vue de face, avec des coloris pastel tenant son petit bout d'étoffe à la main et l'autre vue de dos, avec des coloris sombres, partant à sa recherche. On observe dans un premier temps chacune des deux silhouettes, on les compare et on resitue le moment de l'histoire dans lequel elles s'inscrivent. On organise la restitution en binômes : deux binômes sont chargés successivement de raconter l'histoire avec les deux silhouettes, le troisième groupe doit vérifier si tout ce qui est important pour la compréhension a bien été dit. La séance s'achève par une lecture magistrale de l'album à tous les élèves.

Résultats attendus

– Une bonne réceptivité à une histoire proche du vécu des enfants de moyenne section : le « doudou » fortement chargé d'affect, une identification à l'héroïne qui brave la peur du noir et parvient à résoudre son problème seule.
– Une mémorisation immédiate d'un récit qui ne pose pas de problème de compréhension et qui peut être rapidement réinvesti au niveau de la trame narrative et de la chronologie.

Évaluation

On vérifiera que les élèves savent en restitution immédiate ou dans un temps différé :
– reconnaître et nommer les personnages de l'histoire : Louise, Petit bout ;
– rappeler la suite chronologique minimale : situation initiale/complication/résolution ;
– reformuler l'ensemble de manière compréhensible.

:: Remarque

La seconde histoire intitulée *Petit bout plein de trous* met en scène Louise, sa maman et Petit bout. Cette fois, c'est la maman qui résout le problème. On pourra très facilement la faire découvrir à un autre groupe d'élèves en faisant jouer davantage l'anticipation cette fois.

:: Prolongements

• Donner des informations, en recevoir : mettre en œuvre une séance de langage concernant les objets transitionnels sur le thème : « As-tu un doudou ? Comment est-il ? Que fais-tu avec lui ? »
• Modifier la fin de l'histoire : imaginer une autre manière de retrouver Petit bout.

Séance n° 7 Des illustrations à ordonner

:: Compétence : Raconter, en se faisant comprendre, un épisode vécu inconnu de son interlocuteur, ou une histoire inventée.

:: Objectif : Reconstituer une histoire avec des illustrations à ordonner.

:: Type de discours : Narratif.

:: Capacité : Savoir restituer la trame narrative d'une histoire lue et la reformuler à l'aide des illustrations présentées en désordre.

:: Conditions préalables : Maîtriser la mémorisation d'histoires et de contes dont la trame est simple.
Avoir rencontré des histoires qui mettent en scène les personnages de cet album : le lapin, le renard.

:: Préparation de la classe

- **Organisation de la classe**
La classe entière pour la présentation de l'album puis deux groupes de 8 élèves pour la phase de reconstitution de l'histoire.
- **Matériel**
La 1re de couverture agrandie et des bandes horizontales pour masquer les éléments choisis.
Des photocopies de chacune des illustrations de l'album.
- **Documents**
L'album de Claude Boujon : *La Brouille* (L'École des Loisirs).

4 – Le titre de l'album
3 – Les oreilles des deux lapins
2 – Une partie du visage de profil des deux lapins
1 – Les deux terriers

:: Déroulement de l'activité

- **Durée** : 15 minutes pour la phase collective, 15 minutes × 2 pour le travail en groupe.
- **Modalités de travail** : les phases 1 et 2 se feront collectivement, les phases 3 et 4 concerneront des groupes d'environ 8 élèves.

→ Description de l'activité

- **Phase 1 : découvrir l'album.** Jeu de découverte selon le principe du puzzle à caches : la 1re de couverture très agrandie est recouverte de bandes horizontales numérotées de 1 à 4. Chaque bande masque un ou plusieurs éléments porteurs de sens. On enlève les bandes selon la numérotation. L'image très dépouillée et organisée selon un plan très linéaire et symétrique suggère l'ordonnancement des bandes comme indiqué. Le dévoilement progressif à partir de la base doit susciter la formulation d'hypothèses, dont l'amorce sera accompagnée si nécessaire pour favoriser la mise en avant des éléments porteurs de sens car les premiers indices donnés par l'image sont peu parlants. Le titre dévoilé et lu par l'enseignant fera l'objet d'un questionnement : qu'est-ce qu'une brouille ?

- **Phase 2 : écouter l'histoire lue par l'enseignant.** La lecture, qui comporte de nombreux passages dialogués, sera particulièrement expressive. Au terme de cette première écoute, on s'assurera de la bonne compréhension générale de l'histoire : qui sont les personnages ? Comment s'appellent-ils ? Comment vivent-ils au début ? Et ensuite ? Quel nouveau personnage apparaît ? Comment l'histoire se termine-t-elle pour les lapins ?
- **Phases 3 et 4 : reconstituer l'histoire à partir de l'écoute attentive du texte.** L'histoire est découpée en deux parties, chaque série fera l'objet d'un travail en groupe :

1 – La présentation des personnages, les invectives et la montée en puissance du conflit jusqu'à la bataille.

2 – L'arrivée du renard, la traque, la ruse des lapins et leur réconciliation.

Chacune des illustrations est reproduite sur bristol. Les enfants ne les ont jamais vues ; chacun découvre son image. Chaque enfant dispose d'une image, il lui faudra intervenir au moment où la lecture correspondra à ce qui est représenté sur le bristol qu'il a en main. Il s'agira donc pour chacun d'être très attentif pour reconstituer la succession des images. Quelques illustrations très proches susciteront le questionnement et la confrontation entre les élèves. Par exemples : le dessin de la présentation des deux terriers et celle qui évoque le bon voisinage ; l'image de la grande dispute et celle de la bataille. À chaque fois, il sera nécessaire de bien réécouter le texte (qui sera relu pour infirmer ou confirmer les hypothèses) et de justifier les choix. Au terme de la reconstitution de chaque série, à tour de rôle, chaque élève prend la parole pour reformuler l'essentiel de ce que l'image dont il avait la charge raconte, en se positionnant dans la continuité du récit.

Une relecture magistrale du texte correspondant aux illustrations confirmera que l'histoire est bien reconstituée.

Résultats attendus

– Un effort important d'appropriation de l'histoire de la part des élèves : si la trame générale est simple et la conclusion explicite, le déroulement est riche de détails. Ces derniers imposent aux élèves une particulière attention pour la mise en relation entre le texte lu et les illustrations exhaustives.

– L'intérêt du dispositif réside surtout dans les échanges et confrontations entre les élèves qu'il faut encourager.

Évaluation (à effectuer en différé)

– L'élève sait reformuler seul les aspects majeurs de l'histoire : le bon voisinage initial, la brouille qui s'achève en bagarre, l'arrivée du renard, la nécessité de s'unir pour lui échapper, le retour à la bonne entente.

– Il sait choisir quelques illustrations marquantes et les ordonner pour éclairer son propos.

:: Pistes de remédiation

Elles seront apportées spécifiquement aux élèves pour lesquels la prise d'indices sur l'image ou l'écoute du texte n'aurait pas été suffisante (orienter le regard vers un détail, un geste du personnage ; relire un extrait, le faire reformuler par l'élève, etc.).

Séquence : Progresser vers la maîtrise de la langue française

Séance n° 8 Un jeu de questions-réponses bien organisé

:: **Compétence** : Comprendre un message et agir ou répondre de façon pertinente.

:: **Objectifs** : Comprendre le propos d'un échange. Maîtriser le lexique correspondant.

:: **Type de discours** : Descriptif.

:: **Notion étudiée** : Catégoriser.

:: **Capacité** : Connaître quelques termes génériques. identifier quelques termes d'une catégorie lexicale donnée.

:: **Conditions préalables** : Avoir mené à plusieurs reprises la séance n° 3 « Pose une question et trouve l'image ».

:: Préparation de la classe

- **Organisation de la classe**
  Atelier composé de 6 élèves (groupe homogène).
- **Matériel**
  Chaque enfant dispose d'un plateau de jeu : 12 vignettes y figurent, elles représentent les silhouettes ou photographies des animaux choisis pour la séance (le choix de la série conditionnera le questionnement possible).

Il a également à sa disposition 11 caches aux dimensions des vignettes.

Le meneur de jeu dispose d'une série de 12 images indépendantes correspondant aux vignettes de la planche de jeu composée d'animaux très différents et connus des enfants : mammifères, oiseaux, serpents, poissons. Il effectue son choix sans le communiquer aux autres.

Par exemple :

:: Déroulement de l'activité

- **Durée** : 20 minutes.
- **Modalités de travail :** atelier dirigé par un enfant qui est le meneur de jeu.

L'enseignant se place en retrait : il va essentiellement réguler l'activité après en avoir rappelé le principe. Il interviendra également comme expert lorsqu'il s'agira de valider certaines questions ou de les réfuter ou encore de relancer le questionnement.

→ Description de l'activité

• **Phase 1.** L'enseignant rappelle les règles du jeu (*cf.* séance n° 3) et définit les rôles de chacun. Un élève devient l'animateur : il va choisir un animal qu'il faudra deviner. Aux questions qui lui seront posées, il répondra seulement par oui ou non. Il pourra êre amené à apporter des précisions pour justifier sa réponse.
Le maître explique qu'il ne joue pas ; il se met en retrait pour observer ou aider les enfants s'il y a nécessité. À la fin du jeu, on dira si on a bien réussi à trouver ensemble l'animal recherché et pourquoi.
On distribue les planches de jeu et chacun les découvre silencieusement. On nomme ensuite chaque animal. L'élève animateur fait son choix parmi la série des animaux et l'indique à voix basse à l'enseignant.

• **Phase 2.** L'élève animateur se place face au groupe et lance le tour de parole. Le jeu se déroule sous le regard attentif de l'enseignant qui dose très judicieusement ses interventions, uniquement si elles sont nécessaires, et qui prend en note les questions intéressantes pour le petit débat de la phase 3.
Les éliminations successives doivent permettre d'enlever certaines catégories (exemple : les animaux qui volent, ceux qui sont dans l'eau, ceux qui vivent dans la ferme, etc.). Lorsque les questions ont permis d'isoler le dernier animal, on vérifie en posant une dernière question qui va confirmer son nom.

• **Phase 3.** L'enseignant reprend la direction de la séance pour un court moment de retour sur l'activité :
- Est-ce qu'on a bien respecté les règles du jeu : oser parler/parler à son tour/bien écouter ce qui vient d'être dit avant de parler ?
- Est-ce que les questions ont bien permis de réussir à trouver ? (Des exemples relevés peuvent être évoqués par l'enseignant.)
- De quoi faudra-t-il se souvenir la prochaine fois que l'on fera ce jeu, pour bien réussir ?

Résultats attendus

- La maîtrise dans le déroulement du jeu sans la présence de l'adulte mais que chaque élève a déjà pratiqué.
- La participation adaptée de chacun.

L'observation particulière de l'élève meneur qui développe ici des compétences très abouties en matière d'écoute des propos d'autrui et d'interprétation.

Évaluation

Elle permettra ici de focaliser l'attention sur l'élève meneur de l'activité.
- Il sait écouter les propos de l'autre.
- Il connaît quelques termes génériques.
- Il comprend le vocabulaire d'une catégorie lexicale.

:: Définition

Catégoriser : en ce qui concerne l'acquisition du lexique, la capacité à catégoriser est primordiale pour l'enfant.
Classer le pigeon, le cygne, le hibou, etc. dans une catégorie plus abstraite telle que celle des « oiseaux » n'est pas spontané au départ. Il faut que l'enfant comprenne comment les noms et les concepts correspondants s'organisent et se hiérarchisent les uns par rapport aux autres.
Les critères sémantiques, associatifs, etc., contribuent à la mémorisation du lexique et de sa structuration. La création d'outils tels les imagiers, les dictionnaires que l'on enrichit au fur et à mesure des projets de la classe peut aider à mettre en place le lexique en proposant des représentations différentes d'un même objet mais aussi les contextes variés dans lesquels ils apparaissent.

Séance n° 9 Un jeu de rôle : présenter la météo

:: Compétence : Nommer avec exactitude un objet, une personne ou une action ressortissant à la vie quotidienne.

:: Objectif : S'inscrire dans un jeu de rôle avec une marionnette.

:: Type de discours : Informatif.

:: Capacité : Acquérir en situation le lexique de base concernant le domaine de la météo. Produire des phrases correctement construites.

:: Conditions préalables : Dans le domaine de la découverte du monde, mener un travail autour des aspects marquants du temps qu'il fait : description du temps sur des périodes courtes et significatives puis comparaison sur l'année. Mise en place d'un vocabulaire de base concernant les phénomènes météorologiques.

:: Préparation de la classe

- **Organisation de la classe**
  10 élèves pour les phases 1, 2 et 3 ; le groupe classe dans son intégralité dans l'espace de regroupement lors des deux dernières phases.
- **Matériel**
  La marionnette de la classe, un panneau d'affichage magnétique.
- **Documents**
  Des vignettes représentant chacun des éléments de la météo : les nuages, le soleil, la pluie ; les jours de la semaine et les chiffres correspondants.

:: Déroulement de l'activité

- **Durée** : 20 minutes + 10 minutes pour les phases 4 et 5.
- **Modalités de travail** : chaque jour durant une période, un élève prendra le rôle du présentateur par le truchement de la marionnette. Les autres élèves seront les spectateurs actifs de ce petit jeu de rôle.

→ Description de l'activité

- **Phase 1 : mise en situation.** L'enseignant explique le dispositif de présentation de la météo qui sera mis en place chaque matin durant une période : le rôle du présentateur, celui des spectateurs. On cherche ensemble le matériel qui sera nécessaire : la marionnette qui accompagne les grands événements de la classe, les vignettes de la météo, les étiquettes pour donner la date et le nom du jour.
- **Phase 2 : rappel en situation du vocabulaire de base.** Pour présenter la météo, il faut savoir bien reconnaître chaque étiquette qui montre le temps. À tour de rôle, chaque enfant pioche une étiquette dans la boîte et annonce : « il pleut... il fait du vent... il y a du soleil... le ciel est bleu... le ciel est nuageux... ». On élargit le champ lexical en cherchant ce qu'on peut dire encore : « il fait beau... il fait froid... il gèle... ».
- **Phase 3 : mise au point d'un scénario de présentation. Ensemble, on cherche tout ce qu'il faut faire :**

- prendre la marionnette : c'est elle qui va parler ;
- afficher les étiquettes dans l'ordre de la présentation.

On cherche tout ce qu'il faut dire :
- « bonjour ;
- aujourd'hui, nous sommes... ;
- il y a du soleil..., des nuages... ;
- il fait beau..., il fait gris.... ;
- il faudra prendre un parapluie..., mettre une écharpe... ;
- Bonne journée, au revoir ! »

On cherche ensemble comment dire le bulletin. C'est la marionnette qui s'adresse aux enfants : il faut parler lentement, articuler, se tourner vers l'auditoire.

- **Phase 4 : en présence de toute la classe, premier essai.** Distribution des rôles : le présentateur, 3 enfants plus particulièrement chargés de vérifier si rien n'a été oublié lors de la présentation.

L'élève prête sa voix à la marionnette pour présenter la météo ; lors du premier essai, on apporte un léger guidage si nécessaire pour donner confiance. Bilan : les 3 élèves désignés effectuent une évaluation formative. La marionnette a bien dit : « Bonjour, au revoir, comment est le ciel... Elle n'a pas regardé les enfants. Elle n'a pas dit le nom du jour. »

- **Phase 5 : deuxième essai.** L'enfant réitère son intervention en essayant d'intégrer les apports du groupe. La classe est invitée à donner un commentaire : pourquoi est-ce mieux réussi cette fois ? Qu'est-ce qui a été oublié ?

Résultats attendus

Ce jeu de rôle s'effectue dans un contexte déjà bien connu des élèves : parler du temps qu'il fait, avec un corpus lexical assez familier aux élèves. On peut donc attendre qu'ils intègrent ce dispositif sans difficulté majeure s'ils sont assez bons parleurs.

Il s'effectue en outre dans le cadre des activités ritualisées de l'accueil auquel il apporte une dynamique nouvelle pour un ensemble de séquences d'apprentissage à programmer dans le cadre duquel l'évaluation s'intègrera logiquement.

Évaluation

- L'enfant présentateur ose prêter sa voix à la marionnette.
- Il forme des phrases correctes.
- Il utilise le vocabulaire adapté.
- Il respecte la trame générale de la présentation.

:: Pistes de remédiation

En ce qui concerne les faibles parleurs, il sera opportun de leur proposer des ateliers au cours desquels la météo et ses incidences (présentées sous forme de vignettes et de photographies) permettront de déclencher le langage et d'aborder les champs lexicaux relatifs à l'habillement et aux activités qui en découlent. La marionnette pourra également être introduite, mais dans un cadre beaucoup moins contraint : prêter sa voix pour dire bonjour, dire comment on s'appelle, etc.

:: Ouverture transdisciplinaire

- Le domaine de la découverte du monde favorisera un approfondissement par l'observation de la nature et la découverte des changements repérables. La mise en mémoire s'effectuera par le biais de photographies, dessins et la création de référentiels.
- Les champs lexicaux relatifs au domaine vestimentaire et aux activités humaines pourront être abordés à l'aide d'imagiers et d'ouvrages documentaires sur ce sujet.
- Par ailleurs, l'exploitation d'un bulletin météorologique télévisé enregistré peut déboucher sur un travail concernant la lecture des images animées.

Séance n° 10 Se souvenir des étapes d'une fabrication

:: **Compétence** : Raconter, en se faisant comprendre, un épisode vécu inconnu de son interlocuteur, ou une histoire inventée.

:: **Objectif** : Faire le récit explicite d'une situation vécue en contexte.

:: **Type de discours** : Narratif.

:: **Capacité** : Acquérir et utiliser le vocabulaire pertinent relatif à une activité scolaire évoquée (lexique, correcteur temporels, temps du récit oral).

:: **Conditions préalables** : Un projet d'activités autour des oiseaux a amené les élèves à s'intéresser à ce qu'ils mangent durant l'hiver. La réalisation de pots de graines a fait l'objet d'une séquence d'apprentissage.

:: **Préparation de la classe**

- **Organisation de la classe**
  Atelier de 6 élèves réunis face à un espace d'affichage.
- **Matériel**
  Les photographies grand format réalisées lors de la séance de préparation de petits pots de graines pour les oiseaux. Une grande bande horizontale composée de 6 cases.
- **Documents**
  Une série de petites bandes horizontales cloisonnées en 6 cases. Les vignettes représentant les étapes de la fabrication.
- **Exemple :**

1 : Faire fondre la graisse.
2 : La verser dans un pot.
3 : Ajouter des graines.
4 : Placer un fil de fer.
5 : Laisser refroidir.
6 : Démouler en tirant doucement.

:: **Déroulement de l'activité**

- **Durée** : 30 minutes.
- **Modalités de travail :** activité dirigée par l'enseignant puis travail en atelier.

→ **Description de l'activité**

- **Phase 1 : mise en situation : faire appel à la mémoire.** Un groupe d'élèves a confectionné des pots de graines. Ils essaient de se souvenir ensemble de ce qui a été nécessaire pour effectuer la préparation de la nourriture pour les oiseaux. Dans un temps différé, il faudra revenir sur l'activité pour expliquer aux parents. De quel matériel avons-nous eu besoin ? On a pris : de la graisse, des graines, des noisettes, des raisins secs, etc. Il fallait aussi une casserole, des pots de yaourt, du fil de fer.

• **Phase 2 : découverte des photographies correspondantes.** Elles apparaissent pêle-mêle, il faut les identifier. À ce stade, la description est encore chargée d'affectif. Consigne : « Chaque élève pioche une photo et en fait la description. »
« On voit Pauline. Elle prend des graines. »
« La maîtresse prépare la graisse, après elle va la faire fondre. »
Chacune des photographies est identifiée au fur et à mesure.

• **Phase 3 : remettre les photographies dans l'ordre et évoquer les actions auxquelles elles correspondent.**
Chaque enfant dispose d'une photographie, il la placera sur la bande au moment opportun.
Les six étapes de la fabrication : faire fondre la graisse, la verser dans un pot, ajouter les graines et fruits secs, placer un morceau de fil de fer, laisser refroidir, démouler.
- On structure la remise en ordre par un questionnement inducteur :
« Par quoi avons-nous commencé ? Ensuite, qu'avons-nous fait ? Après, il fallait... »
- On place les photographies dans l'ordre, de gauche à droite, sur une bande horizontale prévue à cet effet.
- On relit la suite en commentant chacune des photographies.

• **Phase 4 : travail individuel de remise en ordre effectué avec des vignettes qui présentent chacune des étapes.** Une bande horizontale partagée en 6 cases aide à placer les vignettes. Chaque enfant reconstitue la série puis la valide en effectuant une lecture individuelle de la suite ordonnée : *d'abord*, *puis*, *ensuite*, etc.

Résultats attendus

Ce travail est effectué en contexte : les différents acteurs de l'activité sont présents, il peut encore subsister de l'implicite. Chacun peut rétablir les étapes éventuellement mal ou peu développées car il a vécu la situation.

Évaluation

- L'élève restitue chaque phase de l'activité, dans le bon ordre, sans omettre une étape.
- Il sait adapter les temps des verbes à la situation présentée (temps du récit oral).
- Il sait utiliser les connecteurs temporels pour relier les étapes entre elles lors de la restitution finale.

:: Remarque

Il est capital que chaque élève puisse **valider oralement** la suite qu'il a ordonnée : ce retour sur l'activité permet de vérifier qu'il sait faire le récit explicite des différentes phases en contexte. Un retour immédiat sur son énoncé peut s'effectuer avec les autres acteurs de cette activité.

:: Pistes de remédiation

Elles concernent plus spécifiquement le travail de remise en ordre chronologique final qui révèlera peut-être les difficultés de certains élèves à travailler sur une suite et à l'organiser dans l'espace. Il conviendra alors de mieux baliser la tâche avec l'élève :
- en lui apportant une aide de proximité (accompagnement dans le repérage des vignettes, leur placement et l'énonciation orale) ;
- en adaptant le support de travail : le point de départ est marqué, une ou deux vignettes sont déjà placées sur la bande, etc.

:: Ouverture transdisciplinaire

• Le domaine d'activités relatif à la découverte du monde et tout particulièrement l'approche du concept de temps favorisera un approfondissement du travail sur la chronologie abordé ici.

• Ce type de projet permettra de riches exploitations : se documenter pour connaître les oiseaux de notre région, réaliser des imagiers, des expositions pour partager les connaissances avec d'autres, etc.

Séance n° 11 Raconter le projet à d'autres

:: **Compétence** : Raconter, en se faisant comprendre, un épisode vécu inconnu de son interlocuteur, ou une histoire inventée.

:: **Objectif** : Raconter les moments d'une situation vécue dans un temps différé de l'action : expliquer un projet aux parents.

:: **Type de discours** : Narratif/Explicatif.

:: **Capacité** : Savoir produire des phrases correctement construites pour expliquer une activité scolaire dans un temps différé.

:: **Condition préalable** : Avoir mené la séance précédente qui se donnait pour objet de travailler le récit d'une situation en contexte et la remise en ordre séquentielle.

:: Préparation de la classe

- **Organisation de la classe**
  8 élèves rassemblés dans le coin regroupement.
- **Matériel**
  Des affiches vierges grand format, des photographies des différents moments de notre projet de nourrissage des oiseaux en hiver, dont celles utilisées à la séance 7.

:: Déroulement de l'activité

- **Durée** : 30 minutes.
- **Modalités de travail :** groupe d'enfants de niveau langagier hétérogène.

→ Description de l'activité

• **Phase 1 : magistrale. Rappel du projet.** « Donner à manger aux oiseaux en hiver » et de son aboutissement : préparer une petite exposition dans le hall de l'école pour raconter aux autres (les autres classes, les parents) ce que nous avons fait. Questions inductrices : « Pourquoi avons-nous décidé de nourrir les oiseaux ? Quand avons-nous décidé de commencer ? Qu'est-ce que nous leur avons donné ? Comment avons-nous fait ? Les oiseaux ont-ils mangé ce que nous avons préparé ? Avons-nous vu des oiseaux dans la cour ? »

• **Phase 2 : par groupes de 2, trier les photographies en fonction de ce qui vient d'être dit.** Chaque binôme dispose d'une affiche et l'enseignant donne une consigne de recherche à chacun :

- chercher les photographies qui montrent nos recherches en BCD à propos des oiseaux ;
- chercher celles qui illustrent ce qu'on leur a préparé à manger et comment on a procédé ;
- chercher celles qui montrent comment on a disposé la nourriture dans la cour ;
- trouver les photographies d'oiseaux que l'on a pu apercevoir dans la cour.

• **Phase 3 : valider.** Chaque groupe présente sa collecte et la justifie par un retour à la consigne. On élimine les documents redondants. On colle les photographies sur les affiches.

• **Phase 4 : présentation à la classe avant le véritable exposé.** Le groupe qui a travaillé présente son travail, le reste de la classe est chargé de bien écouter et de faire des remarques : est-ce que la présentation est complète ? Est-ce qu'on comprend bien le contenu de chaque affiche ?

Résultats attendus

Une capacité à prendre de la distance pour produire des énoncés à l'intention de personnes extérieures au projet et à rendre le discours le plus explicite possible.

Évaluation

Elle se fera en situation puisque des petits groupes d'élèves seront chargés à tour de rôle d'accompagner les visiteurs (élèves des autres classes ou parents) afin de commenter les affiches et de répondre aux questions.

:: Prolongement

Cette phase de travail sera suivie de l'élaboration de légendes sur les affiches : il faudra produire un texte court et savoir centrer sur l'essentiel pour que chacun puisse comprendre ce qui est montré sur les panneaux. Cette dernière partie de l'activité permettra de faire le lien avec l'écrit sous forme d'une dictée à l'adulte. Ce sera l'objet d'une séance spécifique axée sur le passage d'un oral d'évocation à la mise en mots du texte dicté.

Séance n° 12 Des personnages bien caractéristiques

:: **Compétence** : Prendre l'initiative de poser des questions ou d'exprimer son point de vue.

:: **Objectif** : Identifier et caractériser les personnages d'une histoire.

:: **Type de discours** : Narratif.

:: **Capacité** : Comprendre et utiliser le vocabulaire pertinent relatif aux caractéristiques physiques et morales des personnages d'une histoire.

:: **Condition préalable** : Avoir mené la séance n° 7 pour découvrir l'album de Claude Boujon intitulé *La Brouille*.

:: Préparation de la classe

- **Matériel**
  L'album *La Brouille*.
- **Documents**
  Des illustrations de l'album choisies pour caractériser les personnages.

:: Déroulement de l'activité

- **Durée** : 30 minutes.
- **Modalités de travail** : 8 élèves installés face au tableau.

→ Description de l'activité

- **Phase 1 : identifier les personnages et les nommer. Consigne :** « Je vais vous relire un album que vous connaissez déjà. Il faudra bien écouter et me dire ensuite de qui on parle dans cette histoire ». La lecture terminée, l'enseignant relève les propositions des élèves sur le tableau en conservant le cas échéant les propositions erronées des élèves et aussi celles qui qualifient les personnages par le biais de procédés de reprise : M. Brun... un lapin marron/M. Grisou...un lapin gris. L'enseignant effectue la relecture de ce qui est noté sur le tableau. **Vérification :** On procède à la relecture de l'histoire. **Consigne :** « À chaque fois que vous entendez le nom d'un personnage, vous levez la main. Attention ! Le nom d'un personnage ne peut être entouré qu'une seule fois ». Ce travail permet de valider la présence effective des trois personnages et de revenir sur les procédés de reprise le cas échéant.
- **Phase 2 : caractériser les personnages physiquement.** Faire dessiner les personnages au tableau par un ou plusieurs élèves. Au fur et à mesure de l'échange, on rajoute les détails signifiants (éléments lexicaux utiles : tête, corps, nombre de pattes, oreilles, queue, couleur du pelage...). Les deux lapins : En quoi sont-ils pareils ou différents ? Seule la couleur du pelage fait la distinction, on dirait deux frères. On vérifie avec une illustration de l'album. Le renard : L'observation d'une illustration permet de porter l'accent sur l'aspect efflanqué du personnage : il a très faim.
- **Phase 3 : les caractériser moralement.** Faire observer 3 illustrations qui montrent les lapins au début de l'histoire, au plus fort de la brouille puis à la fin du récit (éléments lexicaux utiles : gentils, polis, colériques, bagarreurs, chamailleurs). Ont-ils changé ? Quand ? Pourquoi ? Le renard : comment apparaît-il ? (Éléments lexicaux : affamé, sûr de lui, en colère). Change-t-il au cours de l'histoire ? Est-il vraiment rusé ? En conclusion : Pourquoi les deux lapins sont-ils saufs ? Susciter un moment de débat à ce propos : la notion de solidarité et d'entraide est à exploiter ici.

Résultat attendu

Un affinement de la compréhension lié à une analyse plus approfondie des personnages.

Évaluation (à réaliser en différé avec l'aide de quelques illustrations)

- L'élève sait donner quelques caractéristiques physiques et morales de chaque personnage.
- Il sait expliquer la morale de l'histoire.

Chapitre 2

Découvrir l'écrit

:: Continuité des apprentissages en maternelle

:: Repères pratiques

:: Séances 1 à 12

Claire Sellier

Continuité des apprentissages en maternelle

	1re année	2e année	3e année	Grande section
Échanger, s'exprimer				
Sait répondre de façon compréhensible aux sollicitations de l'adulte				
• entre en relation avec autrui	à travailler prioritairement	à travailler prioritairement		
• utilise un langage de plus en plus structuré et bien articulé		à travailler prioritairement	à travailler prioritairement	à consolider
Sait participer à un échange collectif				
• écoute autrui, se fait comprendre et reste dans le propos	peut être travaillé	peut être travaillé	à travailler prioritairement	à travailler prioritairement
• décrit, questionne, explique, justifie un choix		peut être travaillé	à travailler prioritairement	à travailler prioritairement
Sait dire des comptines ou poèmes en respectant la prononciation et en donnant le ton		à travailler prioritairement	à travailler prioritairement	à travailler prioritairement
Comprendre				
Sait comprendre les consignes ordinaires de la classe				
• une consigne simple	à travailler prioritairement	à travailler prioritairement	à consolider	
• une consigne complexe donnée de manière collective			à travailler prioritairement	à travailler prioritairement
Sait écouter et comprendre un poème, une histoire de plus en plus complexe racontée ou lue, un texte documentaire				
• observe des images et traduit en mots ses observations	à travailler prioritairement	à travailler prioritairement		
• restitue des éléments de la trame narrative d'une histoire	peut être travaillé	à travailler prioritairement	à travailler prioritairement	à consolider
• interprète et transpose l'histoire				à travailler prioritairement
• fait des liens à partir d'un texte documentaire lu				à travailler prioritairement
Progresser vers la maîtrise de la langue française en relation avec les actes du quotidien, les activités scolaires et l'univers de l'écrit				
Sait utiliser un nouvel outil linguistique (lexical ou syntaxique) fourni par l'enseignant	à travailler prioritairement	à travailler prioritairement		
Sait comprendre et utiliser un vocabulaire pertinent				
• noms, verbes, adjectifs	peut être travaillé	à travailler prioritairement	à travailler prioritairement	à travailler prioritairement
• termes génériques, adverbes, comparatifs			à travailler prioritairement	à travailler prioritairement
Sait comprendre et utiliser avec justesse				
• le genre des noms, les pronoms usuels, les prépositions			à travailler prioritairement	à travailler prioritairement
• les temps des verbes			peut être travaillé	à travailler prioritairement
Sait produire des phrases				
• courtes et correctes	à travailler prioritairement	à travailler prioritairement	à consolider	
• de plus en plus complexes et correctement construites			à travailler prioritairement	à travailler prioritairement
Sait s'intéresser aux mots, au sens des mots				à travailler prioritairement

Légende :
- à travailler prioritairement
- à consolider
- peut être travaillé

Repères pratiques

1. Les axes forts du domaine d'activités

« Pour le petit enfant, l'écrit existe comme objet visuel du monde. L'école maternelle favorise la compréhension de sa nature spécifique ; elle provoque la rencontre avec des supports d'écrit variés, avec des textes qui ont des finalités différentes. Ce faisant, elle construit chez les élèves des attitudes de chercheurs de sens, les premiers savoirs sur les univers de lecture et les premières compétences en matière de production d'écrits. » (Document d'accompagnement : le langage à l'école maternelle)
Petit à petit, les enfants vont comprendre que la suite de signes qu'ils voient correspond à du langage. Le va-et-vient entre l'écrit et l'oral sera compris des enfants à travers deux types d'activités : le maître lit ce qui est écrit, ou les enfants dictent et le maître écrit devant eux.
Dans les deux cas, ils prennent conscience de la permanence des signes, ce qui est très important, ainsi que de la présence d'un message, d'un sens, dans tout écrit.

2. Les spécificités de la section

L'enfant de moyenne section éprouve spontanément de l'intérêt pour les événements de la vie scolaire. Il s'intègre facilement au grand groupe, a beaucoup d'imagination et sait s'exprimer.
Le livre occupe une place importante dans la vie de la classe, l'enfant s'habitue à s'en servir souvent car il sait maintenant qu'il contient de multiples informations dont il a besoin.
Un coin bibliothèque agréable est aménagé dans la classe, la BCD de l'école est le lieu de différentes activités.
Dans le coin bibliothèque, on trouve aussi diverses formes de documentation qui familiarisent les enfants avec divers types d'écrits : une séance proposera des activités autour de quatre écrits fonctionnels.
Une autre séance portera sur la réécriture d'une histoire connue.
Les albums peuvent être des sources d'activités multiples sur la structure du récit, l'étude d'un personnage, la fabrication d'un nouvel album : une séquence de trois séances présentera un parcours de lecture autour d'un personnage (l'ours), une séance montrera les différentes démarches pour exploiter un album, la fabrication d'un livre animé sera l'objet d'une séquence de deux séances.
Après avoir entendu et appris de nombreuses comptines en section de petits, l'enfant aura acquis de l'aisance avec la parole et pourra associer dire et frapper.
Tout énoncé peut devenir prétexte à des jeux vocaux : on produit, on répète, on imite, on continue, on transforme prénoms, textes très courts, mots isolés, etc. Une séance à reproduire fréquemment s'intitulera : continuer un texte rimé.
L'enfant de moyenne section est également plus habile, il sait tenir l'outil scripteur, s'est déterminé sur son côté dominant et a exploré en petite section de nombreux outils, supports et matériels. On peut maintenant lui demander des graphismes plus précis.
Une séquence composée de deux séances donnera un exemple de progression autour d'un signe graphique : les boucles.
L'apprentissage de l'alphabet doit commencer précocement : la graphie en lettres capitales permet de mieux comprendre leur individualité. Dès le plus jeune âge, il est recommandé d'identifier chaque lettre par ses trois composantes : son nom, sa valeur sonore et son tracé.
Une séance proposera des jeux permettant la reconnaissance des lettres.

3. Éléments didactiques et pédagogiques

L'aménagement de la classe doit favoriser la pratique quotidienne des écrits.

- Dans le **coin livres de la classe**, on trouve les livres lus par le maître, que les enfants ont plaisir à reprendre et approfondir, d'autres livres et supports en rapport direct avec les activités de la classe. Une table ou un présentoir peuvent être réservés à cet effet : les enfants pourront y accéder librement. Différents types de livres doivent être exploités en section de moyens : les documentaires, les livres à compter, les imagiers, les abécédaires, les magazines, les livres descriptifs, les fictions, les contes, etc.
- **Les rencontres avec les albums sont quotidiennes** ; il ne doit pas y avoir accumulation mais une logique de tissage afin d'éviter qu'un album ne vienne effacer le précédent. Le choix de l'album est donc très important et doit répondre à des critères.
- Une **programmation** est nécessaire sur toute l'école maternelle, en tenant compte d'une progression de la petite à la grande section, afin d'éviter d'utiliser plusieurs fois les mêmes albums, et de s'assurer que les différents types de livres ont été abordés.
- La **découverte de l'écrit fonctionnel** s'inscrit dans la volonté de l'enseignant de mettre à profit toutes les occasions s'offrant, ou qu'il fait naître, dans la vie de la classe.

Lors des rituels quotidiens, les tableaux avec étiquettes pour le restaurant scolaire, les présences, la mise à jour du calendrier, l'emploi du temps sont autant de situations mettant l'écrit en valeur. Peu à peu les illustrations disparaîtront, afin de ne laisser que l'écrit ; les enfants devront prendre des repères sur les mots : longueur, taille des lettres, etc.

Les écrits réalisés par le maître doivent être en gros caractères, bien formés, en respectant la taille des lettres, car ce sont des modèles pour les enfants.

Les situations-problèmes lors de la mise en place de projets sont d'autres occasions de chercher du sens ; les enfants ont alors un but précis et vont orienter leurs recherches pour l'atteindre.

- En ce qui concerne l'**écriture**, c'est dans la section des moyens que se met en place la différence entre le graphisme et l'écriture. Les deux sont travaillés mais indépendamment.

Un lieu permanent, bien identifié est aménagé : on y trouve des supports variés (feuilles, ardoises, carnets, fiches plastifiées, etc.), des outils scripteurs réservés à l'écriture (crayons de bois, stylos), des gommes et des effaceurs, un ordinateur, des lettres magnétiques, mobiles, des jeux de lettres, etc.

On y trouve également des aides élaborées collectivement, des référents, tous écrits en capitales. Les autres graphies seront ajoutées progressivement au verso.

La pédagogie de l'écriture est individualisée, c'est une activité conduite et guidée par l'enseignant. Il faut tenir compte de la maturité de chacun.

Les moyens apprennent énormément, parce que l'enseignant ne se contente pas de créer un environnement riche et stimulant indispensable, mais surtout parce qu'il fait naître, présente, exploite des projets de vie, de sorte que dans tous les domaines ils progressent, lisent leur environnement, reconnaissent des indices pertinents dans le domaine de la communication orale et écrite.

L'enseignant aide l'enfant dans son appropriation du monde et du savoir. Cette médiation se poursuit, encore plus approfondie en grande section.

Séquence : Connaître les fonctions de l'écrit

Séance n°1 Les écrits fonctionnels : l'affiche, le calendrier, le prospectus, le dictionnaire

:: **Compétence** : Identifier les principales corrections de l'écrit.

:: **Objectif** : Repérer quelques écrits fonctionnels.

:: **Concept** : Tri de textes.

:: **Capacité** : Savoir à quoi servent une affiche, un calendrier, un prospectus, un dictionnaire.

:: **Condition préalable** : Avoir déjà rencontré différents supports d'écrits : le livre, le catalogue, le journal (en PS).

:: Préparation de la classe

- **Documents**
  Documents authentiques : affiches de cirque, calendriers postaux, prospectus publicitaires identiques, dictionnaires identiques.

:: Déroulement de l'activité

- **Durée** : 20 minutes.
- **Modalités de travail** : 4 groupes de 6 élèves environ ; chaque élève a un document. Le maître se déplace de groupe en groupe.

→ **Description de l'activité**

- **Phase 1 : temps de manipulation.** Recherche d'indices. La consigne pour tous les groupes est de regarder le document, le toucher, bien l'observer.
- **Phase 2 : verbalisation.** Dans chaque groupe, demander aux enfants ce qu'ils ont remarqué sur le document : images, écrits, chiffres, etc. Les amener à trouver le nom générique du document, quelle en est la fonction, où ils l'ont déjà vu.
- **Phase 3 : synthèse en grand groupe.** Chaque petit groupe montre ses documents et explique aux autres ses remarques. Au fur et à mesure le maître écrit sur des « affiches » ce qui est dit : le nom du document, ses caractéristiques, sa fonction, où on le trouve. Il colle un document référent.

L'affiche	Le calendrier	Le prospectus	Le dictionnaire
On y voit une photo de clown, des écritures, un numéro de téléphone.	Une image, des jours, des mois Beaucoup de numéros : des petits dessins.	Des photos d'aliments Des chiffres (prix)	Beaucoup de pages Beaucoup de mots
Sert à annoncer le spectacle.	Sert à savoir la date.	Sert à acheter des aliments	Sert à chercher des mots
Dans la rue.	À la maison, à l'école	À la maison Dans les magasins	À l'école ou à la maison

- **Phase 4 : évaluation orale.** Chaque enfant a un document dans la main. Lorsque le maître énonce un document, par exemple « affiche », ceux qui possèdent ce document doivent se lever.

Le jeu est exécuté plusieurs fois en échangeant les documents. Le maître insiste sur la formulation.

Résultats attendus

Identifier les 4 types d'écrits.

Évaluation

Distribuer à chaque enfant quatre documents photocopiés : affiche, calendrier, prospectus, dictionnaire, et lui demander de trouver dans un ensemble de documents authentiques celui qui correspond.

:: Conseils

Les enfants doivent être en mesure d'échanger, de discuter entre eux et de justifier leurs réponses par plusieurs critères d'analyse différents.

Il faut les guider dans leurs observations sans leur donner trop vite les réponses.

Les groupes seront définis en fonction de la complexité du document.

:: Ouverture transdisciplinaire

En arts visuels, fabriquer une affiche pour inviter les parents à une exposition. Élaborer le texte d'annonce, l'illustration.

:: Prolongements

- **Apporter d'autres supports :** affiches électorales, publicitaires, prospectus divers, calendriers de différents formats (éphéméride, agenda de bureau, etc.), dictionnaires en différentes langues, etc. Reprendre grâce à l'affiche référente les caractéristiques et vérifier les critères de classement.
- **Jeu du libraire :** parmi tous les regroupements de documents, sélectionner celui défini par le maître ; par exemple : « Je voudrais acheter un dictionnaire, dans quel type de documents vais-je le trouver ? »
- **Faire le même travail avec d'autres types d'écrits :** le magazine pour enfants, l'annuaire téléphonique, le catalogue, l'invitation, l'ordonnance, etc.

:: Définition

Tri de textes : classification qui envisage huit types de structures séquentielles de base : narratif, descriptif, explicatif, argumentatif, injonctif, conversationnel, prédictif, rhétorique. Il s'agit, au niveau de l'école maternelle, d'amener les enfants à opérer des regroupements en énonçant des propriétés textuelles communes. Les textes sont considérés dans leurs diverses dimensions : authentique/photocopie, typographie (titre, caractères, dessins, photographies), supports (journaux, publicités, etc.), fonction/intention communicative.

Séquence : Se familiariser avec la langue de l'écrit

Séance n° 2 Réécrire une histoire

:: **Compétence** : Produire un énoncé oral dans une forme adaptée pour qu'il puisse être écrit par un adulte.

:: **Objectif** : Apprendre que l'écrit se constitue de signes conventionnels, abstraits qui ne coïncident pas avec un quelconque tracé (rupture écriture-dessin).

:: **Concept** : La segmentation de l'écrit : à un flot verbal continu correspond un écrit segmenté.

:: **Capacité** : Savoir dicter un texte à l'adulte.

:: **Conditions préalables** : Avoir écouté de nombreuses histoires, pour les dicter « par cœur ». Le projet de la classe est de fabriquer un livre relatant l'histoire des trois petits cochons. Il faut donc écrire le texte, puis on réalisera les illustrations.

:: Préparation de la classe

- **Organisation de la classe**
  Les enfants sont assis autour de tables par petits groupes.
- **Matériel**
  Papier format A3 et feutres pour l'enseignant.
- **Document**
  Texte écrit à montrer en exemple.

:: Déroulement de l'activité

- **Durée** : 20 minutes.
- **Modalités de travail** : un petit groupe (hétérogène) de 6 élèves dirigé par le maître. Les autres sont en ateliers autonomes.

→ Description de l'activité

- **Phase 1 : rappel du projet.** Écrire l'histoire des trois petits cochons pour faire un livre. Rappel oral des personnages, des lieux, de l'action. Le maître écrit ce que disent les enfants en gros caractères sur une feuille de format A3 (sous forme télégraphique).
- **Phase 2 : énonciation orale.** Pour fixer le cadre temporel, spatial, événementiel. Le maître relance et soutient le discours de l'enfant et lui renvoie un texte normé par les contraintes de l'écrit. Il faut choisir un début, une suite d'actions et une fin. Le maître aide les enfants à suivre la chronologie de l'histoire. Les phrases doivent être complètes et cohérentes.
- **Phase 3 : écriture par le maître.** Il est le secrétaire de l'enfant. Il l'aide à trouver le mot dont il ne se souvient pas, il attire son attention sur la lenteur de la transcription : « Attends, je n'en suis qu'au *c* de *cochon*. » Le maître relit fréquemment le texte qui apparaît en montrant du doigt les mots écrits. Il est explicite et généreux en commentaires (ponctuation, majuscule, retour à la ligne, phrases, etc.).
- **Phase 4 : mise au propre.** Le texte est recopié devant les enfants, afin qu'ils prennent conscience que le texte est transformé dans sa présentation mais pas dans son contenu. Il est important qu'il soit bien écrit pour le présenter aux autres. Quelques mots peuvent être entourés car les enfants les reconnaissent et ils reviennent souvent dans l'histoire : *cochon*, *loup*, *maison*.

- **Phase 5 : lecture au grand groupe.** Les feuilles A3 sont affichées au tableau. Les enfants du petit groupe « lisent » ce que le maître a écrit : celui-ci les aide en suivant les mots avec une règle.
- **Phase 6 : commentaires de la classe.** Les autres élèves sont invités à donner leur avis sur la compréhension, la cohérence, les oublis éventuels.

Résultats attendus

Chaque groupe a réécrit l'histoire à sa façon. Plusieurs livres seront donc réalisés, différents de par leur texte et leurs illustrations. L'important est de comparer les réalisations, de prendre conscience qu'une même histoire peut être écrite de différentes façons en respectant les règles de l'écrit.

Évaluation

Chaque enfant devra être capable de « lire » l'histoire de son groupe.

:: Conseils

Cette activité n'est pas facile pour des enfants de moyenne section qui n'ont pas encore conscience de la différence oral/écrit. C'est pourquoi il faut leur avoir lu beaucoup d'albums et choisir une histoire connue, simple dans sa chronologie et ses personnages.
Une autre difficulté réside dans la présence ou non de dialogues. Dans cette histoire, ils sont utiles et redondants : relation loup-cochons.
Avec un groupe d'enfants en difficulté, on peut utiliser des images comme supports.
Le travail en petit groupe permet de se rendre compte des acquisitions de chacun.

:: Ouverture transdisciplinaire

- **Arts visuels :** réalisation des pages des albums : proposer plusieurs techniques afin de personnaliser chaque album. Réalisation de la couverture.
- **Découverte du monde, le temps :** la suite chronologique de l'histoire. Remettre les pages des albums réalisés dans l'ordre avant de les relier.
- **Langage oral :** jouer l'histoire ; des enfants jouent les personnages (prévoir des accessoires), des grands cartons peints peuvent représenter les maisons. Un enfant est le narrateur. Les personnages doivent dialoguer.

:: Prolongements

On peut aussi comparer les histoires et n'en choisir qu'une pour la classe, mais les enfants risquent d'être frustrés.
Apporter des albums du commerce présentant des versions différentes de cette histoire et les comparer : les noms des personnages, leur représentation, la fin de l'histoire qui varie, etc.

Séquence : Se construire une première culture littéraire

Séance n° 3 Mettre en place un parcours de lecture autour d'un personnage : l'ours

Compétence : Écouter et comprendre un texte lu par l'adulte.

Objectifs : Familiariser l'enfant avec l'écrit. Mettre en place un parcours de lecture.

Concept : Lecture en réseau autour du personnage « ours ».

Capacité : Comparer des histoires qui ont des points communs.

Conditions préalables : Cette séance présente un des cinq albums choisis. On procédera de même pour les autres. C'est le personnage ours qui a été choisi en raison de l'intérêt affectif des jeunes enfants à l'égard de ce personnage (nounours, doudou).
Albums : *Petit ours brun s'habille tout seul*, Danièle Bour, Bayard Jeunesse ; *Lolotte*, Alan Mets, L'École des Loisirs ; *Où est mon nounours ?*, Jez Alborough, L'École des Loisirs ; *Calinours se réveille*, Alain Broutin, L'École des Loisirs ; *Au pays des grizzlis*, Michio Hoschino, Nord Sud.
Caractéristiques de chaque album :
– ***Petit ours brun :*** album descriptif ; personnage auquel l'enfant s'identifie ; il est habillé comme un humain et vit la vie d'un enfant de 4 ans.
– ***Lolotte :*** fiction ; ours stylisé, bleu, qui vit une aventure imaginaire ; les illustrations sont très colorées.
– ***Où est mon nounours ?*** Fiction se rapprochant du réel ; histoire d'un ours en peluche perdu par un enfant ; l'ours ne parle pas, ne bouge pas.
– ***Calinours se réveille :*** mi-fiction, mi-réel ; Calinours est un ours polaire qui vit en partie comme un ours véritable (hibernation) et comme un humain (il marche sur 2 pattes, parle, etc.).
– ***Au pays des grizzlis :*** documentaire qui montre la vie de vrais ours dans leur milieu naturel. Il n'y a pas d'histoire, seulement des descriptions et beaucoup de photographies.

Préparation de la classe

- **Organisation de la classe**
  Les enfants sont tous assis sur des bancs ou des chaises au coin regroupement. Ils doivent bien voir le maître qui va présenter l'album face à eux.
- **Matériel**
  Une affiche de format A3, une photocopie du « nounours » de l'album.
- **Documents**
  L'album *Où est mon nounours ?* (Jez Alborough, L'École des Loisirs)

Déroulement de l'activité

- **Durée** : 25 minutes.
- **Modalités de travail** : toute la classe.

→ Description de l'activité

- **Phase 1 : présentation de la première de couverture.** Commentaires des enfants, description sans guidage du maître. Celui-ci écoute et rebondit sur les remarques des enfants. L'accent est mis sur les écrits : le titre de l'album, l'auteur, parfois l'illustrateur, l'éditeur.

L' illustration est commentée ; pour le moment, c'est grâce à elle que les enfants pourront prendre des indices sur le contenu.

- **Phase 2 : observation des pages de garde.** Pas d'écrit, mais des illustrations qui introduisent le décor : ici la forêt.
- **Phase 3 : page de titre.** Le titre exact doit toujours être lu par le maître en montrant les mots avec le doigt, en particulier lors d'une première lecture. Ensuite ce sont les enfants qui devront le montrer et le lire.
- **Phase 4 : lecture de la première page.** L'objectif étant de lire l'histoire complète aux enfants en une séance, il ne faut pas leur faire commenter les images avant. Le maître lit le texte exact (très simple et court dans cet album), puis il montre les illustrations sans commentaire.
- **Phase 5: même démarche pour tout l'album.** Il est important de mettre l'intonation et de changer la voix en particulier pour les dialogues de l'ours et du petit garçon, afin que les enfants comprennent bien.
- **Phase 6 : commentaires.** Fermer l'album et demander aux enfants si l'histoire leur a plu et pourquoi. Écouter les réponses, les noter si possible.
- **Phase 7 : reformulation collective de l'histoire.** Le maître demande aux enfants de raconter l'histoire en respectant l'ordre chronologique et sans regarder l'album.
- **Phase 8 : validation avec l'album.**
- **Phase 9 : réalisation de l'affiche.** Avec les enfants reprendre le titre du livre, l'auteur, l'éditeur, les écrire sur une affiche prévue à cet effet. Présenter aux enfants une photocopie du « nounours » et la coller sur l'affiche : elle sera la référence de l'album. On procédera de même pour chaque album.

Résultats attendus

Élaboration de l'affiche. Participation active à l'oral des enfants. Savoir raconter l'histoire.

:: Conseils

Plusieurs formes d'entrée dans un album peuvent être envisagées, en fonction de l'objectif choisi. L'essentiel est de savoir au départ si l'on raconte, ou lit ou fait commenter les images, et de s'y tenir.

Ici, l'objectif étant de travailler sur la comparaison d'histoires, il est préférable de lire intégralement les textes, sans ruptures.

:: Ouverture transdisciplinaire

Cet album est très intéressant sur le plan plastique, en particulier dans la représentation de la forêt. Il est possible d'exploiter cette piste.

:: Définitions

- **La notion de personnage**

L'enfant doit comprendre que le personnage est unique, bien qu'il soit reproduit sur chaque page, et que c'est à travers ses actions que le lecteur bâtit l'histoire. Afin de construire ces compétences, des parcours de lecture peuvent être envisagés dès la section des petits.

- **Le parcours de lecture :** il peut être décliné sous différentes formes.

- Plusieurs albums mettent en scène un même type de personnage.
- Les séries : un même personnage mis en scène dans différentes histoires.
- Les multiples facettes d'un personnage : l'ours, le chat, le lapin, le loup, etc.
- À partir d'un livre-jeu : le loup est revenu, le gentil facteur, etc. ; on retrouve les contes classiques.
- Plusieurs versions d'une même histoire : *Boucle d'or et les trois ours*, *Le Petit Chaperon rouge*, *Les Trois Petits Cochons*, etc.

Séance n° 4 Comparer cinq albums

:: **Compétence** : Écouter et comprendre un texte lu par l'adulte.

:: **Objectifs** : Familiariser l'enfant avec l'écrit. Mettre en place un parcours de lecture.

:: **Concept** : Lecture en réseau autour du personnage « ours ».

:: **Capacité** : Comparer des histoires qui ont des points communs.

:: **Conditions préalables** : Les cinq albums cités à la séance 3 doivent avoir été lus plusieurs fois. Des affiches ont été réalisées pour se rappeler les éléments essentiels (*cf.* séance 3).

:: Préparation de la classe

- **Organisation de la classe**
  Les cinq affiches sont accrochées au tableau les unes à côté des autres, à hauteur des enfants. Les cinq albums sont sur une table près du tableau.
  Les enfants sont assis sur des bancs ou des chaises de façon à voir le tableau.
- **Matériel**
  Étiquettes-images des personnages. (Voir séance n° 3)
- **Documents**
  Affiches, albums (Voir séance n° 3)

:: Déroulement de l'activité

- **Durée** : 20 minutes.
- **Modalités de travail** : travail collectif oral.

→ Description de l'activité

- **Phase 1 : observation des affiches et commentaires.** Laisser les enfants parler : écouter, noter. Ne pas leur dire tout de suite ce que l'on attend d'eux.
- **Phase 2 : reprendre leurs observations, les reformuler.**
- **Phase 3 : reconnaître les caractéristiques d'un album.** Interroger un enfant, lui demander de montrer l'affiche d'un album : le titre, l'auteur, l'éditeur, le personnage. De même pour les autres affiches.
- **Phase 4 : associer affiche et album.** Demander à un enfant d'aller chercher l'album correspondant à une affiche et le poser en dessous. Montrer le titre sur l'album et sur l'affiche (les écritures sont différentes).
- **Phase 5 : questionnement.** « Que pouvez-vous dire de ces livres en les regardant les uns à côté des autres ? » Laisser les enfants chercher. La réponse attendue est qu' « ils parlent tous des ours ».
Si les enfants ne trouvent pas, orienter les questions, montrer chaque personnage, le nommer.
- **Phase 6 : comparaisons d'ordre visuel.** Ces ours sont-ils tous pareils ? Quelles sont leurs différences ? Description des ours : la couleur, la taille, les vêtements ou non, le pelage la position. Peut-on en regrouper certains ?
Petit ours brun est habillé comme un humain. Calinours et le grizzli ont des poils.
Petit ours brun, Lolotte et Calinours marchent sur deux pattes. D'autres critères peuvent être acceptés.
- **Phase 7 : comparaisons d'ordre fictionnel.** Les histoires sont différentes.
Petit ours brun, Lolotte, et Calinours parlent. Fred ne parle pas, le grizzli grogne.
Lolotte, Calinours et Petit ours brun ont des aventures comme des humains.
Fred a une aventure de nounours, le grizzli vit dans la nature.

- **Phase 8 : élaboration d'une nouvelle affiche.** Afin de garder les remarques, faire un tableau de classement selon les critères définis plus haut. Trouver avec les enfants un codage pour les actions ; ex. : il est habillé, dessiner un vêtement et écrire la phrase ; il n'est pas habillé, barrer le vêtement, etc.

Résultat attendu

Raconter l'histoire des cinq personnages.

Évaluation

Évaluation individuelle lorsque des enfants sont interrogés. Cocher leurs réponses sur un tableau de compétences.

Conseils

Lors d'une activité collective, en particulier dans une classe où les enfants sont nombreux, interroger ceux qui ne prennent pas la parole spontanément. Il est possible de reprendre l'activité avec un petit groupe d'enfants en difficulté.

Ouverture transdisciplinaire

Découverte du monde : la vie des ours à travers des documentaires vidéo ou des diapos. Les différentes espèces d'ours et leur milieu de vie. L'ours, animal protégé et réhabilité dans certaines régions.

Prolongements

- Reprise du travail en petits groupes lors de la séance suivante.
- Chercher d'autres livres d'ours dans la BCD de l'école, puis les classer dans les tableaux réalisés.

Séance n° 5 Jeux de lecture à partir d'albums

Compétence : Faire correspondre les mots d'un énoncé court à l'oral et à l'écrit.

Objectif : Familiariser l'enfant avec l'écrit.

Concept : Lecture en réseau autour du personnage « ours ».

Capacités : Repérer des similitudes entre des mots à l'écrit. Associer une image et un titre.

Conditions préalables : Séances n°s 3 et 4.

Préparation de la classe

- **Organisation de la classe**
  Ateliers.
- **Matériel**
  Images photocopiées des 5 ours. Photocopies des couvertures. Photocopies des 5 noms. Feuilles supports A3, colle et pinceaux.
- **Documents**
  Les 5 albums, les 5 affiches (*cf.* séance n° 4).

Déroulement de l'activité

- **Durée** : 20 minutes.
- **Modalités de travail** : atelier dirigé avec 6 enfants maximum. Les autres élèves sont en ateliers autonomes.

→ Description de l'activité

- **Phase 1 : association image-nom.** Observer les photocopies des cinq personnages, les nommer. Au besoin s'aider des albums pour vérifier. Le maître écrit devant les enfants les noms sous les images : Petit ours brun, Calinours, Lolotte, Fred, le grizzli. Il découpe les écritures. Les enfants doivent, ensemble, retrouver les noms correspondant aux images. Ils doivent expliquer leurs critères de choix par rapport aux mots : longueur, taille des lettres, etc.
- **Phase 2 : jeu de kim-vue.** Poser les images et les noms sur la table. Les enfants ferment les yeux, le maître enlève une image ou un mot : trouver ce qu'il a enlevé. Le répéter plusieurs fois.
- **Phase 3 : association personnage/première de couverture.** Poser les photocopies des premières de couvertures sur la table : nommer les titres des albums, puis retrouver le personnage de chaque album, le placer dessous.
- **Phase 4 : association première de couverture/personnage/nom du personnage.** Même activité en ligne de gauche à droite : couverture, personnage, nom, les unes en dessous des autres pour les cinq albums.

Résultats attendus

Réinvestissement des connaissances acquises lors des séances précédentes, mémorisation, attention visuelle.

Évaluation

Sur une feuille A3 divisée en cinq lignes : coller de gauche à droite l'image de la première de couverture, l'image du personnage, le nom du personnage.
Les référents sont affichés près des enfants ; ils peuvent ou non s'en servir.

Conseils

Former des groupes homogènes afin de pouvoir différencier les activités et de les adapter en fonction des besoins des enfants. Pour les élèves les plus avancés, il sera inutile de laisser les référents à disposition. Avec des élèves en difficulté, il faudra peut-être réduire le nombre d'albums, en particulier pour cette activité.

:: Ouverture transdisciplinaire

– Travailler sur les pages de garde des albums en arts visuels.

– Travailler les différents textes : encadré, dans l'image, sous l'image, etc., et les différentes écritures : cursive pour *Petit ours brun*, capitales pour « Au pays des grizzlis », script pour les trois autres.

:: Prolongements

- Fabriquer un album sur les ours, dans lequel on pourra réaliser en arts plastiques des ours sur une page et associer leurs noms sur la page en face. Cet album sera la mémoire collective du travail réalisé autour du personnage « ours ».
- Le grizzli peut être réalisé avec des brins de laine marron, Calinours avec du coton, Fred avec de la fourrure, Lolotte avec de la laine mèche bleue, Petit ours brun avec des chutes de tissu.

le grizzli

Lolotte

Petit Ours Brun

« FRED ! »

Calinours

Séance n° 6 Exploitation de l'album : *Toc, toc, toc*

:: **Compétence** : Connaître quelques textes du patrimoine, principalement des contes.

:: **Objectif** : Initiation à la langue écrite.

:: **Concept** : Des états émotionnels à travers des livres.

:: **Capacités** : Connaître quelques textes du patrimoine. Donner son avis sur une histoire.

:: **Conditions préalables** : Le livre a été lu plusieurs fois par le maître. Les autres albums sont tous connus des enfants, ils ont été lus dans l'année.

:: Préparation de la classe

- **Organisation de la classe**
  Activités en petit groupe dirigé.
- **Matériel**
  Photocopies des premières de couverture.
- **Documents**
  L'album *Toc, toc, toc* de Tan et Yasuko Koide (collection Lutin poche, École des Loisirs). Les albums cités ci-dessous doivent être présents et visibles dans le coin bibliothèque.

:: Déroulement de l'activité

- **Durée** : 30 minutes.
- **Modalités de travail** : petit groupe de 6 élèves. Les autres sont répartis dans ces ateliers autonomes.

→ Description de l'activité

- **Phase 1 : rappel oral de l'histoire par les enfants.** Questions du maître : « Aimez-vous cette histoire ? Pourquoi ? » Écouter les réflexions des enfants. La réponse attendue est : les animaux ont froid, ils se regroupent, ils s'aident, même l'ours qui leur faisait peur.
- **Phase 2 : réflexion collective.** Connaissez-vous d'autres histoires qui parlent de la même chose ? De la solidarité entre des personnages qui ont froid ?
Les enfants peuvent chercher dans le coin bibliothèque de la classe.
- **Phase 3 : observation des albums trouvés par les enfants.** Pour chaque album le maître demande de raconter l'histoire brièvement :

– ***À trois on a moins froid*** (Elsa Devernois et Michel Gay) : histoire d'un lapin, un hérisson et un écureuil qui n'ont plus de chauffage et vont se réchauffer en se serrant à trois.

– ***Un hiver au chaud*** (Sun-Ye Yang) : au cœur de la forêt vit un monstre si effrayant que tous les animaux le fuient. Lorsque l'hiver arrive et que la forêt se couvre de neige, 1 géant, 2 ours, 3 sangliers, 4 faons, 5 renards et 10 campagnols cherchent un abri pour passer l'hiver au chaud. À la fonte des neiges, ils découvrent qu'ils avaient tous trouvé refuge dans la fourrure du monstre.

– ***La Moufle*** (G. Franquin, R. Giraud) : un paysan s'en va chercher du bois dans la forêt et perd sa moufle en chemin. Celle-ci deviendra alors une maison confortable et douce pour une souris, une grenouille, un lapin, un renard, un loup et un ours. Mais la petite fourmi qui voudra insidieusement s'installer à son tour à l'intérieur va provoquer le chaos, etc.

– ***Il fait si froid*** (Nick Butterworth) : Sylvain, le gardien, est ami des bêtes. Dans la nuit froide de l'hiver, Sylvain, le gardien du parc, se réchauffe en buvant un chocolat chaud, il n'a qu'une seule envie : se mettre au chaud dans son lit. Mais voilà qu'on frappe à la porte... Les animaux du parc, ayant également froid, rejoignent Sylvain dans sa cabane. Rapidement, la place vient à manquer.

– ***Les Bons Amis*** (P. François, G. Muller) : un petit lapin gris, par un jour de neige, trouve deux carottes. Il en mange une et va porter l'autre au cheval, qui la porte au mouton, qui la porte au chevreuil. Une histoire d'amitié et de générosité d'après un conte de la tradition chinoise.

– ***Tout seuls*** (M. Gay, M. Ponty) : deux peluches, Gros Ours et Petit Chat, attendent en vain dans la vitrine qu'on vienne les chercher. Alors, ils s'en vont. C'est Noël et il fait froid. Vont-ils rester tout seuls ?

Lorsqu'un enfant rapporte un album n'ayant pas de rapport avec le thème, l'ensemble du groupe doit donner son avis.

Tous ces albums sont des récits avec randonnée : à chaque étape apparaît un nouveau personnage. À la fin tous les personnages sont réunis.

- **Phase 4. Reconnaissance visuelle :** les sept albums sont posés les uns à côté des autres : lire les titres.

Le maître montre une photocopie noir et blanc d'une première de couverture : un enfant doit la placer sous le livre correspondant. Ainsi de suite pour tous les albums.

Même chose avec les photocopies des titres : placer chaque titre sous le bon livre.

- **Phase 5. Reprise du thème de la solidarité et de l'amitié :** quelle histoire préférez-vous ? Pourquoi ? Sur un tableau préparé à l'avance, le maître met des croix en fonction des réponses des enfants. L'album ayant obtenu le plus de croix sera le préféré de la classe.

Dans une autre colonne, le maître écrit les phrases des enfants.

Le tableau sera intitulé : *l'amitié dans les livres*.

- **Phase 6. Classement des albums :** pour ne pas les mélanger et savoir qu'ils parlent du même sujet, que pourrait-on faire pour les retrouver facilement et les ranger ensemble ?

Propositions des enfants. En adopter une (par exemple, gommette de couleur) et la mettre en place.

Résultats attendus

Participation orale des enfants, recherche active dans la bibliothèque de la classe, élaboration du tableau. Savoir évoquer des textes lus par le maître.

Évaluation

Sur une feuille A3, disposer des photocopies rétrécies des couvertures des albums. Donner des étiquettes des titres écrits : chaque enfant doit placer le titre sous la bonne image.

:: Conseils

Les enfants sont très sensibles aux émotions dans les livres. Ils peuvent commencer à parler des pensées d'autrui et à en percevoir l'intentionnalité : cette compétence est capitale pour le développement social et culturel des jeunes enfants.

:: Ouverture transdisciplinaire

Vivre ensemble : parler de l'amitié dans la vie, à l'école et de l'aide que l'on peut apporter aux autres.

:: Prolongements

De nombreuses activités sont possibles autour de ces albums : proposer des images des personnages et retrouver à quel album elles appartiennent, de même avec la photocopie d'une page d'un album, etc.

Séance n° 7 Inventer le texte d'un album animé

:: **Compétence** : Produire un énoncé oral dans une forme adaptée pour qu'il puisse être écrit par un adulte.

:: **Objectif** : Contribuer à l'écriture d'un texte.

:: **Concept** : L'écrit comme moyen de communication.

:: **Conditions préalables** : Avoir lu l'album *Où est Spot mon petit chien ?* d'Éric Hill.
Le problème posé est la disparition de la mascotte de la classe. Il faut la retrouver. Quelles questions va-t-on se poser ? Comment les retranscrire pour obtenir un livre ?

:: Préparation de la classe

- **Organisation de la classe**
  Le point de départ est collectif, les enfants constatent un matin que la mascotte de la classe a disparu.
  Puis le travail de recherche de structures se fera par ateliers.
  Le retour sera collectif, afin de faire la synthèse des idées trouvées et le choix pour l'album.
- **Matériel**
  Des photographies de différents lieux de la classe. Des catalogues, des ciseaux, de la colle.
- **Documents**
  L'album *Où est Spot mon petit chien ?*
  D'autres albums déjà fabriqués par les enfants ou par les élèves d'autres classes.

:: Déroulement de l'activité

- **Durée** : 10 minutes + 15 minutes.
- **Modalités de travail** : collectif puis ateliers.

→ **Description de l'activité**

- **Phase 1 : situation-problème.** Au moment du regroupement matinal, les enfants veulent réveiller la mascotte et constatent qu'elle a disparu. Les laisser émettre des hypothèses, les écouter.
- **Phase 2 : mise en relation avec Spot.** Le maître pose les questions : « Vous souvenez-vous de qui avait perdu son petit chien ? Qu'a-t-elle fait ? Quelle était la question qu'elle posait à chaque page ? Est-il... ? » Reprise de l'album si nécessaire, observation de l'écrit.
- **Phase 3 : proposition de travail.** Le maître propose de faire comme la maman de Spot : les enfants vont chercher la mascotte dans la classe mais dans un premier temps sans se déplacer, en émettant des hypothèses. Puis on les vérifiera.
- **Phase 4 : répartition en ateliers.** Une partie de la classe travaille en ateliers autonomes. Le maître s'occupe de l'atelier langage (6 enfants). Les enfants ont à leur disposition des photographies de lieux de la classe pour les aider à poser les questions. Ils les regardent ensemble et nomment les éléments : l'armoire, la porte, le coin cuisine, le coin garage, le lavabo, le coin bibliothèque, les porte-manteaux, etc.
- **Phase 5 : rédaction des questions.** Le maître écrit les questions lorsqu'elles sont posées correctement : « Est-elle dans le coin cuisine ? Est-elle sous l'armoire ? Est-elle sur le lavabo ? Est-elle derrière les livres ? Est-elle près de la porte ? », etc.
- **Phase 6 : réalisation des réponses.** Les enfants ont à leur disposition des pages de catalogues et des ciseaux. Ils doivent répondre « non » aux questions puis « mais il y a » et ajouter des éléments. Par exemple dans la cuisine il y a des assiettes, sur le lavabo il y a un savon, etc. Ils découpent les images des objets dans les catalogues et les posent sous les photographies correspondantes. Il est possible d'associer plusieurs objets à une photographie. Le maître écrit les phrases sur des étiquettes placées sous les images.

- **Phase 7 : fin de l'histoire.** Il faut trouver la mascotte. Les enfants vont vérifier leurs hypothèses et trouvent la mascotte bien cachée dans un des lieux photographiés. Il faudra garder cette photographie pour la fin et écrire la réponse : « Oui elle est... » Puis écrire une conclusion montrant la joie des enfants d'avoir retrouvé leur mascotte.

Résultats attendus

Motivation et participation active des enfants. Réutilisation d'une structure interrogative utilisée à l'oral et à l'écrit, qui respecte l'inversion du sujet. Utilisation du vocabulaire spatial grâce à des photographies.

Évaluation

Dans chaque groupe le maître remplit un tableau de compétences.

:: Conseils

- Mettre en place des groupes homogènes afin de permettre à tous de s'exprimer et adapter les exigences aux possibilités de chacun.
- Écrire les phrases devant les enfants en lisant les mots, attirer leur attention sur les mots identiques (la formule redondante).
- Insister sur la structure « est-il ? » que l'on pourra réutiliser lors de jeux de langage.

:: Ouverture transdisciplinaire

- **Arts visuels :** réaliser les fonds des pages de l'album, la couverture.
- **Découverte du monde :** réaliser les cachettes qui vont abriter les réponses, relier l'album.

:: Prolongement

Cf. séance n° 8.

Séance n° 8 — Fabriquer un album animé *Où est la mascotte de la classe ?*

:: **Compétence** : Produire un énoncé oral dans une forme adaptée pour qu'il puisse être écrit par un adulte.

:: **Objectif** : Contribuer à l'écriture d'un texte.

:: **Concept** : Correspondance oral/écrit.

:: **Conditions préalables** : *cf.* séance n° 7.

:: **Préparation de la classe**

- **Organisation de la classe**
  Départ collectif : mise en commun des réalisations des groupes. Puis travail en petits groupes pour l'écriture des textes dans l'album.
- **Matériel**
  Les écrits des quatre groupes ; des étiquettes des groupes de mots et de la colle.
- **Document**
  Album *Où est Spot ?*

:: **Déroulement de l'activité**

- **Durée** : 10 minutes + 20 minutes.
- **Modalités de travail** : début en collectif, puis organisation en ateliers, retour au collectif.

→ **Description de l'activité**

- **Phase 1 : mise en commun.** Les différents écrits des groupes sont affichés au tableau (séance n° 7). Chaque groupe doit « lire » ses phrases en s'aidant des images et des photographies. Le maître aide à la lecture. On procède page par page.
- **Phase 2 : choix d'une question et des réponses.** Pour chaque page l'ensemble des enfants choisit la question la mieux posée et les réponses proposées (maximum 3). Le maître veille à ce que chaque groupe ait des phrases choisies pour l'album collectif.
- **Phase 3 : relecture de l'ensemble.** Le maître relit toutes les phrases, questions et réponses.
- **Phase 4 : réalisation des pages de l'album.** Que faut-il faire pour obtenir un livre ? Laisser chercher les enfants, au besoin leur montrer un livre.

Cahier des charges :
- il faut écrire les phrases sur les fonds qui ont été réalisés en arts visuels et coller les photographies. La page de gauche sera réservée à la question. La page de droite sera réservée aux réponses ;
- il faut confectionner des cachettes (rabats) pour les réponses ;
- il faut garder pour la fin la réponse positive et la conclusion ;
- il faut écrire le titre sur la première de couverture (réalisée en atelier arts visuels).

- **Phase 5 : atelier lecture.** Le maître s'occupe de cet atelier de 6 enfants tandis que les autres sont répartis dans des ateliers autonomes de réinvestissement.

Les enfants ont à leur disposition les photographies des lieux, les images qui ont été choisies ainsi que les phrases écrites par le maître (en script). Ces phrases sont découpées en groupes de mots, il faut les remettre dans l'ordre. Exemples : *Où est Popy notre mascotte ?* (titre) *Est-elle sous l'armoire ?*

Les enfants doivent prendre des indices : la majuscule du début de phrase, le point d'interrogation de la fin de phrase.

Ils doivent coller les morceaux de phrases de gauche à droite sur des repères qui ont été préparés par le maître (sur les fonds). Ils doivent les lire en même temps.

Même chose pour les réponses, qui doivent être collées sous les images correspondantes.
Exemple : *Non, il y a un savon, une serviette.*
Chaque groupe participera à la réalisation de l'album : deux groupes colleront les textes, les deux autres auront réalisé les fonds et les rabats.

- **Phase 6 : assemblage de l'album.** En collectif. Les pages terminées sont affichées les unes à la suite des autres au tableau. Vérifier qu'elles sont bien dans l'ordre, assembler les rectos et les versos. Choisir un mode de reliure, par exemple des trous à la perforeuse et des liens, et relier devant les enfants. Monter le produit fini. Le relire afin de vérifier la cohérence. À chaque page un enfant peut venir lire en suivant les mots avec le doigt.

Résultats attendus

Réalisation correcte de l'album. Plaisir des enfants de relire le texte, d'emporter l'album chez eux.

Évaluation

Dans chaque groupe le maître pourra évaluer les enfants, voir s'ils sont capables de reconstituer une phrase écrite en y mettant du sens, de la lire et de dire correctement la structure interrogative.

:: Conseils

Le sens de la lecture est très important. Il ne faut pas faire travailler des enfants sur des mots ou des phrases qu'ils ne connaissent pas. C'est pourquoi la structure redondante est intéressante tant à l'oral qu'à l'écrit.
De même, l'élaboration d'un texte en petits groupes puis en collectif pour en faire un livre est motivant pour les enfants. Ils donnent du sens à leurs activités, savent pourquoi ils le font.
L'album reste dans la classe, il est la mémoire du travail réalisé et peut à tout moment être consulté.

:: Ouverture transdisciplinaire

La réalisation d'un album est forcément transdisciplinaire, et représente donc un véritable projet.

:: Prolongements

- Afin que chaque enfant ait une trace de cet album et pour que ce ne soit pas fastidieux, leur faire réaliser la première de couverture et photocopier les pages. Ainsi, chaque livre sera personnalisé.
- Le même travail peut être réalisé au niveau des locaux de l'école entière, il fera ainsi l'objet d'activités d'orientation.
- Travailler de la même façon d'autres structures syntaxiques.

Séquence : Découvrir les réalités sonores de la langue

Séance n° 9 Continuer un texte rimé

:: Compétence : Différencier les sons.

:: Objectif : Distinguer les sons de la parole.

:: Concept : L'unité syllabique, en particulier la syllabe finale, structure de base sur laquelle s'exerce la première sensibilité phonologique de l'enfant, qui est une des composantes de l'apprentissage de la lecture.

:: Capacité : Prononcer correctement des petites comptines très simples qui favorisent l'acquisition de la conscience des sons.

:: Conditions préalables : Cette séance est à reproduire de nombreuses fois en variant les supports et l'ordre des activités. Ces moments doivent être courts et quotidiens, l'explicitation de leur objectif amène peu à peu les élèves à dépasser le plaisir de dire, de jouer pour se centrer sur l'apprentissage.

:: Préparation de la classe

- **Organisation de la classe**
  En grand groupe, mais il faut aussi reprendre certaines activités en petit groupe afin de s'assurer de la participation de tous.
- **Documents**
  Quelques fiches de comptines ou formulettes écrites.

:: Déroulement de l'activité

- **Durée :** courte mais régulière.
- **Modalités de travail :** en collectif.

→ Description de l'activité

- **Phase 1 : les prénoms des enfants de la classe.** Créer des comptines à partir des prénoms. Exemple : « Dans mon panier il y a du riz pour Aurélie, dans mon panier il y a des pommes pour Guillaume, il y a un serpent pour Lilian, il y a un chien pour Sébastien. »
Éviter les phrases ayant un sens ou faisant appel à l'affectif, comme « Charlotte aime la compote », car les enfants vont s'attacher au sens et non à la rime.
- **Phase 2 : le jeu du corbillon.** « Dans mon bat<u>eau</u> j'ai un chap<u>eau</u>, un lot<u>o</u>, un mart<u>eau</u>... » Ce jeu se fait en suivant l'ordre des enfants assis ; chacun doit trouver un nouveau mot ayant la même rime. Idem avec : « Dans ma maison il y a..., dans ma main... ».
- **Phase 3 : inventer une suite à une comptine.** « Cha cha cha mon petit chat, ra ra ra, mon petit rat, ri ri ri ma p'tite souris, ro ro ro mon petit crapaud... »
- **Phase 4. Dire une comptine dans laquelle on répète les fins de phrases :**

« Jamais on n'a vu vu vu,
La famille tortue tue tue,
Courir après les rats rats rats. »

« La samaritaine taine taine,
Va à la fontaine taine taine,
Pour puiser de l'eau, l'eau l'eau.
Dans son petit seau seau seau. »

« Le pied a buté té té,
Le seau est tombé bé bé,
L'eau s'est renversée sée sée,
Marie a pleuréée. »
Frapper dans les mains sur les syllabes répétées.

- **Phase 5 : création poétique**

Avec l'alphabet : « ABC je suis passé...DEF Avec Joseph... »
Avec les nombres : « 1 2 3 un chat sur le toit, 4 5 6 guette une souris... »
Avec les couleurs :
« Bleu blanc rouge, personne ne bouge,
Bleu blanc gris tout le monde écrit,
Bleu blanc rose on fait une pause,
Bleu blanc noir est-ce qu'il va pleuvoir ?
Bleu blanc vert c'est enfin l'hiver ! »
Écrire les trouvailles des enfants, leur faire illustrer, réaliser un album de créations poétiques.

Résultats attendus

Peu à peu les enfants doivent prendre l'habitude de jouer avec les rimes. Il sera possible de le faire à de multiples occasions.
Les mots et comptines qui n'ont pas de sens sont également intéressants pour travailler les rimes :
« Am stram gram
Pic et pic et colégram
Bour et bour et ratatam
Am stram gram. »

Évaluation

Individuellement, demander à un enfant de trouver une rime en lui donnant un exemple.

Conseils

L'unité que les enfants parviennent le mieux à isoler est la syllabe orale : ce groupe de sons qui se prononcent en une seule émission de voix est une réalité articulatoire naturelle. La syllabe apparaît comme l'unité privilégiée dont va se servir l'enfant pour commencer à développer sa conscience phonologique.
La conscience de la syllabe finale est assez facile à installer chez les jeunes enfants.

Ouverture transdisciplinaire

- **Éducation musicale :** le rythme est indissociable de la comptine et aide l'enfant à prendre conscience des unités syllabiques. Les frappés avec les mains, les pieds, un instrument facilitent la mémorisation et le repérage des syllabes.
- **Arts visuels :** création d'un livre des comptines inventées. Les pages pourront être illustrées en utilisant différentes techniques plastiques.

Séquence : Se livrer à des activités graphiques

Séance n° 10 Reproduire des formes avec changement de direction

Compétences : Écrire en écriture cursive son prénom. S'acheminer vers le geste d'écriture : réalisations graphiques.

Objectif : S'acheminer vers l'écriture : le contrôle des gestes.

Concept : Le graphisme « boucles » : produire de gauche à droite dans son sens de rotation dominant des suites de boucles. Coordonner ainsi les mouvements de translation et de rotation.

Capacité : Réaliser en grand les traces de base de l'écriture : enchaînement des boucles.

Conditions préalables : Les enfants maîtrisent les lignes horizontales et verticales, les ronds, les vagues.

Préparation de la classe

- **Organisation de la classe**
  Une partie de la séance se déroule en salle de jeu, l'autre partie dans la classe.
- **Matériel**
  Un tambourin, un triangle, des cerceaux, des craies, des pelotes de laine. Des feuilles bristol, des boules de cotillon, de la pâte à modeler.

Déroulement de l'activité

- **Durée** : 20 minutes en salle de jeu, 20 minutes dans la classe.
- **Modalités de travail :** collectif dans la salle de jeu, en petit groupe dans la classe.

→ Description de l'activité

- **Phase 1 : déplacement en file dans la salle de jeu.** Les enfants, répartis en groupes de 5 à 6, se déplacent librement dans la salle. Au signal sonore (tambourin), ils se rangent derrière un élève jouant le rôle du chef de file. Chaque file, guidée par le chef, se déplace en reproduisant les mouvements du chef de file. Le signal de dispersion est donné par le triangle.
- **Phase 2 : déplacement entre des cerceaux.**

- Des cerceaux sont alignés et espacés au sol : les chefs de file doivent suivre un chemin entre les cerceaux.
- Demander aux enfants de décrire les déplacements.
- Choisir le déplacement qui fait le tour de chaque cerceau avant de passer au suivant.
- Verbaliser les différentes étapes de ce déplacement et le faire reproduire en y adaptant des mouvements : avant, arrière, accroupi, etc.
- Matérialiser le chemin en le traçant à la craie ou en déroulant une pelote de laine.
- Faire traverser une dernière fois le parcours en faisant verbaliser les actions à chaque étape.

- **Phase 3 : représentation en classe.**

- Chaque enfant dispose d'une feuille cartonnée et doit coller des boules de cotillon en les alignant et les espaçant (comme les cerceaux).
- Leur faire modeler un long colombin en pâte à modeler.
- Le poser sur la feuille de façon à ce qu'il entoure sans se couper chaque boule de cotillon.
- Observer les résultats et recommencer l'activité en remplaçant le colombin par un long fil de laine, le coller.

- Personnaliser chaque production par des décorations libres réalisées aux feutres.

Résultats attendus

Contrôle pour chaque enfant du sens dominant de la rotation : dans le sens des aiguilles d'une montre, en sens inverse ou indéterminé.

Les fils de laine doivent représenter des boucles autour des boules de cotillon.

Évaluation

Motricité fine : coordination de l'action des deux mains dans les activités de modelage et de collage.

:: Conseils

- À la place des boules de cotillon coller des gommettes, en sachant qu'il n'y a pas le critère « obstacle ».
- Perforer des trous alignés sur une bande de papier et faire coller le fil de laine en entourant les trous.

:: Ouverture transdisciplinaire

- **Découverte du monde :** repérage et déplacements dans l'espace.
- **Agir et s'exprimer avec son corps :** déplacements en file dans l'espace en se suivant. Réaction à un signal sonore.

:: Prolongement

Cf. séance n° 11.

Séance n° 11 Tracer des lignes bouclées

:: Compétences : Écrire en écriture cursive son prénom. S'acheminer vers le geste d'écriture : réalisations graphiques.

:: Objectif : S'acheminer vers l'écriture : le contrôle des gestes.

:: Concept : Le graphisme « boucles » : produire de gauche à droite dans son sens de rotation dominant des suites de boucles. Coordonner ainsi les mouvements de translation et de rotation.

:: Capacité : Réaliser en grand les tracés de base de l'écriture.

:: Conditions préalables : *cf.* séance n° 10.

:: Préparation de la classe

- **Organisation de la classe**
  Les enfants sont répartis en ateliers.
- **Matériel**
  Tableau, craies, peinture, brosses rondes, gommettes, papier grand format, feuilles A3, gros feutres, bandes de papier (34 × 12), bâtonnets d'allumettes étêtées.

:: Déroulement de l'activité

- **Durée** : 30 minutes.
- **Modalités de travail** : petit groupe de 6 élèves dirigé par l'enseignant : les groupes seront constitués d'enfants de même niveau et dont les boucles ont le même sens de rotation.

→ Description de l'activité

- **Phase 1 : mécanisation du tracé au tableau**

– Demander aux enfants de tracer des boucles au tableau.

– Matérialiser le point d'arrivée par un point de couleur et demander à chaque enfant du groupe de tracer une série de boucles en partant de la bordure gauche du tableau pour arriver à celle de droite. Tenir au besoin la main de l'enfant en faisant remarquer les déplacements du corps et des pieds, cela afin d'éviter le chevauchement des tracés.

– Accentuer les mouvements en demandant aux enfants de tracer des boucles les plus grandes possible, afin d'éviter la transformation des boucles en pointes.

- **Phase 2 : entraînement et affinement du graphisme sur plan vertical.**

– Panneau collectif : demander à chaque enfant du groupe de dessiner de gauche à droite des lignes bouclées de couleurs différentes (une couleur par enfant) à la peinture. Faire observer les résultats, comparer la hauteur des boucles, leur sens, puis faire coller des gommettes à l'intérieur des boucles.

– Coller verticalement des bandes de papier (10 × 2) sur une feuille 50 × 65 cm et demander aux enfants de dessiner une grande ligne dont les boucles passeront autour de chacune de ces bandes de papier : il faut donc orienter et contrôler l'alignement des boucles et la régularité des hauteurs.

- **Phase 3 : sur plan horizontal**

– Demander aux enfants de dessiner plusieurs lignes de boucles aux feutres sur une feuille A3.

– Coller sur une bande de papier (34 × 12) des bâtonnets d'allumettes puis demander aux enfants de tracer au feutre une ligne bouclée passant autour de chaque bâtonnet.

– Réaliser un patchwork collectif en donnant à chacun deux feuilles de papier de dimensions différentes (20 × 10 et 10 × 3). Sur la plus grande, faire dessiner des grandes boucles et sur

la plus petite des petites boucles. L'enfant doit adapter le tracé au format de la feuille, donc être capable d'anticiper le mouvement grâce à une maîtrise plus grande du freinage.
- Sur une feuille A4 où l'on aura tracé des lignes horizontales à intervalles différents, faire tracer des boucles dans les espaces ainsi formés : respecter les limites des frontières tracées.

Résultat attendu

Une progression dans les tracés de boucles au fur et à mesure des exercices.

Évaluation

Sur une feuille A4 ou A3 (selon les possibilités de chacun), tracer des lignes de boucles dans le sens choisi par l'enfant.

:: Conseils

- Afin d'assurer la régularité du tracé, les guider à l'aide d'une ligne haute à toucher à chaque boucle dans le cas d'un tracé dominant ascendant de droite à gauche, à l'aide d'une ligne basse à toucher à chaque boucle dans le cas d'un tracé dominant vers le bas de droite à gauche.
- Proposer des exercices sur des bandes de plus en plus étroites si la hauteur des boucles varie en sens croissant.
- Si les boucles sont trop amples, proposer des exercices sur grand format et amener l'enfant à réduire lui-même la hauteur des boucles avant de proposer des feuilles plus petites ou des lignes frontières.
- Les supports doivent être variés, de tailles et de textures différentes. Différents outils sont proposés : pinceaux de tous formats, cotons tiges, doigt, gros feutres, fusains, petites éponges, etc. Les médiums sont également divers : peinture, encre, monotype, colle, etc.

:: Ouverture transdisciplinaire

Arts visuels : les signes graphiques sont très utilisés dans les œuvres d'art. Il sera intéressant d'en étudier quelques-unes (Miro, Kandinsky, etc.).

:: Prolongements

Lorsque ce signe graphique est acquis par la majorité des élèves, l'ajouter au fichier de graphismes de la classe. On pourra s'en servir lors d'activités de reproduction de modèles graphiques, de décoration de dessins, de combinaisons de signes.
Cette séquence peut être reproduite de la même façon pour les autres signes graphiques. En section de moyens, on pourra suivre cette progression : les lignes verticales, horizontales, obliques, brisées, les spirales, les ponts, les cannes, les vagues, les boucles puis les associations : ponts, cannes et ronds ; vagues, ponts, points, ronds. Enfin écriture du prénom en cursive.
La démarche est toujours la même : d'abord perception dans l'espace salle de jeu avec le corps entier, puis représentation sur plan vertical et grand format, ensuite reproduction sur plan horizontal.

Séquence : Découvrir le principe alphabétique

Séance n° 12 Les lettres de l'alphabet

:: Compétence : Reconnaître la plupart des lettres de l'alphabet.

:: Objectif : Identifier des formes écrites.

:: Concept : La lettre. Elle a trois composantes : son nom, sa valeur sonore, son tracé (ou son « costume »).

:: Conditions préalables : En section de petits, les enfants ont déjà fait des remarques en comparant les prénoms : prénoms qui commencent par la même lettre, etc. En section de moyens on va observer les mots familiers : jours de la semaine, mots ou groupes de mots qui reviennent souvent dans les activités de la classe, mots utilisés dans les projets, titres des livres lus, noms des héros des récits, tous les mots dont le sens est contextualisé et connu.
Ils seront des supports de réflexion et permettront de comparer, d'isoler, de mettre en relation unités sonores et unités graphiques.

:: Préparation de la classe

- **Organisation de la classe**
  Les activités proposées ne sont pas à réaliser lors d'une même séance : il s'agit d'un répertoire d'exercices possibles, à faire tout au long de l'année, en petit groupe. C'est surtout par imprégnation et en restant toujours attentif aux différents écrits de la classe que l'enfant va peu à peu reconnaître les lettres et savoir les nommer.

- **Matériel**
  Un alphabet référentiel en trois écritures : capitales, script, cursive, de grande taille affiché dans la classe.
  Des jeux fabriqués sur bristol : loto des lettres, dominos, etc.

:: Déroulement de l'activité

- **Durée** : 20 minutes par séance comprenant un ou plusieurs exercices ou jeux.

- **Modalités de travail** : petits groupes qui feront tous en même temps ces activités en atelier dirigé. Ensuite les jeux pourront être à la disposition des enfants.

→ Description de l'activité

- **Phase 1 : l'initiale.** Sur une feuille A4 sont écrits des prénoms en lettres capitales. Une lettre référente est indiquée en haut. La consigne est d'entourer tous les prénoms qui commencent par cette lettre. Le maître nomme la lettre, puis lit les prénoms.
- **Phase 2 : jeu de loto.** Les costumes de la lettre. Sur des plaques de 6 cases, écrire (de préférence à l'ordinateur) 6 lettres en capitales. Donner à chaque enfant une plaque et 6 étiquettes sur lesquelles les mêmes lettres sont écrites en script : poser chaque carte sur la bonne lettre. Le référentiel est visible au départ. Dire tout haut le nom de chaque lettre.

Il n'est pas obligatoire d'écrire les lettres dans l'ordre de l'alphabet. Il est préférable de commencer avec des lettres bien distinctes et que les enfants connaissent le mieux.

- **Phase 3 : le clavier de l'ordinateur.** Les lettres sont écrites en capitales et lorsqu'on les tape elles apparaissent en script. Faire écrire leur prénom à chaque enfant en script puis en capitales (avec référentiel). Imprimer les écritures.
- **Phase 4 : domino des lettres.** Sur chaque domino sont écrites une lettre en script et une autre en capitales. Associer les mêmes lettres côte à côte. Les enfants doivent dire les noms des lettres tout haut.
- **Phase 5 : comptine de l'alphabet.** Sur l'air de « Ah vous dirai-je maman ? » de Mozart. L'apprendre en montrant les lettres en même temps sur le référentiel.
- **Phase 6 : évaluation individuelle.** Après de nombreux jeux, donner une feuille A4 sur laquelle sont écrites d'un côté des lettres en capitales, de l'autre des lettres en script dans un ordre différent. Demander à l'élève de les relier deux à deux. Le nombre de lettres différera en fonction des possibilités de chacun.
- **Phase 7 : les lettres d'un mot.** Un mot en relation avec le projet et porteur de sens est écrit en capitales dans des cases pour bien différencier les lettres. Les enfants doivent découper les lettres (en bas de la feuille) en script, puis les placer sous les premières. Il est important qu'ils respectent le sens de gauche à droite pour coller les lettres. Puis le maître leur demande de « lire » les lettres et de lire le mot.

Résultats attendus

En fin de section de moyens, les enfants doivent savoir nommer presque toutes les lettres de l'alphabet au moins en deux écritures et dans le désordre.

Évaluation

Voir phases 6 et 7.

:: Conseil

Bien dire les noms des lettres et non leur valeur sonore.

:: Ouverture transdisciplinaire

- **Arts visuels :** décorer de différentes façons des lettres grand format (les initiales des prénoms par exemple) pour faire un grand panneau. Découper des lettres dans de la mousse ou du polystyrène, s'en servir pour faire des impressions.
- **Découverte du monde :** créer un abécédaire sous forme de livre.
- **Langue écrite :** pour chaque lettre trouver des mots commençant par cette lettre, coller des dessins commençant par cette lettre.

:: Prolongement

Lorsque les enfants ont acquis la correspondance capitales/script, on peut ajouter l'écriture cursive.

:: Définitions

L'alphabet : c'est la liste de toutes les lettres servant à transcrire les sons de la langue et énumérées selon un ordre conventionnel. C'est un outil indispensable de l'enseignement de la lecture et de l'écriture puisque les lettres permettent le codage de la parole à l'intérieur d'une langue.
L'abécédaire : c'est un livre abondamment illustré selon l'ordre alphabétique, en associant une représentation imagée à son nom. C'est plutôt un outil pour développer le lexique, puisqu'il permet de nommer et désigner des objets. Il n'est pas un outil d'apprentissage de la lecture et de l'écriture.

Partie 2

Découvrir le monde

Chapitre 3

Découvrir les formes et les grandeurs

:: Continuité des apprentissages en maternelle

:: Repères pratiques

:: Séances 1 à 12

Marilyn Buisson
Éric Greff
André Mul
Marie-Anne Viaud

Continuité des apprentissages en maternelle

	1re année	2e année	3e année	Grande section
Manipulation des objets de formes et de dimensions variées				
Sait reproduire un assemblage d'objets de formes simples	peut être travaillé	peut être travaillé	à travailler prioritairement	à consolider
Sait comparer, classer et ranger des objets selon leur taille, leur masse ou leur contenance				
• comparer selon leur taille	peut être travaillé	peut être travaillé	à travailler prioritairement	à consolider
• classer selon leur taille	peut être travaillé	peut être travaillé	à travailler prioritairement	à consolider
• ranger selon leur taille	peut être travaillé	peut être travaillé	à travailler prioritairement	à consolider
• comparer selon leur masse			peut être travaillé	à travailler prioritairement
• classer selon leur masse				peut être travaillé
• ranger selon leur masse				peut être travaillé
• comparer selon leur contenance				peut être travaillé
• classer selon leur contenance				peut être travaillé
• ranger selon leur contenance				peut être travaillé
Examen des caractéristiques des objets				
Sait différencier et classer des objets en fonction de caractéristiques liées à leur forme				
• différencier		peut être travaillé	à travailler prioritairement	à consolider
• classer		peut être travaillé	à travailler prioritairement	à consolider
Sait reconnaître, classer et nommer des formes simples : carré, triangle, rond				
• reconnaître		peut être travaillé	à travailler prioritairement	à consolider
• classer		peut être travaillé	à travailler prioritairement	à consolider
• nommer		peut être travaillé	à travailler prioritairement	à consolider

Légende :
- à travailler prioritairement
- à consolider
- peut être travaillé

Repères pratiques

1. Les axes forts du domaine d'activités

Très tôt le jeune enfant est capable de reconnaître une forme, bien avant de l'analyser, de la nommer, d'en repérer des propriétés ou d'en donner une première définition.

En maternelle, une reconnaissance globale de certaines formes est visée, par la vue et par le toucher dans des activités qui ont du sens pour l'enfant. Dès les petites classes, au cours d'activités quotidiennes, les enfants sont familiarisés avec un vocabulaire qui leur permettra, à terme, de caractériser les propriétés d'objets qu'ils auront à décrire, à reconnaître, à reproduire, à construire.

Les activités de classement et de rangement selon des grandeurs diverses sont réalisées dans des situations qui ont du sens pour l'enfant.

Dans les fiches de préparation qui vous sont proposées, l'objectif des situations présentées est d'offrir aux enfants un environnement riche et varié pour développer leur questionnement à partir de l'action. Ces fiches de préparation vont aussi permettre d'évaluer les acquisitions et d'aider à leurs structurations.

Pour l'exploration des formes, comme pour celle des grandeurs, l'utilisation du langage vient en appui de l'action et la complète. Les mots, nécessaires pour construire du sens, permettent une mise à distance par rapport à l'action elle-même et contribuent progressivement à fixer la connaissance.

Toutes les activités proposées doivent donner lieu à une verbalisation car c'est en nommant que l'enfant va pouvoir donner du sens et associer ce qu'il perçoit au vocabulaire adéquat.

2. Les spécificités de la section

En moyenne section, le travail sur les formes se poursuit à l'aide d'activités identiques à celles mises en œuvre en petite section, mais le nombre de formes différentes augmente et elles sont plus souvent présentées dans différentes positions. Les formes géométriques simples que les enfants savent désigner sont plus nombreuses.

Pour les activités sur l'étude des formes ou celles portant sur les grandeurs, les objets d'étude seront associés à leurs positions dans l'espace ou dans le plan. Il faudra donc faire rencontrer à l'enfant de nombreuses situations pour mettre en évidence que les propriétés géométriques étudiées sont indépendantes de la position ou de l'orientation des formes.

La reconnaissance de forme va être développée en fréquentant de plus en plus d'objets durant l'année de moyenne section de maternelle.

Dans le domaine des longueurs, l'enfant range au moins quatre objets selon leur longueur.

Les grandeurs sont rencontrées en manipulant les formes, il s'agit essentiellement de la longueur et de la masse. L'enfant va pouvoir effectuer des comparaisons, des tris, des rangements avec ces grandeurs comme critères.

3. Éléments didactiques et pédagogiques

C'est à l'occasion de situations de manipulation que l'enfant va rencontrer de nombreuses formes. C'est en les touchant, en observant que l'enfant percevra les points communs et les différences entre plusieurs formes. Une des premières différences sera de distinguer ce qui est courbe de ce qui est

droit. L'enfant va s'apercevoir que le rond est une courbe particulière si on lui propose des objets courbes qui ne sont pas forcément ronds. C'est en opposant deux objets en regard d'une propriété que celle-ci prend sens pour l'enfant.
La manipulation dans l'espace physique va permettre de se dégager de l'orientation liée à la feuille de papier qui ne constitue pas encore l'univers scolaire de l'enfant mais qu'il fréquente tout de même. On pourra ainsi passer du haut du tableau qui est vertical au haut de la feuille qui est dans un plan horizontal.
Il faut dès le plus jeune âge développer une mémoire des formes, c'est la fonction des activités qui s'inspirent du jeu de Kim. L'enfant doit aussi avoir l'occasion, lors d'activités d'anticiper, l'action servant alors à valider ses conjectures. C'est dans des jeux d'emboîtement ou de construction qu'il pourra se livrer à une recherche fondée aussi sur une stratégie d'essais-erreurs. Des algorithmes simples seront identifiés de façon à être poursuivis ; on pourra ici utiliser les formes, les couleurs ou les tailles.
On pourra remarquer que l'utilisation des couleurs permet de reconnaître, de désigner, de distinguer des formes ; une connaissance des couleurs primaires est donc indispensable pour que les enfants puissent mener à bien les manipulations proposées.
On procédera de façon très progressive en comparant d'abord les grandeurs de deux objets puis on ordonnera plusieurs objets relativement à une grandeur en pouvant les manipuler.
C'est une étape importante dans la construction de la notion de grandeur car celle-ci n'est pas encore liée à la mesure.
Les enfants vont aussi découvrir qu'une même grandeur peut être désignée de différentes façons en fonction de l'orientation de l'objet lors de la recherche du plus long ou du plus haut par exemple.

Séquence : Différencier et reproduire des formes et des grandeurs

Séance n°1 Les dominos des formes

:: Compétence : Comparer, ranger et classer.

:: Objectif : Différencier globalement des formes par la vue.

:: Concepts : Le carré, le rectangle, le triangle, le disque, l'ovale.

:: Capacités : Savoir différencier ces formes, être capable de verbaliser certaines propriétés.

:: Préparation de la classe

- **Organisation de la classe**

  Atelier de 5 élèves qui jouent réunis autour d'une table.

- **Matériel**

  Les 15 dominos constitués en utilisant le carré, le rectangle, le disque, le triangle et l'ovale qui sont les suivants : disque - disque/disque - carré/disque - rectangle/disque - triangle/disque - ovale/carré - carré/carré - rectangle/carré - triangle/carré - ovale/rectangle - rectangle/ rectangle - triangle/rectangle - ovale/triangle - triangle/triangle - ovale/ovale - ovale.

  Les dominos peuvent être découpés dans du carton fort, plastifiés si possible pour en assurer la longévité.

- **Document**

  Une feuille où sont représentées les 5 figures, qui va servir de référence et permettre ainsi d'aider les enfants grâce aux questions que posera l'enseignant.

:: Déroulement de l'activité

- **Durée :** 15 minutes environ, le temps de faire au moins 3 parties.
- **Modalités de travail :** jeu où l'enseignant vérifie si les règles du jeu des dominos sont respectées ; dans un premier temps, on peut mettre le matériel à la disposition des enfants pour qu'ils le manipulent et s'approprient les différentes formes. Cette phase de jeu libre est à accompagner d'une verbalisation pour permettre aux enfants d'utiliser le vocabulaire géométrique de base et exprimer à la demande de l'enseignant les propriétés des figures telles qu'ils les perçoivent.

→ Description de l'activité

Chaque joueur dispose de 3 dominos que les autres joueurs ne voient pas. Un joueur commence en posant un domino, le suivant doit poser un domino ayant en commun une figure avec le domino déjà posé.

Quand un joueur ne peut pas poser de domino, il passe son tour.
Le gagnant est celui qui a le premier posé tous ses dominos.
Les enfants doivent être capables de reconnaître les 5 figures dans des orientations quelconques.
Ils doivent être capables de répondre à des questions telles que : « Est-ce droit ? », « Est-ce

rond ? », « Est-ce rond partout pareil ? », « Est-ce pointu ? », « Combien peut-on compter de pointes ? »

Évaluation

Une feuille comportant de nombreuses figures avec comme consigne : « Colorie de la même couleur les formes qui sont pareilles. »
Pour s'assurer que l'enfant est capable de reconnaître et de nommer les formes on peut ensuite, à partir de son travail, lui demander : « De quelle couleur sont les carrés ? », « Quelle est la forme coloriée en rouge ? »

:: Conseils

À cet âge certains enfants ne connaissent pas encore le jeu de dominos, on peut donc faire tout d'abord quelques parties à « blanc » pour bien fixer la règle.
À la table de jeu, on peut mettre à la disposition des enfants une feuille où sont représentées les 5 figures. L'enfant pourra alors manipuler la feuille pour voir les figures dans différentes orientations. L'enseignant pourra poser des questions à l'enfant qui n'arrive pas à trouver le domino à poser en faisant référence aux figures de la feuille.

:: Prolongement

Lorsque les enfants maîtrisent bien le jeu, ils peuvent jouer en autonomie.

:: Définitions

Dans cette séance l'introduction de l'**ovale** a pour seul but de faire ressentir à l'enfant la différence entre **courbe** et **rond**. Il s'agit ici de voir que c'est rond lorsque c'est courbe partout pareil. Les enfants doivent connaître le rond mais aucune connaissance particulière sur l'ovale n'est à envisager. C'est en rencontrant la forme ovale qu'il percevra mieux ce qui caractérise le rond.
L'enfant doit pouvoir faire la distinction entre **triangle** et **rectangle** qui sont proches à l'audition.
Il doit aussi voir la différence entre le **carré** et le **rectangle** qui est souvent perçu par les enfants comme un carré allongé ou en hauteur.

Séance n° 2 Reconnaître les formes au toucher

:: **Compétence** : Comparer, ranger et classer.

:: **Objectif** : Différencier globalement des formes par le toucher.

:: **Concepts** : Le carré, le rectangle, le triangle, le disque.

:: **Capacités** : Savoir différencier ces formes, être capable de verbaliser certaines propriétés. Être capable de tracer des formes avec un modèle.

:: Préparation de la classe

- **Organisation de la classe**
  Élèves réunis autour d'une même table.
- **Matériel**
  Un sac non transparent contenant 2 carrés, 2 rectangles, 3 triangles (équilatéral, rectangle, quelconque), 2 disques et 2 ovales. Les formes seront découpées dans du carton fort, plastifiées si possible pour assurer leur longévité.
- **Document**
  Une feuille où sont représentées les 5 figures, qui va servir de référence et permettre aux enfants de montrer lorsqu'ils n'arrivent pas à verbaliser.

:: Déroulement de l'activité

- **Durée** : 30 minutes.
- **Modalités de travail** : atelier dirigé de 6 élèves.

→ Description de l'activité

- **Phase 1.** Dans un premier temps, les formes seront étalées sur la table. Les enfants pourront les manipuler et dire ce qu'elles ont de particulier.

Un enfant choisit une forme dans le sac sans la sortir ni la regarder. En la touchant, il doit dire de quelle forme il s'agit.

Ensuite, il sort la forme du sac et les autres enfants de l'atelier avec l'enseignant valident ou non la réponse donnée.

Si l'enfant ne connaît pas le nom de la figure, il peut montrer celle-ci sur la feuille en sortant une main du sac.

Si l'enfant ne peut pas nommer la figure, l'enseignant peut, par des questions appropriées, lui faire verbaliser les propriétés de la figure choisie.

- **Phase 2.** On peut aussi inverser l'exercice. Il s'agira alors de demander à l'enfant d'extraire du sac la forme demandée. Par exemple : « Peux-tu me donner un carré ? » Avant que l'enfant ne montre la forme on pourra lui demander : « Es-tu sûr que c'est un carré ? » « Pourquoi ? ».

Résultats attendus

– L'enfant doit pouvoir nommer la figure ou donner des propriétés de celle-ci avec son vocabulaire.

– Il doit aussi pouvoir extraire la forme demandée.

Évaluation

En fournissant aux élèves un jeu de gabarits correspondant aux formes rencontrées dans le sac et des feutres de couleurs différentes, on va leur demander de tracer un carré rouge, un rectangle vert, un rond bleu, etc.

Cet exercice nécessite tout de même une bonne dextérité graphique car il est parfois difficile pour un enfant de suivre le contour d'un gabarit sans le bouger.

On peut aussi utiliser des pochoirs, où la forme sera alors à remplir par coloriage, ce qui est plus facile pour certains enfants.

:: Conseils

Le rectangle doit avoir une longueur bien différente de la largeur pour que l'identification uniquement au toucher soit possible. La présence du triangle rectangle dans le lot de figures est destinée à mettre en évidence la différence entre un triangle et un rectangle, c'est-à-dire à dégager comme premier critère le nombre de côtés. Cela va permettre aussi de montrer à l'enfant que des figures « pointues » peuvent avoir des angles différents sans évidemment formaliser cette notion.

:: Ouverture transdisciplinaire

Arts plastiques : à l'occasion d'activités, on pourra amener les enfants à décrire des tableaux de peintres modernes pour faire utiliser le vocabulaire géométrique. On pourra aussi toujours dans ce même contexte faire reproduire au pochoir certaines œuvres.

:: Définitions

Une **forme géométrique** à l'école maternelle est à la fois le contour que l'on trace sur le papier et la partie du plan située à l'intérieur du contour. On ne fera pas de distinction entre le cercle, le disque et le rond pour l'instant.
À cette occasion on peut aussi travailler la notion d'**intérieur** et d'**extérieur** en jouant sur les couleurs par exemple.

Séance n° 3 La symétrie

:: Compétence : Dessiner un rond, un carré, un triangle.

:: Objectif : Tracer le symétrique d'une forme.

:: Concept : La symétrie.

:: Capacité : Être capable de dessiner une forme simple possédant un axe de symétrie vertical.

:: Préparation de la classe

- **Organisation de la classe**
  Atelier de 6 enfants réunis autour d'une table.
- **Matériel**
  Des gabarits en carton uni représentant la moitié d'une forme possédant un axe de symétrie : une moitié de sapin, une moitié de tête de taureau, une moitié de tour, etc.

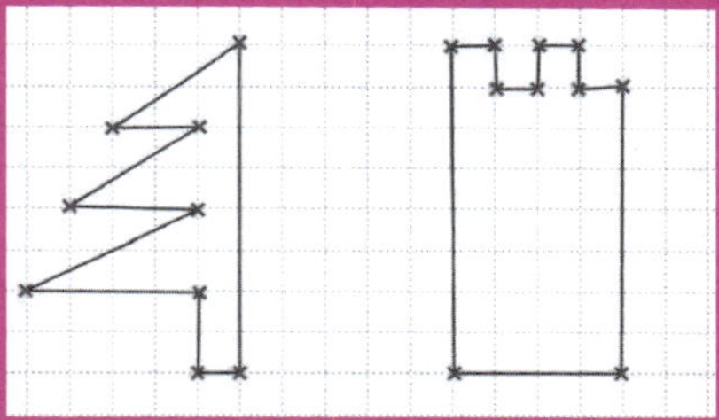

- **Document**
  Une feuille où les formes correspondant aux gabarits sont dessinées entièrement et coloriées.

:: Déroulement de l'activité

- **Durée** : 20 à 30 minutes.
- **Modalités de travail :** atelier dirigé où chaque enfant travaille individuellement.

→ Description de l'activité

La feuille avec les divers dessins est montrée aux élèves qui la commentent. Ils essaient de reconnaître les différents objets qui ont été représentés. On peut essayer de faire reconnaître par les enfants le fait que chaque figure est constituée de deux parties identiques.
La consigne est alors donnée : dessiner ces objets en utilisant les gabarits proposés. Faire remarquer que les gabarits correspondent à des moitiés de formes.

Résultats attendus

Les enfants doivent prendre conscience que pour dessiner la forme entièrement il faut d'abord tracer en suivant le gabarit et qu'ensuite un retournement de celui-ci est nécessaire.
Il est aussi important que les enfants positionnent bien le gabarit pour tracer la deuxième partie, de façon à bien identifier les parties qui se correspondent.

Évaluation

Sur une feuille des moitiés de formes sont dessinées, il s'agit de les découper puis de les coller sur une feuille pour reconstituer des formes ayant un axe de symétrie.

:: Conseils

Les enfants devraient être plus à l'aise quand l'axe de symétrie est vertical mais on pourra proposer une forme dont l'axe de symétrie est horizontal. Il faut choisir des dessins ou des formes qui représentent des objets connus des enfants.

Il faut impérativement choisir des formes qui possèdent un seul axe de symétrie car sinon la figure peut être tracée entièrement sans effectuer de retournement. Par exemple, si l'on donne la moitié d'un rond, il suffit de le faire pivoter pour pouvoir dessiner tout le rond à partir de sa moitié.

:: Ouverture transdisciplinaire

Arts plastiques : on pourra ensuite faire fréquenter aux enfants des formes ayant des axes de symétrie pour les familiariser avec cette notion et les entraîner à percevoir les axes de symétrie.

:: Définitions

Une figure admet une droite comme **axe de symétrie** si elle est constituée de deux parties qui se superposent exactement lors du pliage autour de cette droite.

Une figure peut avoir **un ou plusieurs axes de symétrie.**

Séance n° 4 Compléter des frises

:: **Compétence** : Comparer, ranger et classer.

:: **Objectif** : Différencier globalement des formes par la vue.

:: **Concepts** : Le carré, le rectangle, le triangle, le disque.

:: **Capacité** : Reproduire une suite logique.

:: Préparation de la classe

- **Organisation de la classe**
  Élèves qui travaillent autour d'une table.
- **Matériel**
  Une feuille qui va servir de modèle avec le début d'une frise, par exemple :

D'autres feuilles qui vont servir de modèle avec des parties de frises plus complexes, par exemple :

Une feuille de travail avec des frises à compléter.
Des gommettes de différentes couleurs et de différentes formes.
- **Document**
  Une feuille de réponse avec des frises complétées pour montrer le résultat attendu.

:: Déroulement de l'activité

- **Durée :** 15 à 20 minutes environ.
- **Modalités de travail :** atelier dirigé puis autonome de 4 élèves qui travaillent individuellement.

→ Description de l'activité

- **Phase 1.** Durant cette partie de l'activité, les élèves travaillent autour de l'enseignant.

Au centre de la table est disposée la feuille modèle avec plusieurs frises différentes qui ont été commencées.

Demander aux élèves de choisir une frise, puis de la décrire.

On peut poser des questions précises telles que : « Quelles sont les formes que l'on voit ? » ; « Comment sont disposées les formes ? »

Dire aux élèves : « Maintenant chacun à tour de rôle va placer une gommette pour compléter la frise. »

Questionner les élèves : « Pourquoi as-tu placé cette forme ici ? » ; demander l'avis des autres élèves.

- **Phase 2.** Durant cette partie de l'activité, les élèves travaillent en autonomie.

Au centre de la table est disposée la feuille modèle avec plusieurs frises différentes qui ont été commencées.

Demander aux élèves de choisir une frise, puis de la décrire. Les élèves doivent ensuite reproduire le début de la frise sur la feuille de travail et la continuer.

Résultats attendus

La feuille modèle étant au centre de la table, les élèves ne vont pas pouvoir placer la frise à compléter à proximité ; ils vont donc être obligés de bien mémoriser la forme et la couleur de la gommette qu'ils vont devoir coller.

Lors du début de la phase 2, les élèves commencent à reproduire le modèle, ils peuvent ainsi s'imprégner du rythme et le poursuivre sans erreur.

Évaluation

L'enseignant et les élèves compareront ensuite les productions avec le modèle pour déceler les erreurs éventuelles. On peut penser que certains élèves découvriront les erreurs de leurs camarades.

:: Conseil

La feuille réponse où les élèves doivent reproduire la frise doit être quadrillée pour que les élèves puissent placer facilement les gommettes.

:: Ouverture transdisciplinaire

Dans la cour, on peut demander aux élèves de se ranger en ligne en alternant un garçon-une fille, deux filles-un garçon, etc.

Séance n° 5 Le memory des formes

:: Compétence : Comparer, ranger et classer.

:: Objectif : Reconnaître des figures géométriques par la vue en fonction de deux critères : la forme et la taille.

:: Concepts : Le carré ; le rectangle ; le triangle, petit, moyen, grand.

:: Capacités : Savoir différencier des formes, distinguer différentes tailles, mémoriser des positions.

:: Conditions préalables : Connaître les formes : carré, rectangle, rond ainsi que la notion de taille : petit, moyen, grand.
Savoir jouer au jeu de memory.

:: Préparation de la classe

- **Organisation de la classe**
  Atelier de 4 ou 5 élèves autour d'une table.
- **Matériel**
  Des cartes représentant les formes choisies dans les différentes tailles en double exemplaire, soit 18 cartes au total.

Par exemple, on fabriquera un grand carré, un carré moyen, un petit carré ; un grand triangle, un triangle moyen, un petit triangle et aussi un grand rond, un rond moyen, un petit rond. Les formes seront découpées dans du carton fort, plastifiées si possible pour en assurer la longévité.

:: Déroulement de l'activité

- **Durée** : 20 à 30 minutes pour que les élèves puisent faire au moins 2 parties.
- **Modalités de travail** : atelier dirigé où chaque élève joue individuellement dans un premier temps. Quand les élèves sont bien familiarisés avec le jeu, ils peuvent jouer en autonomie, par exemple lors de l'accueil.

→ Description de l'activité

Les cartes sont disposées faces cachées, un enfant retourne deux cartes ; si elles sont identiques, il les prend sinon il les retourne de nouveau sans les déplacer. C'est au joueur suivant de jouer jusqu'à ce que toutes les paires soient reconstituées ; le gagnant est celui qui a le plus de paires. On peut autoriser un joueur qui a trouvé une paire à rejouer immédiatement.

Résultats attendus

Chaque enfant constitue des paires qu'il laisse bien en vue. L'enseignant ou les autres joueurs peuvent donc rapidement déceler les erreurs.

Évaluation

Une feuille où sont représentés un carré, un disque et un ovale de taille petite, moyenne et grande et une feuille blanche.
La consigne sera la suivante : « Découpe les 12 formes puis colle-les sur la feuille blanche en les regroupant en 3 familles. »

:: Conseils

Les cartes doivent être disposées de façon organisée et les élèves ne doivent pas les déplacer lors du jeu.
Pour éviter aux élèves de déplacer les cartes, on peut confectionner un tapis de jeu en papier qui sera constitué d'un tableau de 18 cases pour placer les cartes.

Dans cette activité, on travaille aussi bien la forme que la taille, mais on peut aussi travailler la forme et la couleur en fabriquant des figures de même taille et de couleurs différentes.

Prolongement

- Il existe dans le commerce de nombreux jeux de memory qui comportent plus ou moins de cartes. Une fois le principe du jeu acquis à travers cette activité, les enfants peuvent jouer librement avec ces jeux.
- Le matériel fabriqué pourra être utilisé dans des activités autour du tableau à double entrée. Les enfants auraient alors à placer les formes dans la bonne case du tableau suivant le critère forme et le critère taille.

Séance n° 6 Reproduire une configuration

:: **Compétence** : Dessiner un rond, un carré, un triangle.

:: **Objectif** : Différencier globalement des formes par la vue.

:: **Concepts** : Le carré, le rectangle, le triangle, le disque.

:: **Capacité** : Être capable de reproduire une configuration.

:: **Condition préalable** : Les enfants doivent connaître les formes car c'est surtout la disposition de celles-ci qui va être travaillée.

:: Préparation de la classe

- **Organisation de la classe**
  Enfants réunis autour d'une table.
- **Matériel**
  Des carrés, des rectangles, des triangles, des ronds découpés dans des feuilles de différentes couleurs.
- **Documents**
  Des photographies de configurations à reproduire ou des dessins constitués des différentes pièces qui seront à reproduire, par exemple :

:: Déroulement de l'activité

- **Durée** : 20 minutes environ.
- **Modalités de travail** : atelier autonome de 4 à 5 élèves.

→ Description de l'activité

- **Phase 1.** Dans un premier temps, on laisse les enfants découvrir le matériel et jouer librement avec les différentes pièces.
On questionnera ensuite les élèves pour qu'ils nomment les pièces utilisées et surtout qu'ils les situent les unes par rapport aux autres.
- **Phase 2.** Un modèle d'assemblage est posé sur la table, chaque enfant doit reproduire la configuration.
- **Phase 3.** Sous le contrôle de l'enseignant, on peut organiser un jeu basé sur la communication pour faire réaliser par un élève une disposition imaginée par d'autres élèves. Pour cela, un élève s'éloigne du groupe, les autres enfants disposent les différentes pièces pour former un assemblage. Chacun doit ensuite, à tour de rôle, donner une indication pour permettre à l'élève de reconstituer la disposition sans la voir.

Résultats attendus

- C'est la comparaison directe entre le modèle et la réalisation de l'enfant sous le regard de l'enseignant qui permet la validation. En cas d'erreur, il est important de demander à l'enfant d'observer pour déceler les différences et de l'aider par des questions appropriées à situer son erreur.
- Les enfants doivent pouvoir nommer les formes constituant la disposition à reproduire. En revanche, ils risquent d'avoir des difficultés à situer correctement les formes les unes par rapport aux autres. Il faut éviter que le dessin à reproduire ne ressemble trop à une objet connu (maison, bonhomme, etc.) car alors la reconstitution par l'enfant peut être possible sans passer par le vocabulaire géométrique.

Évaluation

On pourra donner un modèle constitué d'un tableau où chaque case contient une forme et un tableau vierge qui sera à reproduire à l'identique.

:: Conseil

On évitera de donner des modèles où les pièces ont les mêmes dimensions que celles dont disposent les enfants pour éviter toute stratégie fondée sur la superposition.

:: Ouverture transdisciplinaire

En partant de tableaux de Mondrian ou de Herbin qui utilisent des formes simples, on pourra demander aux enfants de décrire ces tableaux. Ils pourront aussi en fabriquer à la manière de Mondrian ou Herbin.

Séquence : Comparer, différencier et agencer des formes et des grandeurs

Séance n° 7 Comparer des longueurs

:: Compétence : Comparer, ranger et classer.

:: Objectif : Comparer des longueurs.

:: Concept : La longueur.

:: Capacités : Comparer deux longueurs. Ranger plusieurs longueurs.

:: Préparation de la classe

- **Organisation de la classe**
  Atelier de 4 élèves autour d'une table.
- **Matériel**
  Pour la **phase 1.** Un lot constitué de 3 tiges de 18 cm, 3 tiges de 19 cm, 3 tiges de 17 cm et 3 tiges de 20 cm.
  Pour la **phase 2.** Des tiges de différentes tailles qui auront été marquées par un repère de couleur pour pouvoir les reconnaître et les nommer.
  Remarque : on peut prendre des tiges destinées aux brochettes dont on aura soigneusement enlevé la pointe.

:: Déroulement de l'activité

- **Durée** : 20 minutes environ.
- **Modalités de travail** : atelier dirige ou chaque enfant intervient lorsqu'il est sollicité par l'enseignant.

→ Description de l'activité

- **Phase 1.** Poser les tiges en vrac sur la table et demander à un enfant de prendre deux tiges de même longueur. Lui demander d'expliquer pourquoi les deux tiges qu'il propose ont la même longueur ; recommencer avec les autres enfants.
- **Phase 2.** Disposer en vrac le deuxième jeu de tiges sur la table, faire remarquer que certaines semblent plus longues que d'autres. Demander à un enfant de prendre la plus longue grâce au repère, noter le résultat puis remettre la tige avec les autres. Formuler la même consigne avec les autres élèves. Noter pour chaque enfant le résultat pour pouvoir débattre ensuite.

On veillera à bien faire formuler : « Cette tige est la plus grande du tas » et « Cette tige est plus grande que celle-là ». Recommencer le même travail en cherchant cette fois-ci la plus petite.

Résultats attendus

– À la phase 1, les élèves doivent pouvoir expliquer pourquoi deux tiges ont la même longueur, ils doivent proposer de les mettre côte à côte pour vérifier que c'est la même longueur.
– À la phase 2, si tous les élèves ont trouvé le même résultat, il faut les faire parler pour qu'ils se justifient puis s'assurer en utilisant leurs procédures que le résultat est exact.
Si les résultats trouvés ne sont pas identiques, il faut faire comparer les quatre tiges par les enfants pour déterminer la plus grande puis s'assurer que c'était bien la plus grande du tas.

Évaluation

Sur une feuille, dessiner plusieurs bandes ayant des longueurs égales aux tiges précédemment utilisées qui ne soient ni horizontales, ni verticales. Demander de colorier en rouge la plus grande et en vert la plus petite.

Avant de commencer la comparaison, on pourra demander aux enfants comment ils comptent procéder. On pourra faire remarquer que certaines tiges se superposent exactement aux bandes dessinées.

:: Conseils

Dans la première phase de l'activité c'est la comparaison directe qui est travaillée, les enfants peuvent mettre les tiges côte à côte pour prouver que les deux tiges se ressemblent.
Dans la phase d'évaluation, il s'agit d'une comparaison indirecte. On ne peut plus mettre les bandes côte à côte, il faut passer par un intermédiaire pour pouvoir comparer.

:: Ouverture transdisciplinaire

En salle de motricité, on pourra demander à un groupe d'enfants de se ranger par taille croissante, le plus petit devant et ainsi de suite. Il faut cependant que le nombre d'enfants soit limité car ils ont des tailles assez proches les unes des autres et l'exercice devient alors difficile et source de désordre.

:: Remarques

Deux segments sont **de même longueur** quand ils sont **superposables**. C'est donc la comparaison directe qui est sollicitée. Quand les segments ne sont pas directement comparables, il faut passer par un tiers car la relation « est plus grand que » est transitive.

Séance n° 8 Comparer des masses

:: **Compétence** : Comparer, ranger et classer.

:: **Objectif** : Comparer des masses.

:: **Concept** : La masse.

:: **Capacités** : Comparer deux masses. Ranger du plus léger au plus lourd.

:: Préparation de la classe

- **Organisation de la classe**
  Atelier de 4 élèves autour d'une table.
- **Matériel**
  Une balance à plateaux, divers objets appartenant à l'univers fréquenté par les enfants.

On proposera des objets volumineux mais légers et des objets lourds mais peu volumineux.

:: Déroulement de l'activité

- **Durée :** 20 à 30 minutes environ.
- **Modalités de travail :** atelier dirigé où les enfants manipulent à tour de rôle.

→ Description de l'activité

• **Phase 1.** Disposer sur la table un lot d'objets divers, on fera figurer un ballon parmi les objets. Proposer deux objets à un enfant et lui demander d'indiquer quel est celui qui lui semble le plus lourd, tout d'abord sans les toucher puis en les soupesant. Noter les résultats pour chaque enfant. Demander aux enfants d'expliquer leurs choix.
Proposer ensuite de faire appel à la balance pour vérifier.

• **Phase 2.** Placer sur la table une balance à plateaux, demander aux enfants de mettre un objet dans chaque plateau et de dire ce qu'ils constatent.
Expliquer le principe de fonctionnement de la balance à plateaux.
Demander ensuite à chaque enfant de vérifier les propositions qu'il avait faites précédemment.

• **Phase 3.** Donner trois objets à un enfant et lui demander de les ranger du plus léger au plus lourd en faisant autant de pesées qu'il le désire.

• **Phase 4.** En prenant trois objets de masse différente mais d'aspect identique, effectuer deux pesées. Demander ensuite s'il est possible de ranger alors les trois objets du plus léger au plus lourd.

Résultats attendus

– Les enfants vont imaginer que l'objet le plus gros est sûrement le plus lourd. Il faut donc bien faire constater qu'il n'en est pas toujours ainsi.
– Pour ranger trois objets du plus léger au plus lourd les enfants vont sûrement effectuer de nombreuses pesées car ils auront des difficultés à gérer les informations tirées de chaque pesée.
Dans la phase 4, il est important que les objets soient identiques pour éviter que l'enfant ne réponde en fonction de la taille ou de la nature des objets. Ce qui est attendu ici est un raisonnement utilisant la transitivité : si A est plus lourd que B et si B est plus lourd que C alors A est plus lourd que C.

Évaluation

Sur une feuille, schématiser différentes balances à plateaux et demander de colorier en rouge l'objet le plus lourd, en gris le plus léger.

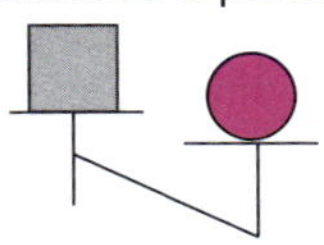

:: Conseils

Les enfants ne connaissent peut-être pas la balance à plateaux, on pourra faire le parallèle avec une balançoire constituée d'une poutre fixée en son milieu où un enfant se place à chaque extrémité. C'est l'enfant le plus lourd qui est en bas et le plus léger en haut.

On travaillera essentiellement la comparaison des masses de deux objets. Pour des enfants de cet âge il est nettement plus difficile, à partir de deux pesées, de déduire le résultat d'une troisième pesée sans l'effectuer.

:: Remarques

La balance à plateaux, lorsqu'on ne dispose pas de masses marquées, sert uniquement à comparer des masses. La mesure des masses n'est pas l'objet de cette leçon. Le concept de masse est difficile à appréhender car il est souvent relié à la notion de volume. C'est la masse volumique qui lie volume et masse.

Séance n° 9 Compléter des mosaïques

:: **Compétence** : Dessiner un rond, un carré, un triangle.

:: **Objectif** : Différencier globalement des formes par la vue.

:: **Concepts** : Le carré, le rectangle, le triangle, le disque.

:: **Capacité** : Reproduire une disposition plane organisée.

:: Préparation de la classe

- **Organisation de la classe**
  4 élèves qui travaillent autour d'une table.
- **Matériel**
  Une feuille qui va servir de modèle avec le début d'une mosaïque simple, par exemple :

D'autres feuilles qui vont servir de modèle avec des parties de mosaïques plus complexes, par exemple :

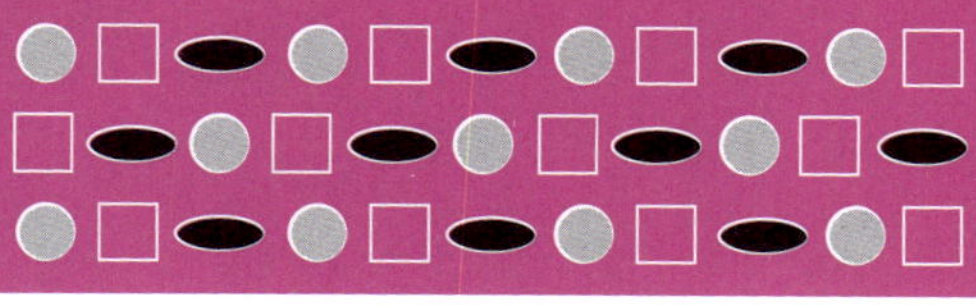

Une feuille de travail avec des mosaïques à compléter.
Des gommettes de différentes couleurs et de différentes formes.
- **Document**
  Une feuille de réponse avec des mosaïques complétées pour montrer le résultat attendu.

:: Déroulement de l'activité

- **Durée** : 15 à 20 minutes environ.
- **Modalités de travail** : atelier dirigé puis autonome de 4 élèves qui travaillent individuellement.

→ Description de l'activité

• **Phase 1.** Durant cette partie de l'activité, les élèves travaillent autour de l'enseignant.
Au centre de la table sont disposées la feuille modèle et plusieurs mosaïques différentes qui ont été commencées.
Demander aux élèves de choisir une mosaïque, leur demander de la décrire.
On peut poser des questions précises telles que : « Quelles sont les formes que l'on voit ? » ; « Comment sont disposées les formes ? »
Dire aux élèves : « Maintenant, chacun à tour de rôle va placer une gommette pour compléter la mosaïque. »
Questionner les élèves : « Pourquoi as-tu placé cette forme ici ? » ; demander l'avis des autres élèves.
• **Phase 2.** Durant cette partie de l'activité, les élèves travaillent en autonomie.
Au centre de la table est disposée la feuille modèle avec plusieurs mosaïques différentes qui ont été commencées.

Demander aux élèves de choisir une mosaïque, puis de la décrire. Les élèves doivent ensuite reproduire le début de la mosaïque sur la feuille de travail puis la continuer.

Résultats attendus

- La feuille modèle étant au centre de la table, les élèves ne vont pas pouvoir placer la mosaïque à compléter à proximité ; ils vont donc être obligés de bien mémoriser la forme et la couleur de la gommette qu'ils vont devoir coller.
- Lors du début de la phase 2, les élèves commencent à reproduire le modèle, ils peuvent ainsi s'imprégner du rythme afin de le poursuivre sans erreurs.

Évaluation

L'enseignant et les élèves compareront les productions avec le modèle pour déceler les erreurs éventuelles. On peut penser que certains élèves découvriront les erreurs de leurs camarades.

:: Conseil

La feuille réponse où les élèves doivent reproduire la frise ou la mosaïque doit être quadrillée pour que les élèves puissent placer facilement les gommettes.

Séance n° 10 Le jeu de Kim

:: Compétence : Comparer, ranger et classer.

:: Objectifs : Reconnaître, différencier, nommer des formes.

:: Concepts : Le carré, le rectangle, le triangle, le disque, etc.

:: Capacités : Mémoriser des formes observées, mémoriser une configuration.

:: Conditions préalables : Être capable de différencier et de nommer des formes simples.

:: Préparation de la classe

- **Organisation de la classe**
  4 à 6 enfants autour d'une table.
- **Matériel**
  Formes découpées dans du carton fort, plastifiées si possible : 8 ronds, 8 triangles, 8 carrés, 8 rectangles, 8 ovales, de deux tailles différentes (4 grands et 4 petits de chaque).

:: Déroulement de l'activité

- **Durée** : 20 minutes environ.
- **Modalités de travail** : atelier dirigé puis autonome de 4 à 6 élèves.

→ Description de l'activité

- **Phase 1.** Poser sur la table une forme de chaque, d'une seule couleur, d'une seule taille, soit 5 formes. Faire identifier, nommer, montrer les formes.

Expliquer la règle du jeu qui va être proposé : « Quand vous aurez bien observé ces formes, un enfant va sortir et nous enlèverons et cacherons une forme. Quand il reviendra, il devra dire quelle est la forme qui a disparu. Comment faire pour réussir ? » Laisser les enfants s'exprimer pour arriver à l'idée qu'il faut garder en mémoire les formes, « se les représenter dans la tête ».

Proposer un temps d'observation, dans le calme, puis demander à un enfant de sortir. S'assurer qu'il a bien compris la règle du jeu. Pendant son absence, demander à un enfant de choisir une forme, de la nommer, de bien la montrer au groupe et de la cacher. Faire revenir le premier enfant et lui demander de dire quelle est la forme qui a disparu. Laisser un temps de réflexion. Si l'enfant ne trouve pas, on l'aidera en posant des questions : « Est-ce le rond qui a disparu ? Est-ce le triangle ? » Faire sortir un autre enfant. Pensez à faire réfléchir les enfants sur les causes des erreurs. Faire expliciter les stratégies utilisées, les comparer, faire repérer les plus efficaces.

Quand les élèves maîtrisent bien le jeu, on le complexifie en introduisant la notion de taille (grand, petit), avec plus ou moins de formes.

- **Phase 2.** Poser sur la table 5 formes d'une seule couleur, d'une seule taille. Faire identifier, nommer, montrer les formes.

Expliquer la règle du jeu qui va être proposé : « Quand vous aurez bien observé ces formes, un enfant va sortir et nous ajouterons une forme. Quand il reviendra, il devra dire quelle est la forme qui a été ajoutée. Comment faire pour réussir ? » Laisser les enfants s'exprimer pour arriver à l'idée qu'il faut garder en mémoire les formes, « se les représenter dans la tête ».

Proposer un temps d'observation, dans le calme, puis demander à un enfant de sortir. S'assurer qu'il a bien compris la règle du jeu. Pendant son absence, demander à un enfant de choisir une forme, de la nommer, de bien la montrer au groupe et de la placer dans le jeu. Faire revenir le premier enfant et lui demander de dire quelle est la forme qui a été ajoutée. Laisser un temps de réflexion. Si l'enfant ne trouve pas, on l'aidera en posant des questions : « Est-ce le rond qui a été ajouté ? Est-

ce le triangle ? » Faire sortir un autre enfant. Pensez à faire réfléchir les enfants sur les causes des erreurs. Faire expliciter les stratégies utilisées, les comparer, faire repérer les plus efficaces.
Quand les élèves maîtrisent bien le jeu, on le complexifie en introduisant la notion de taille (grand, petit), avec plus ou moins de formes.

Résultats attendus

Les élèves doivent pouvoir mémoriser des formes et des emplacements, on notera pour chaque enfant ses performances en fonction du nombre de formes mises en jeu.

:: Prolongement

On pourra préparer des exercices construits sur le même principe mais où les élèves travaillent non pas à partir des formes mais à partir de leurs représentations sur une feuille de papier.

:: Remarques

Jeu de KIM : *Kim* est le titre d'un livre écrit par Rudyard Kippling. Dans ce livre Kim, un jeune orphelin, rencontre M. Lurgan, qui est une sorte d'agent secret. Il considère que Kim pourrait faire également un bon agent. Il lui enseigne alors à remarquer les petits détails et à s'en souvenir. Il devra s'exercer beaucoup. M. Lurgan présente, par exemple, à Kim un plateau couvert de bijoux divers, il le montre pendant une minute, puis le couvre d'un tissu et demande à Kim combien il y avait de pierres, et de quelle sorte, etc. Son sens de l'observation permet à Kim de devenir un excellent agent.
Le jeu de Kim que nous proposons sous diverses formes vient de ce roman. C'est un excellent exercice pour apprendre à observer.

Séance n° 11 Le tangram

:: **Compétence** : Dessiner un rond, un carré, un triangle.

:: **Objectif** : Agencer des formes.

:: **Concepts** : Les quadrilatères (le carré) et le triangle.

:: Préparation de la classe

- **Organisation de la classe**
  Atelier de 5 à 6 enfants autour d'une table.
- **Matériel**
  Un tangram par enfant fabriqué dans du carton fort, plastifié si possible pour assurer sa longévité.
  Voici un modèle pour la fabrication du tangram :

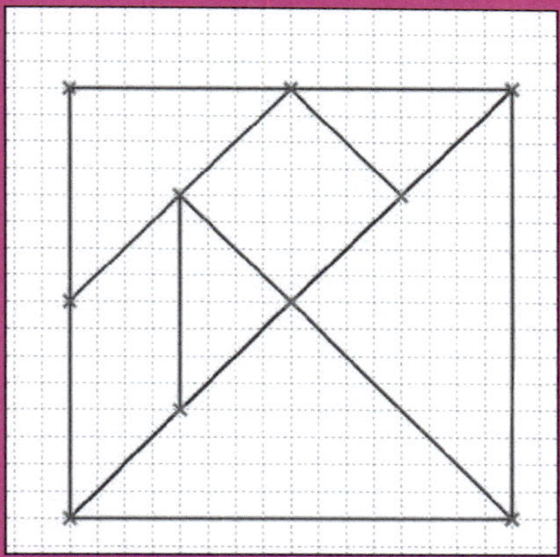

- **Documents**
  Des dessins constitués à partir des pièces du tangram, où les contours des différentes pièces restent visibles. Des dessins constitués en utilisant des pièces du tangram, où les contours des pièces sont invisibles.
  Voici un exemple, où les pièces sont apparentes :

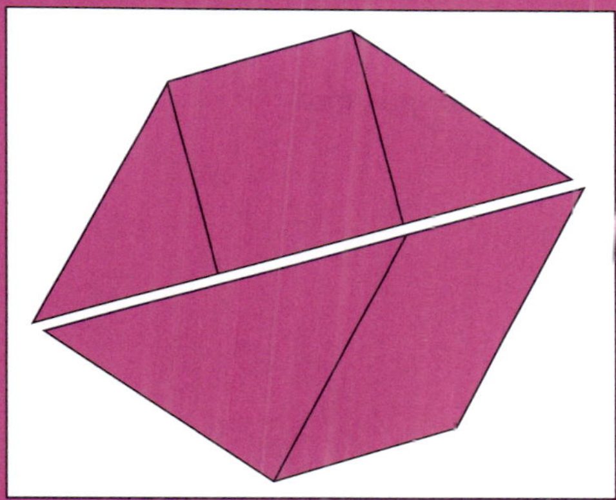

:: Déroulement de l'activité

- **Durée** : 20 à 30 minutes.
- **Modalités de travail** : atelier dirigé lors de la première séance puis atelier autonome où chaque enfant manipule individuellement.

→ Description de l'activité

- **Phase 1.** Dans un premier temps, on va laisser les enfants manipuler librement les pièces du tangram pour qu'ils en prennent possession. On va demander aux enfants de nommer les pièces qu'ils reconnaissent, de les décrire. On demandera par exemple : « Comment s'appelle cette forme ? »
Dans un deuxième temps, on va demander aux enfants de disposer les pièces du tangram pour obtenir différentes figures qu'on leur demandera de décrire s'ils le peuvent, par exemple : « Avec quelles formes as-tu fait ton assemblage ? »
- **Phase 2.** On donne un tangram et une feuille de figures à fabriquer à partir des pièces du tangram. Dans un premier temps, les contours des pièces constituant la figure sont apparents, dans un deuxième temps les contours n'apparaissent plus.
Les figures à reconstituer peuvent utiliser plus ou moins de pièces du tangram.

Résultats attendus

- **Phase 1.** Les enfants vont dire par exemple : « J'ai fait une maison. »
- **Phase 2.** Quand les pièces sont apparentes, les enfants doivent pouvoir réaliser les figures. Pour les aider, on peut leur demander de nommer les différentes pièces qui constituent la figure.

Évaluation

En fonction des réalisations des enfants on notera les formes qu'ils connaissent et surtout on vérifiera si la reconnaissance est indépendante de l'orientation des figures sur la feuille.

:: Conseils

Si la taille des différentes parties constituant les figures à reconstituer est identique à celle des pièces du tangram, les enfants vont pouvoir obtenir le résultat attendu par simple superposition, ce qui n'est pas l'objectif visé.
Si les enfants ont des difficultés à reconstituer à partir du modèle les figures demandées, on peut les aider à analyser la figure pour identifier les composants nécessaires à son élaboration.
Les enfants peuvent éprouver des difficultés à reconnaître une pièce qui n'est pas dans une orientation usuelle pour eux, on peut les inciter à changer de point de vue pour observer la figure.

:: Remarques

Le tangram, appelé en chinois « Tchi'i Tchi'iao pan », « La plaquette de sagesse » ou encore « La plaquette aux sept astuces », semble remonter à la haute Antiquité.
Il se compose de sept pièces qui peuvent se juxtaposer pour former un carré :

- 5 **triangles**, de trois tailles différentes ;
- 1 **carré** ;
- 1 **parallélogramme**.

Séance n° 12 Reconnaître les solides

:: Compétence : Comparer, ranger et classer.

:: Objectif : Différencier globalement des solides par la vue et par le toucher.

:: Concepts : Les solides qui peuvent rouler et les autres.

:: Capacité : Relever des propriétés.

:: Préparation de la classe

- **Organisation de la classe**
  Atelier de 4 à 6 élèves autour d'une même table.
- **Matériel**
  Des emballages de différentes formes (dé, cube, boîte d'allumettes, boîte cylindrique, boîte du type Toblerone, etc.), des balles de différentes tailles, des cônes.
- **Documents**
  Des photographies de solides, il est important que les solides photographiés ne soient pas ceux qui sont sur la table.

:: Déroulement de l'activité

- **Durée** : 20 à 30 minutes environ.
- **Modalités de travail :** atelier dirigé, si l'on dispose de nombreux solides on peut scinder le groupe en deux au moment du tri.

→ Description de l'activité

Avant tout travail, les enfants vont toucher et reconnaître des emballages ou des objets qu'ils connaissent. En effet, c'est aussi bien par la vue que par le toucher qu'ils pourront mettre en évidence certaines caractéristiques des objets proposés.

● **Phase 1.** L'enseignant présente des photographies et demande à tour de rôle, à chaque élève, de prendre dans le tas un solide qui ressemble à celui de la photographie.
Faire expliciter par l'élève les raisons de son choix, demander leur avis aux autres élèves. Demander le nom de l'objet.

● **Phase 2.** Tous les objets sont sur la table dans un grand plateau, on demande aux enfants de les regrouper suivant les critères de leur choix.

Résultats attendus

● **Phase 1.** Pour désigner les objets, les enfants utiliseront un vocabulaire issu de leur vécu. Ils parleront de dé ou de cube, de balle ou de boule, de brique.
Certains enfants nommeront les solides à partir d'une face qu'ils auront reconnue.

● **Phase 2.** Dans un premier temps les enfants vont surtout s'intéresser à la provenance des emballages, mais on aura ensuite les propositions suivantes :

- 2 groupes : les balles et les autres ;
- 3 groupes : les balles, les cylindres, les cônes et les autres ;
- 2 groupes : tout ce qui peut rouler et tout ce qui ne roule pas ;
- 2 groupes : ce qui est pointu, ce qui ne l'est pas.

Évaluation

- Entourer sur une photographie les objets qui peuvent rouler.
- Entourer sur une photographie les objets pointus.

:: Conseils

Il est important dans un document papier de proposer des photographies et non des dessins car la représentation plane d'objets de l'espace ne relève pas de la maternelle. On pourra aussi fabriquer des solides en carton pour éviter que les enfants ne désignent le solide par le nom inscrit sur l'emballage.

:: Ouverture transdisciplinaire

Arts plastiques : des activités de peinture ayant comme support des emballages peuvent permettre d'évoquer la notion de face ou celle d'empreinte.
On peut aussi mettre en évidence les arêtes au moyen de la couleur.

Chapitre 4

Approcher les quantités et les nombres

:: Continuité des apprentissages en maternelle

:: Repères pratiques

:: Séances 1 à 11

Marilyn Buisson
Éric Greff
André Mul
Marie-Anne Viaud

Continuité des apprentissages en maternelle

	1re année	2e année	3e année	Grande section
Appréhender des quantités				
Sait comparer des quantités en utilisant des procédures non numériques ou numériques				
• quantités très différentes	peut être travaillé	peut être travaillé	à travailler prioritairement	
• quantités proches			à travailler prioritairement	à consolider
Sait réaliser des collections d'objets de même quantité				
• petites quantités	peut être travaillé	peut être travaillé	à travailler prioritairement	
• grandes quantités			à travailler prioritairement	à consolider
Sait résoudre des problèmes portant sur les quantités				
• « Autant que »			peut être travaillé	à travailler prioritairement
Dénombrer des quantités				
Reconnaître globalement et exprimer de très petites quantités	peut être travaillé	peut être travaillé	à travailler prioritairement	à consolider
Connaître la comptine numérique				
• jusqu'à 3	à travailler prioritairement			
• jusqu'à 5		à travailler prioritairement		
• jusqu'à 10			à travailler prioritairement	
• jusqu'à 30				à travailler prioritairement
Dénombrer une quantité en utilisant la suite orale des nombres connus				
• moins de 10	peut être travaillé	à travailler prioritairement	à travailler prioritairement	à consolider
• plus de 10			peut être travaillé	à travailler prioritairement
Associer le nom des nombres connus avec leur écriture chiffrée		peut être travaillé	à travailler prioritairement	à travailler prioritairement

- à travailler prioritairement
- à consolider
- peut être travaillé

Repères pratiques

1. Les axes forts du domaine d'activités

« Les études récentes en sciences cognitives soulignent que, dès son plus jeune âge, l'enfant manifeste des compétences précoces relatives aux quantités et à leur expression par des nombres (exprimés oralement). Elles mettent également en évidence que, dans la conquête de l'outil numérique, l'acquisition de la chaîne numérique verbale (la suite orale des nombres) et son usage dans les processus de quantification jouent un rôle déterminant. Pour l'essentiel, la chaîne numérique orale comme les diverses procédures de quantification (reconnaissance immédiate de très petites quantités, comptage un par un, estimation) s'acquièrent entre 2 et 6 ans, c'est-à-dire pendant la période de scolarité maternelle qui joue donc un rôle décisif [...] »

Le concept de construction du nombre est essentiel à l'école maternelle. Il doit permettre la mise en rapport des différentes représentations des quantités (quantité, écriture chiffrée, constellation). L'aspect cardinal et l'aspect ordinal du nombre doivent être abordés.

« Dans le domaine numérique tout particulièrement, l'enseignant doit être attentif aux progrès et aux difficultés de chacun, car les connaissances des enfants évoluent selon des rythmes très différenciés. »

2. Les spécificités de la section

En moyenne section, le dénombrement va pouvoir être utilisé dans des situations ayant du sens. On pourra comparer deux collections (éventuellement éloignées l'une de l'autre) ou réaliser une collection qui a autant d'objets qu'une collection éloignée. Pour ce faire, on pourra utiliser le dénombrement ou l'estimation globale *(subitizing)* ou encore la mémorisation du « mot-nombre ».

Du point de vue du vocabulaire, les expressions « plus que », « moins que », « autant que » pourront être utilisées.

La comptine orale des nombres peut être étendue de façon importante, pour une grande majorité d'enfants, au moins jusqu'à douze ou quinze. On pourra utiliser les comptines et les livres à compter pour faciliter la mémorisation.

L'utilisation du dé à points sera favorisée et mise en œuvre dans des jeux nécessitant de constituer des collections (aspect cardinal) ou de se déplacer sur une piste (aspect ordinal). La représentation des nombres avec les doigts pourra être utilisée comme auxiliaire. D'autres illustrations des nombres par des quantités seront également utilisées.

Si la connaissance de la comptine est une condition nécessaire au dénombrement, elle n'est cependant pas suffisante. Il convient de confronter les élèves à des situations ayant du sens et permettant de vérifier que le dénombrement permet d'évaluer une quantité.

L'usage de la suite orale des nombres (comptine numérique) pour le dénombrement de collections (en particulier de plus de 3 ou 4 éléments) se renforce. Au cours de ces activités, les enfants peuvent commencer à organiser ou marquer les objets qu'ils ont à dénombrer pour ne pas compter le même objet plusieurs fois ou risquer d'en oublier.

Parallèlement, les enfants prendront connaissance de la bande numérique et de la suite écrite des nombres.

La fréquentation des nombres dans des activités liées à la vie de la classe ou dans des jeux est certes nécessaire, mais insuffisante pour la construction des compétences numériques.

La moyenne section sera le lieu des premières résolutions de problèmes numériques pour lesquels les élèves seront amenés à répondre à une question portant sur la quantité : distribution équitable, réalisation d'une collection équipotente, comparaison de collections, partage équitable ou non d'une

collection, évolution d'une collection par ajout ou retrait d'un ou de deux objets, par exemple.
La verbalisation des quantités en utilisant les « mots-nombres » constitue une aide importante qui pourra permettre de transmettre une information sur la quantité ; plus tard, les écritures chiffrées se substitueront à ces premières représentations orales des quantités.

Les priorités pour l'enseignant de moyenne section par référence au tableau de compétences
La bonne connaissance de la comptine numérique (jusqu'à quinze ou seize) et la mise en rapport des différentes représentations du nombre à travers notamment l'utilisation des jeux sont les activités essentielles de la moyenne section.
L'aspect ordinal du nombre sera abordé notamment avec l'utilisation de jeux de déplacement sur des pistes en fonction d'un lancer de dé.
La confrontation à la bande numérique et à sa représentation en tant qu'élément permettant de mémoriser un nombre constitue un point essentiel de la moyenne section.
La résolution de problèmes numériques fait son apparition.

3. Éléments didactiques et pédagogiques

L'utilisation de phrases rituelles du type « un, deux, trois : il y a trois enfants sur le banc » constitue une aide importante pour le dénombrement et l'association entre le dernier nombre énoncé et la quantité à dénombrer.
Il est également très important de ritualiser les phrases : « Il y a juste autant de couteaux que d'assiettes, pas un de plus, pas un de moins. » ; « Tu dois aller chercher autant de gobelets que d'assiettes, juste assez, pas un de plus, pas un de moins, en une seule fois. »
Dans toutes ces activités, la taille des collections, le fait de pouvoir agir ou non sur les objets (par exemple de pouvoir les déplacer), le fait d'avoir à anticiper la réponse à cause de l'éloignement ou de la dissimulation des objets, etc. sont des variables importantes que l'enseignant peut modifier pour amener les enfants à faire évoluer leurs procédures de résolution.
Il convient de faire apparaître aux élèves l'intérêt du dénombrement dans des situations ayant du sens pour eux et en montrant de manière très ostensible l'utilisation que l'on peut en faire.
« Un, deux, trois, quatre : il y a quatre enfants à cette table. Un, deux, trois, quatre, je donne 4 crayons pour cette table. »

Séquence : Comparer et dénombrer des collect

Séance n°1 Plus grande, plus petite

:: **Compétences** : Comparer des quantités, résoudre des problèmes portant sur les quantités.

:: **Objectif** : Comparer deux collections en fonction de leur nombre.

:: **Concepts** : Construction du nombre. Comparaison de nombres.

:: **Capacités** : Savoir comparer des collections de tailles différentes. Savoir dire laquelle est la plus grande (*vs* la plus petite).

:: **Condition préalable** : Travail classique sur le dénombrement de petites collections.

:: Préparation de la classe

- **Organisation de la classe**
  Atelier autour d'une même table.
- **Matériel**
  2 bassines de couleur différente.
  1 sac de haricots secs rouges, 1 sac de haricots secs blancs. Répartir les graines dans les bassines de telle sorte qu'une bassine ne contienne qu'une sorte de graines.
  2 assiettes en plastique par élève, de préférence de couleurs différentes.
- **Documents**
  Une bande numérique de référence (allant jusqu'à 15) pour chaque enfant.
  Un document papier reprenant les conditions de l'expérience avec comme consigne : « Entoure l'assiette où il y a **le plus** (*vs* **le moins**) de graines, d'étoiles, etc. »

:: Déroulement de l'activité

- **Durée** : 15 minutes pour la phase manipulatoire et 15 minutes pour la phase écrite.
- **Modalités de travail** : atelier de 6 élèves.

→ Description de l'activité

Les enfants sont assis autour de la table.
Ils prennent, chacun à leur tour, **une seule poignée** de graines blanches qu'ils mettent dans l'une des assiettes et **une seule poignée** de graines rouges qu'ils mettent dans l'autre assiette.
La consigne est : « Dis dans quelle assiette il y a **le plus de graines** (*vs* **le moins de graines**). »

Résultats attendus

Pour comparer deux collections les enfants peuvent :
- déplacer symétriquement une graine de chaque sorte dans chaque assiette et constater qu'il reste plus de graines d'une sorte donnée que de l'autre ;
- sortir une graine de chaque sorte dans chaque assiette et constater qu'il reste plus de graines d'une sorte donnée que de l'autre ;
- dénombrer le nombre de graines (s'il est faible) de chaque assiette et en s'aidant de la bande numérique dire lequel est **le plus grand** (*vs* **le moins grand**, *vs* **le plus petit**).

uation

urant la partie manipulatoire, le maître pourra évaluer le travail des enfants et répertorier les stratégies, s'il est présent à la table. Il pourra en outre approfondir les notions liées au langage : « **le plus, le moins** ».

:: Conseil

On veillera à ce que l'enfant ne s'enferme pas dans un seul mode de comparaison, en lui montrant que s'il utilise la méthode de la correspondance terme à terme et du reliquat, il aurait pu également utiliser celle du dénombrement... et vice versa.

:: Prolongement

Lors d'activités classiques de la classe (utilisation de feutres, par exemple) on pourra demander de nouveau aux élèves de dire dans quel pot il y a **le plus** (*vs* **le moins**) de feutres. On saisira les occasions de mettre en œuvre cette question à différentes occasions.

:: Définitions

- **Dénombrer/compter :** le dénombrement est l'action de recenser le nombre d'éléments d'une collection. Dénombrer se distingue de compter qui nécessite un calcul. Le dénombrement s'acquiert avant le comptage.
- **Comparer :** comparer deux grandeurs, c'est dire si elles sont égales ou différentes et dans le cadre numérique, si elles sont différentes, préciser **la plus grande** et **la plus petite**. La comparaison peut se faire directement et ne nécessite pas forcément le dénombrement.

Séance n° 2 Autant que

:: **Compétences** : Comparer des quantités, résoudre des problèmes portant sur les quantités.

:: **Objectif** : Réaliser une collection qui a autant d'objets qu'une collection éloignée.

:: **Concept** : Construction du nombre.

:: **Capacités** : Être capable de dénombrer une collection et de constituer, à distance, une collection de même nombre.

:: **Conditions préalables** : Savoir dénombrer une collection, jusqu'à 10 pour commencer, puis éventuellement plus grande.

:: Préparation de la classe

- **Organisation de la classe**
  Atelier de 6 élèves réunis autour d'une même table. Pas de chaises.
- **Matériel**
  Matériel de dînette en plastique, par exemple, avec au moins une douzaine d'assiettes, de fourchettes, de couteaux, de grandes cuillères, de petites cuillères, de gobelets, de serviettes en papier, etc.
- **Documents**
  6 sets de table en papier sur lesquels sont représentés les différents éléments à placer autour de l'assiette afin d'aider les enfants dans la disposition (réalisés en photocopies A3).
  3 morceaux de papier par élément sur lesquels l'élément du couvert est dessiné de manière individuelle.

:: Déroulement de l'activité

- **Durée** : 25 minutes pour chacune des trois phases.
- **Modalités de travail** : atelier dirigé de 6 élèves dans lequel chaque élève travaille individuellement, puis par groupe de 2 dans la phase 3.

→ Description de l'activité

- **Phase 1.** L'enseignant dispose sur la table un petit nombre d'assiettes. Chacun des élèves est responsable d'un élément du couvert : l'un est responsable des fourchettes, l'autre des couteaux, etc. Les éléments du couvert sont tout d'abord disposés à proximité de la table, dans des paniers séparés, par exemple. Chaque enfant doit disposer le couvert dont il est responsable à côté de chaque assiette. Il n'y a qu'une fourchette par assiette, qu'un couteau par assiette, etc. Il doit disposer **autant** de gobelets **que** d'assiettes, **pas un de plus, pas un de moins.**
- **Phase 2.** Une fois que l'enfant a bien compris la règle du jeu et qu'il a été mis en condition de réussite, on place volontairement le stock de couverts dans un endroit éloigné de la classe.
La consigne reste identique. Chaque élève doit aller chercher l'élément du couvert qui le concerne, en rapporter **autant que** le nombre d'assiettes choisi par l'enseignant, **pas un de plus, pas un de moins.** Dans un premier temps, on autorisera plusieurs voyages. On fera alors un bilan avec les élèves pour constater qu'il y a trop de déplacements.
On modifiera alors la consigne : « Chaque élève doit aller chercher l'élément du couvert qui le concerne, en rapporter **autant que** le nombre d'assiettes choisi par l'enseignant, **pas un de plus, pas un de moins, en une seule fois.** »
- **Phase 3.** Dans cette phase, les 6 élèves sont associés en 3 doublettes. Dans chaque doublette, l'un est le cuisinier et l'autre le messager. Le cuisinier doit dénombrer le nombre d'assiettes et inscrire, sur le papier correspondant au couvert qu'il souhaite, le nombre qu'il veut. Le messager va

alors chercher les couverts correspondants, **pas un de plus, pas un de moins, en une seule fois,** et le cuisinier valide la commande en plaçant les couverts à la bonne place.
Le maître peut compliquer la situation en plaçant quelques couverts, de manière irrégulière, en même temps qu'il place les assiettes, afin de varier les commandes.

Résultats attendus

- **Phase 1.** Dans un premier temps, l'élève va aller chercher les éléments du couvert un par un et les placer près de l'assiette, à la place désignée, au fur et à mesure. Il va ensuite s'enhardir et prendre, au hasard, une poignée d'éléments, les distribuer à côté de chaque assiette puis remettre le reliquat dans le panier.
- **Phase 2.** On ne doit pas s'attendre à une réussite immédiate des élèves. Cet exercice est difficile mais très formateur. Il fait appel notamment à la mémoire à court terme pour se souvenir du nombre d'emplacements que l'on a comptés et ne pas l'oublier pendant qu'on dénombre les gobelets. L'enseignant veillera donc à placer un nombre d'assiettes volontairement faible au départ (3 ou 4) pour amener les élèves à la réussite.
- **Phase 3.** Dans cette phase, on souhaite aller plus loin en faisant expérimenter à l'élève trois notions essentielles :

– l'écriture de la quantité va lui permettre de décharger sa mémoire à court terme. La quantité étant notée, sa mémoire se trouve libérée ;
– l'écriture de la quantité va permettre la transmission de la quantité à un tiers ;
– le contrôle de cette quantité.

Le nombre sous sa forme chiffrée écrite prend alors tout son sens de « mémoire de la quantité ». Mémoire qui peut être écrite, stockée, lue, contrôlée.
La difficulté va ici résider dans la communication entre les éléments du binôme.

Évaluation

- **Phase 1.** La validation sera effectuée par l'enseignant qui veillera à la bonne connaissance du vocabulaire de la situation (cuillère, gobelet, etc.), au bon positionnement des éléments en fonction des emplacements prévus sur le set de table et à leur unicité par assiette.
- **Phase 2.** L'enseignant veillera à la bonne exécution de la consigne, au fait que les élèves ne font qu'un seul voyage et que l'unicité de chaque élément par assiette est respectée.
- **Phase 3.** Comme pour la phase 2, l'enseignant veillera à la bonne exécution de la consigne, au fait que les élèves ne font qu'un seul voyage, que ce qui est noté correspond bien au nombre d'éléments à rapporter, que le nombre de couverts livrés correspond bien à ce qui a été noté et que l'unicité de chaque élément par assiette est respectée. La plupart du temps, l'élève qui a écrit le nombre de fourchettes à rapporter vérifie lui-même que son camarade lui « fournit » bien ce qu'il a commandé.

:: Conseil

Il est très important de ritualiser les phrases : « Il y a juste **autant** de couteaux **que** d'assiettes, **pas un de plus, pas un de moins.** » ; « Tu dois aller chercher **autant** de gobelets **que** d'assiettes, **juste assez, pas un de plus, pas un de moins, en une seule fois.** »

:: Prolongement

On encouragera l'enfant à participer à la mise du couvert chez lui en utilisant la même règle : **« pas un de plus, pas un de moins, en une seule fois »**.
On rappellera également ce dispositif dans des occasions en classe. « Va chercher **autant** de ciseaux **qu'**il y a d'enfants à la table, **pas un de plus, pas un de moins, en une seule fois.** »
L'importance de la phrase rituelle **« pas un de plus, pas un de moins, en une seule fois »** a pour objectif de rappeler immédiatement à l'enfant la consigne de l'exercice.

:: Remarques

Ce type d'activité est devenu, à bon escient, un grand classique de l'école maternelle. Il s'agit de ce que l'on nomme les jeux de **« autant que »** ou encore les jeux de **« pas un de plus, pas un de moins »**. On retrouve cette situation, sous une autre forme, dans le célèbre « jeu des wagons » de Ermel, dans le jeu des lutins, dans le jeu du garage, etc.

Séance n° 3 Partageons une collection

:: **Compétence** : Mémoriser la suite des nombres au moins juqu'à 30.

:: **Objectif** : Partition de la collection en sous-collections facilement dénombrables.

:: **Concepts** : Construction du nombre. Partition.

:: **Capacité** : Savoir fractionner une collection existante en sous-ensembles que l'on sait dénombrer.

:: **Conditions préalables** : Savoir dénombrer des petites collections (jusqu'à 10). Connaître la comptine numérique jusqu'à 30.

:: Préparation de la classe

- **Organisation de la classe**
  Élèves réunis autour d'une même table. Pas de chaises.
- **Matériel**
  Un gros stock de bouchons de bouteilles en plastique récupéré auprès des parents d'élèves, placé dans une bassine centrale.
  Un panier et une fiche récapitulative par élève (avec un gros quadrillage, par exemple). Compter, pour 120 bouchons et 6 enfants, environ 5 cases pour le quadrillage.
  Un sac en plastique par enfant.
- **Document**
  Une feuille sur laquelle une grande quantité de bouchons est imprimée (*cf.* illustration).

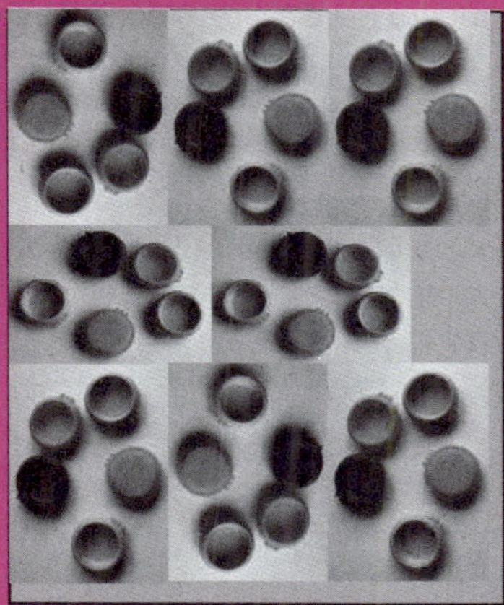

:: Déroulement de l'activité

- **Durée** : 15 minutes de manipulation + 10 minutes de trace écrite.
- **Modalités de travail** : atelier dirigé de 6 élèves dans lequel chaque élève travaille individuellement.

→ Description de l'activité

La bassine pleine de bouchons est au centre de la table.

L'élève doit prendre une poignée de bouchons, la déposer dans son panier et dénombrer le contenu du panier.

Il doit noter dans une des cases du quadrillage de sa fiche récapitulative le nombre obtenu puis vider son panier dans son sac et recommencer jusqu'à ce qu'il n'y ait plus de bouchons dans la bassine centrale.

4	5	3	2	

L'enseignant peut ensuite ostensiblement faire la somme des cases d'un enfant pour calculer combien de jetons sont censés se trouver dans son sac. Il dénombre alors avec lui en récitant la comptine numérique afin de vérifier le résultat.

Résultats attendus

- On peut penser que, dans un premier temps, l'enfant va vouloir, dans son désir de possession, prendre plus de bouchons dans son panier qu'il ne pourra en dénombrer.
- Il peut être alors tenté de n'en prendre que 2 ou 3 dans son panier, mais il n'aura alors pas assez de cases sur le quadrillage pour inscrire tous ses résultats.
- Il devra alors comprendre qu'il doit trouver un équilibre et prendre des poignées suffisamment importantes mais facilement dénombrables.

Évaluation

L'évaluation de ce travail est réalisée en compagnie de l'enseignant qui fait la somme des cases puis demande à l'enfant de vérifier avec lui, en dénombrant, les bouchons contenus dans son sac. Lors de cette évaluation, on peut contrôler uniquement la somme finale. Si elle ne coïncide pas avec le nombre de bouchons, c'est qu'il y a erreur... mais où ?
Le document papier distribué à chaque élève avec comme consigne : « Entoure les bouchons comme tu veux pour faire des paquets et écris, dans le paquet, combien il y a de bouchons » permettra au maître de contrôler le dénombrement des petites collections.

:: Conseils

Pour mettre les élèves en confiance et qu'ils s'approprient le matériel, comme c'est toujours la règle à l'école maternelle, on commencera par une petite collection que les élèves de l'atelier pourront se répartir à 6. On fera la somme de leurs résultats et on vérifiera à l'aide de la comptine que le dénombrement a été correctement réalisé.

:: Prolongement

On pourra être amené à faire, dans la classe, le dénombrement de grandes collections « pour aider la maîtresse ». Dénombrer, par exemple, le nombre de feutres disponibles ou de livres dans la bibliothèque. L'enseignant pourra alors fournir de nouveau les fiches récapitulatives quadrillées afin que les élèves effectuent des dénombrements partiels qu'il n'aura plus qu'à sommer.

5	4	3
4	5	

:: Définition

On parle ici de **partition de la collection**. Il faut comprendre partage de la collection en sous-collections. Ce partage n'est pas nécessairement équitable. Le partage équitable mène à la division.

Séance n° 4 Les « mots-nombres »

Compétence : Associer le nom des nombres connus avec leur écriture chiffrée.

Objectif : Exprimer la quantité par un « mot-nombre ».

Concept : Mise en relation de la quantité avec son expression orale ou écrite.

Capacité : Savoir dénombrer une petite collection.

Préparation de la classe

- **Matériel**

Un jeu de dominos reprenant des constellations associées à des écritures chiffrées ou des quantités associées à des écritures chiffrées.
Dans ce jeu, toutes les associations des différentes représentations du nombre sont possibles.

Constellation/ chiffre

Chiffre/quantité

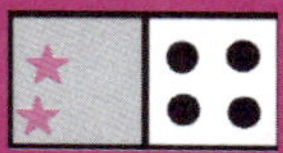
Quantité/ constellation

- **Documents**

Sur une feuille de papier, des bandes de dominos avec des blancs à compléter avec des écritures chiffrées. La consigne est : « Complète les carrés vides pour que les dominos puissent se raccorder. »

On peut envisager qu'un élève du groupe joue le rôle de banquier et possède des étiquettes carrées sur lesquelles un nombre est inscrit. Pour compléter sa bande, l'élève qui a besoin d'un 5 doit alors clairement demander au banquier : « Donne-moi un 5 » et le coller au bon endroit.

Déroulement de l'activité

- **Durée** : 20 minutes pour le jeu et 10 minutes pour l'application écrite.
- **Modalités de travail :** en atelier de 6 élèves qui travaillent d'abord en groupe de deux, côte à côte, sans chaise, puis en individuel.

→ Description de l'activité

La règle du jeu a été expliquée aux élèves. Ces petits rectangles s'appellent des dominos.
Chaque domino est constitué de deux parties : une partie droite et une partie gauche.
Sur chaque partie un nombre est représenté, soit par une quantité (5 étoiles), soit par une constellation, soit par une écriture chiffrée : 5.
En jouant chacun son tour, on doit mettre bout à bout les dominos de telle sorte que le carré blanc d'un domino et le carré gris de **l'autre domino** représentent le même nombre.
L'élève doit, en outre, exprimer à chaque tour une phrase rituelle du type : « Il y a 5 sur cette case, je pose mon domino à côté parce qu'il a **aussi** un 5. »

Résultats attendus

Les élèves sont généralement enthousiasmés par ces jeux de dominos qui sont des jeux très tactiles où l'on manipule beaucoup. L'élève espère pouvoir placer un de ses dominos mais, malheureusement, ce n'est pas à son tour de jouer et le nouveau domino placé va contrarier son projet. Jouer à son tour, accepter de passer si l'on ne peut rien placer sont des épreuves difficiles pour l'élève qui doit cependant les surmonter.

Évaluation

Pour le maître, l'évaluation est facile et rapide. Il peut, d'un coup d'œil, vérifier que la suite de dominos est correcte. Il est très formateur que le maître vérifie oralement avec le groupe d'élèves, en leur faisant nommer les nombres, que la configuration posée est correcte.

:: Conseils

Il ne semble pas nécessaire, dans un premier temps, de positionner les « doubles » perpendiculairement à la ligne de dominos. La ligne brisée sera également expliquée plus tard et pose des problèmes de lecture des nombres en écriture chiffrée 5 avec ces dominos non classiques.

:: Prolongement

Utilisation du jeu de dominos classique, introduction du jeu à 4, de la ligne brisée et du positionnement spécifique des doubles.

Séance n° 5 Comparons des collections

:: **Compétences** : Comparer des quantités, résoudre des problèmes portant sur les quantités.

:: **Objectif** : Maîtriser les expressions « plus que », « moins que », « autant que ».

:: **Concepts** : Construction du nombre. Comparaison.

:: **Capacités** : À partir d'une quantité référence savoir exprimer s'il y en a « plus que », « autant que », « moins que » et savoir construire, à partir d'une collection référence, une collection qui a plus d'éléments, autant ou moins.

:: **Conditions préalables** : Savoir dénombrer de petites collections n'est pas ici une condition préalable car la comparaison peut s'effectuer directement, sans recours au dénombrement. On peut cependant raisonnablement supposer qu'un élève de moyenne section sait dénombrer de petites collections.

:: Préparation de la classe

- **Organisation de la classe**
  En ateliers de 5-6 élèves qui travaillent de manière autonome.
- **Matériel**
  Une grande collection d'objets identiques (gros haricots ou bouchons, par exemple).
  Une boîte à casiers, ou tout simplement une boîte à œufs de 12 places par enfant, et la boîte du maître.
  Une bande numérique individuelle pouvant servir d'aide.
- **Documents**
  Des feuilles où sont dessinées une boîte « référence » et une boîte vide en regard, dans laquelle l'enfant doit, selon les cas, dessiner **autant** de graines **que** dans la boîte référence, **plus** de graines **que** dans la boîte référence, **moins** de graines **que** dans la boîte référence.

:: Déroulement de l'activité

- **Durée** : 15 minutes (phase 1) + 15 minutes (phase 2) puis un autre jour pas trop éloigné + 15 minutes (phase 2 reprise) + 15 minutes (phase 3).
- **Modalités de travail :** les élèves travaillent en groupe avec le maître pour commencer (phases 1 et 2), puis par deux sous le contrôle du maître (phase 2), puis individuellement (phase 3).

→ Description de l'activité

- **Phase 1.** Au départ, chaque enfant prend une poignée de graines qu'il dispose dans sa boîte à œufs, une graine par alvéole. Le maître fait de même et dépose ses graines dans sa boîte à œufs personnelle située au centre de la table.
L'enseignant interroge alors les élèves. « Qui a plus de graines que (*vs* autant de graines que, *vs* moins de graines que) moi ? »
Puis « Pourquoi peux-tu dire ça ? »
Puis « Combien en as-tu de plus que moi ? »
- **Phase 2.** Durant cette phase, chaque enfant prend une poignée de graines qu'il dispose dans sa boîte à œufs, une graine par alvéole. L'enseignant interroge alors les élèves. « Qui a plus de graines que Perrine ? » ; « Pourquoi peux-tu dire ça ? » ; « Qui a moins de graines qu'Axel ? » ; « Pourquoi peux-tu dire ça ? » ; « Qui a autant de graines que Louise ? », « Pourquoi peux-tu dire ça ? »

- **Phase 3.** Cette troisième phase constitue le passage à l'écrit et à la représentation. Il s'agit cette fois non plus de comparer mais de construire sur le papier une collection qui comporte soit autant, soit plus, soit moins d'éléments que la collection de référence.

Le problème qui se pose ici est celui de la consigne. Plusieurs solutions se présentent :

- soit on fabrique trois feuilles distinctes. Sur la première, il faut systématiquement en mettre plus que les collections références ne l'indiquent, sur la deuxième feuille systématiquement moins que, sur la troisième systématiquement autant que.
- soit on introduit les signes $>$, $<$ et $=$; on peut proposer des exercices du type :

où il s'agit de remplir la boîte de droite de telle sorte qu'il y ait plus de graines dans la boîte de gauche que dans celle de droite.

On peut également, dans les deux cas, jouer sur la disposition des graines dans la boîte de référence afin de modifier les stratégies des élèves.

Résultats attendus

- **Phase 1.** Pour résoudre ce problème, on peut s'attendre à différentes procédures.

- L'élève manipule les graines :

• Il peut, par exemple, mettre ses propres graines, une à une, dans les alvéoles garnies de la boîte du maître et comparer ainsi selon qu'il lui en reste ou pas. S'il lui en reste, il en a plus que le maître. Si sa boîte est vide et que toutes les alvéoles de celle du maître contiennent deux graines, c'est qu'il en avait autant que le maître. Si sa boîte est vide et que certaines alvéoles du maître contiennent encore seulement une graine, c'est qu'il en avait moins que le maître.

• Il peut sortir symétriquement une graine de sa boîte et une de celle du maître jusqu'à ce qu'une des deux boîtes soit vide et ainsi comparer les quantités. Si les deux boîtes sont vides, il en avait autant que le maître. Si la sienne est vide et pas celle du maître, il en avait moins que le maître. Dans le cas contraire, il en avait plus que le maître.

• Il peut également commencer par ranger convenablement les graines dans chaque boîte de manière identique, ce qui facilite énormément la comparaison directe (« c'est pareil là et là il y en a une de plus »).

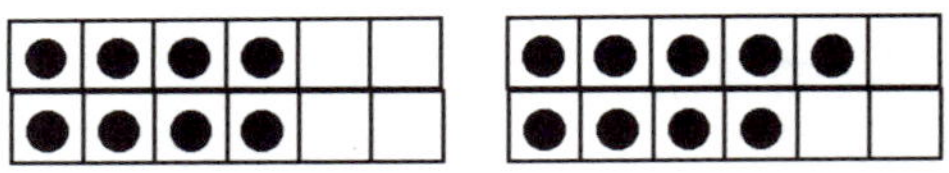

- L'enfant utilise le dénombrement et compare le cardinal de sa collection à celui de la collection référence. L'élève peut être capable de dénombrer les deux collections sans pour autant être apte à les comparer et/ou à pouvoir exprimer qui en avait le plus ou qui en avait le moins. Il intervient ici un problème de mémorisation des quantités dénombrées afin de pouvoir les comparer et le recours à la bande numérique sera probablement nécessaire.
- L'enfant peut enfin faire une comparaison globale, notamment si les quantités de graines sont faibles (s'il y a 2 graines dans chaque boîte, ça se voit facilement) ou si les quantités sont très différentes (3 graines dans une boîte et 11 dans l'autre).

- **Phase 2.** Pour résoudre le problème, on peut s'attendre aux différentes procédures rencontrées dans la phase 1.

Cependant, le fait que la comparaison ne se fasse pas par rapport à une collection « spécifique » (celle du maître) mais par rapport à la collection d'un de ses pairs peut poser des problèmes d'ordre affectif (tel enfant n'accepte pas qu'on « touche » à ses graines ou qu'on les mélange, ou qu'on les enlève de sa boîte...). Le maître doit expliquer que ces manipulations ne sont pas malveillantes mais nécessaires à la résolution du problème.

Afin de se désengager de la situation, pour que les élèves se l'approprient davantage, l'enseignant encouragera les enfants à travailler en binôme et à comparer leurs collections, deux à deux, puis à exprimer oralement leur résultat : « J'en ai plus qu'Hélène », « J'en ai moins qu'Elliott ». Ils remettront ensuite leurs graines dans le pot commun afin de pouvoir recommencer le jeu.

Évaluation

- **Phase 1.** Durant cette phase, le maître est très présent dans l'atelier. La validation des stratégies et des résultats est faite par lui et avec l'aide des enfants.
- **Phase 2.** La présence de l'adulte, pour cette phase, sera également importante, non seulement pour valider les résultats, mais également pour réguler les petits conflits qui ne manqueront pas d'apparaître. En revanche, pour la fin de cette phase 2, il serait nécessaire que le maître joue plutôt le rôle d'observateur attentif ; les enfants pouvant s'auto-évaluer.

:: Conseils

Ce qui est intéressant dans cette situation, c'est la variété des stratégies possibles. Il est important que chacune puisse être exprimée et que l'enseignant n'en favorise pas spécifiquement une. Certes le dénombrement et la comparaison des nombres obtenus constituent la solution experte à ce problème, mais pour des élèves de moyenne section la réussite par une voie qui utilise la manipulation est très respectable.
La comparaison de quantités peut se faire directement, en utilisant des stratégies variées, et ne nécessite pas, dans un premier temps, l'utilisation du dénombrement.

:: Prolongement

À terme, les élèves devraient être capables de ranger les 6 boîtes du groupe de la moins pleine à la plus pleine.

Séquence : Dénombrer et construire la notion de nombre

Séance n° 6 Première utilisation du dé

:: **Compétences** : Comparer des quantités, résoudre des problèmes portant sur les quantités.

:: **Objectif** : Utiliser le dé à points ordinaire, pour prendre la quantité indiquée par le dé.

:: **Concepts** : Construction du nombre. Mise en rapport de la constellation avec la quantité correspondante.

:: **Capacités** : Savoir lire les constellations du dé. Savoir mettre en rapport la constellation et la quantité afin de prendre la quantité indiquée par le dé.

:: **Condition préalable** : Être capable de dénombrer de petites quantités (jusqu'à 6).

:: Préparation de la classe

- **Organisation de la classe**
  Les élèves jouent par 3 ou 4 assis autour d'une table.
- **Matériel**
  Un plateau de jeu constitué d'une panthère ayant sur le corps des points bien marqués. Le dessin doit être grand (au moins A3).

Un ou deux dés classiques.
Une collection de jetons de la taille des taches de la panthère et de couleurs variées.
- **Documents**
  Une feuille A4 par élève avec la panthère représentée plusieurs fois. À chaque fois, la panthère est associée à un dé (ou deux dés) et ses taches sont des ronds à colorier.

:: Déroulement de l'activité

- **Durée** : 20 minutes pour le jeu et 10 minutes pour l'application écrite.

Ce jeu sera repris plusieurs fois, sous cette forme et sous des formes plus complexes que nous proposons dans la rubrique « Prolongements ».

- **Modalités de travail : phase de jeu :** les enfants jouent dans un premier temps à 3 ou 4. Dans le cas d'ateliers de 6 enfants, on constituera 2 groupes de 3 distincts jouant chacun avec leur panthère.

Phase écrite : chaque enfant travaille individuellement.

→ Description de l'activité

- **Phase de jeu :** chaque enfant joue à son tour. Il lance le dé et doit prendre autant de jetons que l'indique la face supérieure du dé. Il place ensuite les jetons sur la panthère pour « constituer » ses taches.

Le premier enfant qui a « terminé » sa panthère, c'est-à-dire qui a recouvert toutes les taches d'un jeton, a gagné.

À la fin du jeu, s'il reste 3 taches à remplir et que le dé indique un 4, on peut accepter que l'enfant a terminé et qu'il lui reste un jeton ou bien on peut imposer qu'il passe son tour car le nombre indiqué par le dé est supérieur au nombre de taches à compléter.

- **Phase écrite :** l'élève doit repérer, sur le dessin en perspective, la face supérieure du dé. Il doit ensuite colorier autant de taches qu'indiqué sur la panthère correspondante.

Résultats attendus

- **Phase de jeu :** ce type de jeu passionne généralement les enfants.

Des problèmes vont probablement apparaître pour lancer le dé qui soit ne roule pas, soit sort de la table et tombe. On pourra éventuellement utiliser une piste de dés.
De plus, si l'on choisit la règle de fin qui impose de tirer le nombre exact pour terminer, il faudra gérer la déception et le fait que l'élève devra passer son tour... alors qu'il a hâte de gagner !

- **Phase écrite :** on peut s'attendre à ce que l'élève ait du mal à repérer la face supérieure du dé sur le dessin en perspective. On pourra l'aider en lui proposant un vrai dé qu'il pourra comparer au dessin ou ne lui proposer qu'une représentation de la face supérieure du dé.

Évaluation

- **Phase de jeu :** les élèves jouent ensemble et il faut les encourager à contrôler eux-mêmes leurs camarades. On pourra leur proposer de verbaliser leur action (en la ritualisant, par exemple) afin que les autres puissent mieux vérifier. Par exemple : « J'ai tiré un 3. 1, 2, 3, je prends 3 taches. 1, 2, 3 je place mes 3 taches. »
- **Phase écrite :** le maître pourra facilement vérifier que le nombre de taches coloriées correspond au nombre indiqué par le dé dessiné.

:: Conseils

Dans la rubrique « Prolongements », nous proposons de multiples variantes de ce jeu. Il nous semble qu'il est toujours intéressant d'essayer d'exploiter le plus possible un nouveau matériel et/ou une nouvelle situation proposée aux élèves. Pour ce faire, nous analysons les variables didactiques et voyons comment nous pouvons les faire évoluer.

:: Prolongements

Les variables didactiques de cette situation sont très nombreuses et l'on peut proposer de nombreuses variantes de ce jeu.

- **Phase de jeu :**

- Jeu avec un dé classique et un dé de couleur. Dans ce cas l'enfant ne doit prendre que des jetons de la couleur indiquée en nombre indiqué. On peut se limiter à 3 couleurs en proposant 2 faces de chaque couleur sur le dé.
- Jeu avec un dé classique et un « dé forme ». On peut se limiter à 3 formes en proposant 2 faces de chaque forme (rond, carré, triangle) sur le dé. Il faudra, bien entendu, modifier les taches de la panthère afin qu'elle puisse recevoir les jetons correspondants. On veillera également à ne pas mettre les taches sous des formes trop prototypiques en faisant varier leur orientation.

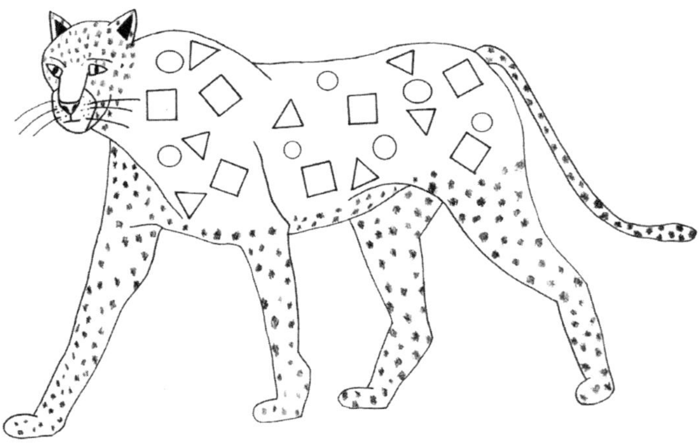

- Jeu avec un dé classique, un « dé forme » et un dé de couleur. Dans ce cas l'enfant ne doit prendre que des jetons de la couleur et de la forme indiquée selon le nombre donné. On peut se limiter à 3 couleurs et 3 formes.
- Jeu avec 2 dés classiques. On utilisera cette option pour faire varier la taille des nombres utilisés et amener progressivement les enfants vers le comptage. Il conviendra, dans ce cas, d'utiliser une représentation de la panthère avec le double de points et des jetons plus petits.

Cette variante possède également un intérêt stratégique pour la fin du jeu. Si l'on décide de terminer sur le nombre exact de jetons et s'il ne reste qu'une tache à remplir l'enfant aura forcément perdu car le minimum possible avec deux dés est 2. Une fois qu'il aura compris cet écueil, l'enfant pourra anticiper à l'avant-dernier coup en passant plutôt qu'en se mettant dans la situation de n'avoir plus qu'une tache à remplir. Le jeu de hasard sera alors enrichi par de la **stratégie**.

- **Phase écrite**

- Forme du dé : si la représentation en perspective du dé pose trop de problèmes de lecture à l'élève, on pourra simplifier l'application écrite en lui proposant uniquement la face supérieure du dé.

- Nombre de dés : lorsque cela aura été expérimenté par le jeu, on pourra proposer à l'élève une représentation sur laquelle apparaissent 2 dés, soit en perspective cavalière, soit vus du dessus.

:: Remarque

Ce jeu de la panthère est l'une des multiples adaptations du célèbre « jeu du serpent » de Lucette Champdavoine dont les jeux sont très réputés à l'école maternelle.

À terme, on espère que les élèves utilisent une reconnaissance globale de la constellation plutôt que de dénombrer les points du dé. C'est ce qu'on nomme le « subitizing ».

Séance n° 7 Déplacement sur une piste

:: **Compétence** : Dénombrer une quantité en utilisant la suite orale des nombres connus.

:: **Objectif** : Utiliser le dé à points ordinaire pour se déplacer sur une piste.

:: **Concepts** : Construction du nombre. Aspect ordinal du nombre.

:: **Capacité** : Être capable de repérer une quantité sous la forme de constellation d'un dé classique et de faire avancer un pion du nombre de cases indiqué par le dé.

:: **Conditions préalables** : Avoir déjà utilisé le dé et savoir que c'est la face supérieure de celui-ci qu'il faut prendre en compte. Savoir dénombrer de petites collections (inférieures à 6 ou 12) selon que l'on joue avec un ou deux dés.

:: Préparation de la classe

- **Organisation de la classe**
  Les enfants peuvent jouer à 2, 3 ou 4 maximum pour éviter un temps d'attente trop long.
- **Matériel**
  Une piste de jeu linéaire suffisamment longue (entre 30 et 40 cases) (type jeu de l'oie) avec des cases (5 cm × 5 cm) de couleur par exemple, pouvant facilement se distinguer pour être plus facilement nommées.

Un pion de couleur différente par enfant, facile à attraper et stable, d'une taille telle que plusieurs jetons puissent tenir sur la même case du quadrillage.

Un ou deux dés ordinaires selon les compétences des enfants en matière de dénombrement ou de comptage.

- **Documents**
  Un document papier par enfant reprenant (plusieurs fois) la piste quadrillée, la position initiale du pion et la représentation du dé. L'enfant devra alors colorier la position finale virtuelle du pion lorsque celui-ci aura avancé du nombre indiqué par le dé.

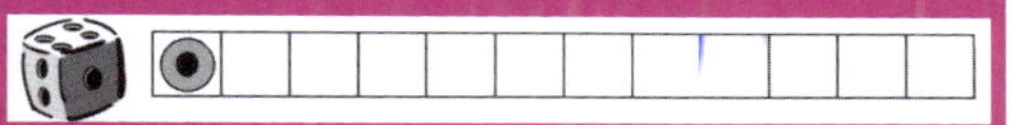

:: Déroulement de l'activité

- **Durée :** 20 minutes pour le jeu et 10 minutes pour l'application écrite.

Ce jeu sera repris plusieurs fois, sous cette forme et sous des formes plus complexes que nous proposons dans la rubrique « Prolongements ».

- **Modalités de travail : phase de jeu :** les enfants jouent dans un premier temps à 2, 3 ou 4. En cas d'ateliers de 6 enfants, on constituera 2 groupes de 3 distincts (ou 3 groupes de 2) jouant chacun avec une piste.

Phase écrite : l'enfant travaille individuellement.

→ Description de l'activité

- **Phase de jeu** : chaque enfant joue à son tour. Il lance le dé et avance son pion d'autant de cases qu'indiqué par le dé.

L'enfant qui arrive le premier sur la case finale a gagné la « course ».

À la fin du jeu, s'il reste 3 cases à parcourir et que le dé indique un 5, on peut accepter que l'enfant a terminé et gagné ou on peut imposer qu'il passe son tour car le nombre indiqué par le dé est supérieur au nombre de cases à parcourir pour atteindre la dernière.

• **Phase écrite :** l'élève doit repérer, sur le dessin en perspective, la face supérieure du dé. Il doit ensuite colorier la case où le jeton va se positionner lorsqu'il aura virtuellement avancé d'autant de cases qu'indiqué par le dé.

Résultats attendus

• **Phase de jeu :** ce jeu de piste classique plaît aux élèves si l'on sait y rattacher une histoire qui les motive. « Le pion est le chevalier qui doit retrouver la princesse », « le pion est la voiture qui doit gagner la course », etc.
La grosse difficulté de ce jeu réside dans le déplacement du pion sur la piste. En effet, l'enfant a du mal à assimiler que la case sur laquelle se trouve le pion « ne compte pas » et qu'il faut commencer à compter 1 à partir de la case suivante et non pas à partir de la case sur laquelle on se trouve.
Des problèmes vont probablement apparaître pour lancer le dé qui soit ne roule pas, soit sort de la table et tombe. On pourra éventuellement utiliser une piste de dés.
De plus, si l'on choisit la règle de fin qui impose de tirer le nombre exact pour terminer, il faudra gérer la déception et le fait que le chevalier devra passer son tour... alors qu'il a hâte de rejoindre la princesse !
On veillera également à ce que les enfants jouent avec leur propre pion, celui qui leur a été attribué en début de partie. En effet, ils ont parfois tendance à jouer avec le pion qui est le plus près du but même si ce n'est pas le leur. On pourra, par exemple, mettre devant les joueurs un repère de couleur correspond à la couleur de leur pion pour éviter les erreurs et les contestations.
• **Phase écrite :** la difficulté pour déplacer le pion de manière virtuelle devrait logiquement avoir disparu avec la manipulation précédente. Cependant, dans ce nouveau contexte moins manipulatoire, l'élève risque, de nouveau, à tort, de commencer à compter en partant de la case sur laquelle se trouve le pion au lieu de compter 1 à partir de la case suivante.
On peut s'attendre à ce que l'élève ait du mal à repérer la face supérieure du dé sur le dessin en perspective. On pourra l'aider en lui proposant un vrai dé qu'il pourra comparer au dessin ou ne lui proposer qu'une représentation de la face supérieure du dé.

Évaluation

• **Phase de jeu :** la présence du maître en début de jeu sera nécessaire pour valider correctement les déplacements du pion, notamment en début de comptage. « On commence par la case suivante. »
Ensuite, afin que les élèves puissent jouer ensemble, sans l'expertise de l'enseignant, il faut les encourager à contrôler eux-mêmes leurs camarades. On pourra leur proposer de verbaliser leur action (en la ritualisant, par exemple) afin que les autres puissent mieux vérifier. Par exemple : « J'ai tiré un 3 : 1, 2, 3, j'avance de 3 cases. »
• **Phase écrite :** le maître pourra facilement vérifier que le pion a bien « avancé » du nombre de cases correspondant au nombre indiqué par le dé dessiné.

:: Remarque

Ce premier jeu de déplacement sur piste quadrillée constitue une première approche à de très nombreux jeux de déplacements sur piste comme le « jeu de l'oie » décrit ci-après ou le « jeu des petits chevaux » qui sont très populaires et très répandus.

:: Prolongements

On peut apporter quelques variantes à ce jeu.
• **Phase de jeu.**
– Jeu avec deux dés classiques. On utilisera cette option pour faire varier la taille des nombres utilisés et amener progressivement les enfants vers le comptage. Dans ce cas, il conviendra d'utiliser une piste suffisamment longue (environ 60 cases) pour que le jeu ne soit pas trop court.
– Jeu avec des cases spécifiques de type « jeu de l'oie » simplifié avec des cases qui font avancer d'une case de plus, reculer de deux cases, repartir au départ, etc.
– Jeu avec un dé classique et un dé de couleur. Le dé de couleur possède seulement 2 couleurs réparties chacune sur 3 faces (rouge et bleu, par exemple). Dans ce cas, on démarre au milieu de la piste qui est orientée : une extrémité est bleue, l'autre rouge. On lance les deux dés. Si l'on tire un 3 et un rouge, on avance de 3 cases dans la direction du rouge. Si l'on tire un 5 et un bleu, on

avance de 5 cases dans la direction du bleu. Le jeu s'arrête lorsque l'une ou l'autre des extrémités est atteinte.

- **Phase écrite.**

– Forme du dé : si la représentation en perspective du dé pose trop de problèmes de lecture à l'élève, on pourra simplifier l'application écrite en lui proposant uniquement la face supérieure du dé.

– Nombre de dés : lorsque cela aura été expérimenté par le jeu, on pourra proposer à l'élève une représentation sur laquelle apparaissent deux dés, soit en perspective cavalière, soit vus du dessus.

:: Remarques

Ce type de jeu proposé constitue les prémices du jeu de l'oie.

Le jeu de l'oie : c'est un parcours constitué de cases successives agencées en spirale. La plupart du temps, celle-ci s'enroule de la droite vers la gauche, vers l'intérieur. Le nombre de cases varie d'une version à une autre mais est majoritairement de 63. Il se joue avec 2 dés à 6 faces et la position des joueurs sur le plateau est figurée par... une oie.

La règle est simplissime. Chaque joueur lance le dé à son tour et fait évoluer sa figurine en fonction du nombre tiré. Celle-ci arrive alors sur une case qui peut être « bénéfique », « maléfique », « indéterminée » ou neutre, en fonction du but à atteindre qui est d'arriver le premier sur la dernière case et de devenir « le roi des oies ». Le plus souvent, il faut faire exactement le nombre de points permettant d'arriver sur la dernière case, au risque de repartir en arrière dans le cas contraire.

Le jeu de l'oie est l'un des premiers « jeux à règle » utilisant les dés, à la portée de très jeunes enfants (5 ans). Il n'est basé que sur le hasard du lancer des dés (aucune stratégie) et le déplacement de la figurine en fonction du tirage. On doit respecter la règle, même si le sort est défavorable, et se souvenir des événements particuliers affectés à certaines cases. Les joueurs doivent donc :

- savoir lire les constellations des dés ;
- savoir lire (ou ajouter) le total des points tirés ;
- savoir faire avancer (ou reculer) une figurine sur une bande quadrillée, en fonction du nombre tiré, connaître le sens « positif » du cheminement ;
- se souvenir de la signification des cases particulières et savoir exécuter les actions qui s'y rapportent ;
- savoir, de manière générale, se conformer à la règle (jouer à son tour, accepter, éventuellement, de passer son tour, de recommencer au début, etc.).

Mais l'enfant peut également :

- anticiper le mouvement en fonction du nombre espéré ;
- anticiper la position future en fonction du tirage effectué.

Séance n° 8 Dénombrement

:: **Compétences** : Dénombrer une quantité en utilisant la suite orale des nombres connus.

:: **Objectifs** : Être capable de dénombrer ou de compter de petites collections non manipulées. Pratiquer éventuellement des sommes de petits nombres.

:: **Concepts** : Dénombrement, comptage, surcomptage.

:: **Capacité** : Être capable d'effectuer des sommes simples sur de petits nombres.

:: **Condition préalable** : Savoir dénombrer de petites collections.

:: Préparation de la classe

- **Matériel**
  Un ou plusieurs « livre(s) à compter » acheté(s) ou fabriqué(s) par l'enseignant.
  Un cache en papier cartonné permettant de dissimuler temporairement certains éléments de la page.

- **Documents**
  Une feuille d'exercices « papier » par élève, reprenant les éléments de l'album et demandant à l'enfant d'effectuer des sommes simples.

:: Déroulement de l'activité

- **Durée :** 15 minutes à reprendre plusieurs fois avec différents supports.
- **Modalités de travail :** un petit groupe de 6 ou 8 élèves assis autour du maître.

→ Description de l'activité

Le maître va présenter aux enfants, une à une, les pages (ou doubles pages) de l'album.
Pour la première page, il sera, comme toujours, essentiel de bien définir les protagonistes de l'album. « Qu'est-ce que c'est ? » (une étoile) ; « Où se trouve-t-elle ? » (dans le ciel), etc.
On s'attachera ensuite aux questions portant sur le nombre d'éléments que l'on voit sur la page : « Combien y en a-t-il ? ». En cas de double page on pourra demander (en utilisant éventuellement le cache) : « Combien y en a-t-il sur cette page ? et sur celle-là ? », « Combien y en a-t-il en tout ? »

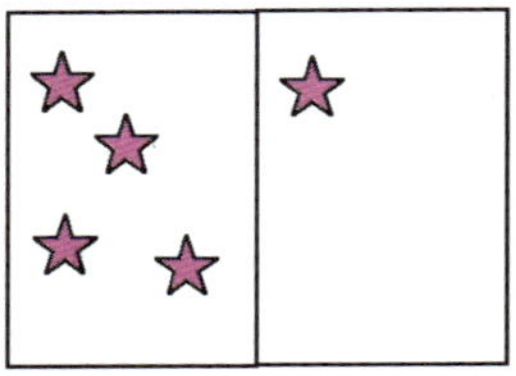

Résultats attendus

L'histoire liée à l'album est un élément déterminant dans l'intérêt des enfants pour cette activité, avant l'intérêt qu'ils pourraient avoir pour le comptage.
Quelques élèves du groupe vont probablement se passionner pour le comptage, une fois le principe de l'album acquis, et vouloir répondre à chaque fois, peut-être même avant que le maître n'interroge. Il conviendra donc de bien instaurer les règles de parole et d'échanges dans le groupe et de veiller à interroger tous les élèves.

Évaluation

L'évaluation ne pourra se faire qu'au fur et à mesure du déroulement de la lecture de l'album. Le maître devra alors mémoriser quel enfant est en difficulté et quel enfant réussit bien l'activité.

Cependant, un élève qui réussit convenablement à dénombrer 5 étoiles aura peut-être des difficultés à en dénombrer 9. Afin d'avoir plus d'éléments, l'enseignant pourra, à chaque réponse, interroger de nouveau : « Qui n'est pas d'accord ? » en veillant bien à éviter une formulation du type « Vous êtes d'accord ? » qui serait suivie d'un « ouiiiiiiii » général et sans intérêt.

:: Remarque

La difficulté de cette situation est qu'elle n'est volontairement pas manipulatoire. Les élèves doivent donc compter mentalement le nombre d'étoiles sur la page sans pouvoir les manipuler. Au cas où un élève serait en grande difficulté sur cette activité, il conviendrait probablement de renforcer avec lui, à un autre moment, des activités manipulatoires se rapprochant du contexte de l'album à compter.

:: Prolongement

Si le maître constate une réelle facilité des enfants pour l'activité, il pourra complexifier ses questions en utilisant le cache. La double page étant libre : « Combien y en a-t-il ? », puis le cache étant mis sur l'une des deux pages : « Combien en voyez-vous encore ? » ; « Combien y en a-t-il d'étoiles cachées ? » L'enseignant vérifiera ensuite avec les enfants.

:: Définitions

- **« Livre à compter » ou « album à compter » :** on nomme ainsi les livres qui conduisent les élèves à dénombrer et/ou à compter des objets, des formes, des personnages, des animaux, etc. ; le plus souvent les collections sont présentées avec un nombre d'éléments croissant (ou décroissant), chaque nouvelle page ou double page ayant un élément de plus (ou de moins) que la précédente. Ils sont destinés à des fins d'apprentissage mathématique et sont de qualité inégale concernant cette tâche.
- **Dénombrer/compter :** le dénombrement est l'action de recenser le nombre d'éléments d'une collection. Dénombrer se distingue de compter qui nécessite un calcul. Le dénombrement s'acquiert avant le comptage.
- **Surcompter :** il y a surcomptage lorsqu'on s'appuie sur la connaissance du cardinal d'une partie de la collection pour calculer le cardinal total, sans repartir du début.

Séance n° 9 Prendre autant qu'on souhaite

:: **Compétence** : Comparer des quantités, résoudre des problèmes portant sur les quantités.

:: **Objectif** : Dénombrer une collection puis isoler une collection correspondant à un nombre donné.

:: **Concepts** : Construction du nombre. Dénombrement.

:: **Capacité** : Être capable de prélever dans une collection une sous-collection correspondant à un nombre donné.

:: **Condition préalable** : Une bonne connaissance de la comptine numérique.

:: Préparation de la classe

- **Organisation de la classe**
  Un groupe tout d'abord rassemblé autour d'une table avec le maître puis autorisés à se déplacer dans la classe afin d'aller prélever une collection correspondant à un nombre donné.
- **Matériel**
  Une collection importante (au moins 30 éléments) de petits objets (bouchons, fèves, figurines) réunis dans une bassine au centre de la table.
  Une corbeille par enfant pour y déposer les quantités demandées.
- **Document**
  Pour le maître une feuille récapitulative (sur un A3) permettant de mémoriser les quantités demandées à chaque élève du groupe et de valider la réponse avec l'élève.

Perrine	5													
Louise	6													
Hélène	5													
Axel	7													

:: Déroulement de l'activité

- **Durée** : 20 minutes à répéter plusieurs fois si nécessaire, en faisant varier la position de la grande collection par rapport à l'endroit où la « commande » est passée.
- **Modalités de travail :** un atelier de 6 enfants travaillant simultanément, individuellement, avec le maître, puis individuellement en étant autorisés à se déplacer dans la classe.

→ Description de l'activité

L'enseignant explique aux élèves qu'il a besoin de leur aide pour remplir son tableau et que chaque enfant va devoir lui donner exactement le nombre d'éléments manquants.
Le maître indique oralement à chaque enfant combien d'éléments il devra placer dans sa propre corbeille.
L'enfant doit mémoriser le nombre annoncé par le maître et prendre dans la collection autant d'éléments que demandé.
Il dépose dans sa corbeille le nombre d'éléments demandés. Il peut alors éventuellement recompter.
Il vérifie ensuite, avec le maître, sur la grille A3, que le nombre d'éléments qu'il a dans sa corbeille correspond bien à ce que l'enseignant avait demandé.

Résultats attendus

L'« histoire » que le maître va construire autour du jeu pour qu'il soit intéressant et ait un sens pour les enfants va être primordiale. Il conviendra que le maître sollicite réellement l'aide des élèves pour remplir son tableau (son garage, son train, son bateau, etc.) afin de les impliquer dans la tâche.
Il devra s'adresser clairement à chaque enfant individuellement pour qu'il mémorise la quantité

d'éléments à prendre : « Perrine, il me faut 5 voitures. » Il est conseillé de faire répéter à l'enfant la consigne : « Perrine, combien de voiture dois-tu me préparer ? »

Évaluation

L'évaluation se fera en présence du maître, en disposant un à un les éléments sur la grille, en s'accompagnant de la comptine numérique. « On va compter combien tu en as pris... 1, 2, 3, 4, 5, tu en as pris 5, c'est bien ce que j'avais demandé. »

Les autres enfants peuvent être des témoins actifs de cette vérification.

Éventuellement, en cas d'erreur (« Est-ce que tu as pris juste ce qu'il fallait ? »), inciter l'enfant à utiliser le vocabulaire correct : « Il en manque un » (Louise), « il y en a 2 de trop » (Hélène).

Perrine	5	☆	☆	☆	☆	☆								
Louise	6	☆	☆	☆	☆	☆								
Hélène	5	☆	☆	☆	☆	☆	☆	☆						
Axel	7													

:: Conseil

En cas d'erreurs persistantes de la part des enfants, on s'assurera de la bonne connaissance de la comptine numérique.

:: Prolongement

On pourra reproduire cet exercice en éloignant la bassine contenant la collection d'objets afin d'insister sur la mémorisation du nombre d'éléments à rapporter.

On se rapproche alors des jeux de « juste assez, pas un de plus pas un de moins » que nous évoquons également dans cet ouvrage.

:: Définitions

- **Comptine numérique :** on appelle « comptine numérique » la suite des nombres énoncée dans l'ordre croissant : « un, deux, trois, quatre... ».

La bonne connaissance de la comptine numérique est une condition nécessaire quoique non suffisante à la pratique du dénombrement.

- **Dénombrer**

C'est une pratique difficile puisqu'il s'agit de comprendre que lorsqu'on associe chaque élément de la collection à un terme de la comptine numérique, c'est le dernier nombre annoncé qui correspond à la quantité globale de la collection dénombrée : « Un, deux, trois, quatre, cinq... il y a 5 enfants sur ce banc. »

Séance n° 10 La droite numérique

:: **Compétence** : Associer le nom des nombres connus avec leur écriture chiffrée.

:: **Objectif** : Placer un nombre sur la droite numérique.

:: **Concept** : Correspondance entre les différentes représentations du nombre.

:: **Capacité** : Être capable d'associer une quantité ou une constellation à une représentation chiffrée du nombre en prenant appui sur la droite numérique.

:: Préparation de la classe

- **Organisation de la classe**
  Les enfants sont en petits groupes assis autour d'une table.
- **Matériel**
  Une bande numérique par élève, de préférence plastifiée pour éviter l'usure, et une pince à linge pour « marquer » un nombre sur la bande numérique.

1	2	3	4	5	6	7	8	9

Deux dés à constellations, de préférence en mousse compacte (pour éviter le bruit) par enfant.
Une petite boîte permettant de recouvrir le dé pour le cacher par enfant.

- **Documents**
  Une feuille A4 sur laquelle sont représentés soit un dé, soit une collection d'objets facilement dénombrables associés à une bande numérique.

1	2	3	4	5	6	7	8	9

1	2	3	4	5	6	7	8	9

Cette feuille comporte plusieurs lignes.

:: Déroulement de l'activité

- **Durée** : 15 minutes de manipulation et 10 minutes de travail sur feuille.
- **Modalités de travail :** au sein d'un atelier de 6 élèves, on constitue des binômes d'enfants voisins qui vont travailler ensemble.

→ Description de l'activité

Chaque enfant du binôme lance le premier dé. Il indique, avec la pince à linge, le nombre correspondant sur la bande numérique puis recouvre ce dé avec la boîte pour le cacher. : « Tu lances le dé, tu repères avec la pince sur la bande numérique le même nombre que le dé, tu caches le dé. »

En observant la bande numérique de son camarade l'élève tourne le second dé pour que sa face supérieure indique le même nombre que celui « marqué » sur la bande numérique de son voisin. La validation se fait en enlevant la boîte pour vérifier que les faces sont identiques.

« Tu regardes où est la pince à linge de Louise et tu tournes ton dé pour qu'il montre le même nombre que Louise. Quand tu as fini, Louise enlève la boîte et le dessus des dés doit être **pareil.** »

Résultats attendus

– Après quelques exemples en présence de l'enseignant, les enfants sont tout à fait capables de jouer en autonomie à ce jeu et de se valider respectivement.

– Il convient de bien préciser qu'il s'agit dans la phase « écriture chiffrée → constellation » de partir de la bande numérique du voisin et non pas de la sienne (ce que les enfants ont parfois tendance à faire).

– Il convient également de bien distinguer les dés pour éviter les confusions.

Le jeu est limité par l'utilisation du dé qui ne permet pas d'aller au-delà de 6 ; ce qui ne constitue pas un véritable problème à ce niveau de l'école maternelle.

Évaluation

L'évaluation de la partie manipulatoire se fait par les élèves eux-mêmes, sous la supervision du maître.
On propose ensuite aux élèves la feuille d'exercices sur laquelle ils doivent entourer, sur la bande numérique, le nombre correspondant à la quantité désignée par le dé ou par la taille de la collection.

Conseils

Pour aider les élèves en difficulté, il sera nécessaire de vérifier si le problème provient du dénombrement de la constellation ou de l'association avec l'écriture chiffrée. En demandant à l'élève de décomposer sa réflexion, on pourra assez facilement le déterminer.
Le problème peut également provenir d'un défaut de mémoire à court terme. L'élève qui ne repère pas directement le nombre sur la bande numérique et a besoin de repasser par la comptine numérique peut « oublier », entre-temps, l'endroit où il doit s'arrêter.

Ouverture transdisciplinaire

Le recours à la bande numérique (et à la pince à linge !) pour marquer une quantité (et ainsi pouvoir s'en souvenir) sera fréquemment utilisé dans la classe à diverses occasions concrètes.

Définition

Bande numérique

Une bande numérique doit être affichée dans la classe afin de pouvoir exercer les activités mentionnées ci-dessus.
La présence du 0 sur cette bande numérique fait débat. « 0 » désigne l'absence de quantité : « Il n'y a pas d'absent aujourd'hui, il y a zéro absent », et l'on met la pince à linge sur le 0.
En revanche, lorsque l'on s'aide de la comptine numérique, on commence par « un » et il faut commencer également par « 1 » sur la bande numérique. Si le 0 est présent sur la bande numérique il doit être clairement distinct des autres chiffres.

0	1	2	3	4	5	6	7	8	9

Séance n° 11 Calcul du complément

:: Compétence : Dénombrer une quantité en utilisant la suite orale des nombres connus.

:: Objectif : Calculer un complément simple.

:: Concepts : Construction du nombre. Calcul d'un complément.

:: Capacités : Être capable de dénombrer une petite collection puis de déterminer et d'indiquer combien il faut lui ajouter pour en obtenir une plus importante d'une taille fixée.

:: Condition préalable : Savoir dénombrer avec suffisamment d'aisance une petite collection.

:: Préparation de la classe

- **Organisation de la classe**

  6 enfants réunis autour d'une même table en présence du maître.

- **Matériel**

  Une collection de petits objets identiques (fèves, bouchons, etc.) dans un sac.
  Une assiette creuse.
  Des morceaux de papier et un feutre épais pour noter les quantités à mémoriser.
  Une bande numérique pour apporter une aide.

- **Documents**

  Une feuille A4 destinée au travail écrit indiquant l'état initial, l'état final et laissant à compléter la transformation :

« Colle des gommettes « étoiles » dans le sac pour qu'il y en ait autant, en tout, dans chaque sac. »

:: Déroulement de l'activité

- **Durée** : 15 minutes avec le maître en manipulation et 10 minutes de travail individuel sur feuille.
- **Modalités de travail** : les enfants travaillent tout d'abord en groupes de 6 dans un atelier dirigé avec le maître, puis ensuite, de manière individuelle, sur papier.

→ Description de l'activité

L'enseignant déclare vouloir mettre 7 fèves dans l'assiette. « Pour m'en souvenir, j'écris 7 sur le papier » insiste-t-il. Il puise une poignée de fèves dans le sac (inférieure au nombre annoncé). Il les dépose dans l'assiette, une par une, en les dénombrant : « 1, 2, 3, 4, 5... il y en a 5. »

Il interroge alors les enfants : « Est-ce que c'est ce que je voulais ? » (non) ; « J'en voulais combien ? » (7) ; « Comment le sais-tu ? » (tu l'as écrit) ; « Alors ? » (il t'en manque/il faut en mettre encore) ; « Combien ? »

L'un des élèves donne une réponse (3, par exemple) et l'enseignant ajoute ostensiblement 3 fèves dans l'assiette : « 1, 2, 3, j'en mets 3 **de plus**. »

« J'en voulais combien au départ ? » (7, se référer au papier). « Combien j'en ai maintenant ? »

En comptant avec les enfants, on constate l'erreur. Il y en a 8. On en voulait 7. Il y en a « une de trop ». On repart des 5 et on recommence pour trouver le bon résultat en demandant aux enfants d'expliquer leur démarche en s'aidant éventuellement de la bande numérique.

Résultats attendus

Grâce à la présence de l'enseignant et aux questions posées cette activité aura du dynamisme et impliquera les élèves.

On peut s'attendre à ce que les élèves s'aident de la bande numérique ou de leurs doigts pour parvenir au bon résultat. On peut également s'attendre à ce qu'ils explicitent convenablement leur démarche.

Évaluation

L'évaluation de la partie manipulatoire, tant du point de vue du résultat que du vocabulaire utilisé, sera faite directement par le maître.
Le travail sur feuille permettra de consolider les compétences. On pourra, par exemple, suggérer à l'enfant de noter en écriture chiffrée les quantités déjà présentes sur la feuille comme une aide. Il pourra également utiliser, à cet effet, la bande numérique.

:: Conseil

Les exercices consistant à trouver le complément nécessaire pour atteindre une quantité donnée sont difficiles. Il convient donc de travailler, au début, sur de petites quantités puis d'augmenter très graduellement la difficulté.

:: Ouverture transdiciplinaire

On tentera d'utiliser des situations identiques dans la vie courante de la classe : « Vous êtes 6 à cette table, il n'y a que 4 feutres, combien dois-je aller en chercher ? ».

:: Complément

On travaille ici sur le complément de 5 pour aller à 7. Curieusement, l'opération mathématique sous-jacente est la soustraction : $7 - 5 = 2$ et pourtant, lors de la manipulation, on dira « j'en ai 5, j'en mets 2 **de plus**... j'en ai 7 ». En effet, les élèves raisonnent ici plutôt comme dans une addition à trous : « 5 plus quoi pour trouver 7 ? » On ne travaillera avec les élèves que de cette façon dite « en avançant » : « 5 et encore 2. Il y en a 7. »

Chapitre 5

Découvrir les objets et la matière

:: Continuité des apprentissages en maternelle

:: Repères pratiques

:: Séances 1 à 18

Valérie Bouquillon
Didier Malafosse

Continuité des apprentissages en maternelle

	1re année	2e année	3e année	Grande section
Enrichir et développer les aptitudes sensorielles				
Décrire, comparer et classer des perceptions élémentaires	à travailler prioritairement	à travailler prioritairement	à consolider	à consolider
Associer à des perceptions déterminées les organes des sens qui correspondent	peut être travaillé	à travailler prioritairement	à consolider	à consolider
Agir sur le monde de la matière				
Reconnaître et désigner des objets	à travailler prioritairement	à travailler prioritairement	à consolider	
Reconnaître et désigner des qualités associées à des objets	peut être travaillé	à travailler prioritairement	à travailler prioritairement	à consolider
Reconnaître et désigner des matières	peut être travaillé	peut être travaillé	à travailler prioritairement	à travailler prioritairement
Reconnaître et désigner des qualités associées à des matières			peut être travaillé	à travailler prioritairement
Trier des objets d'après :				
• leur usage	peut être travaillé	à travailler prioritairement	à travailler prioritairement	à consolider
• la matière qui les constitue		peut être travaillé	à travailler prioritairement	à travailler prioritairement
• leurs qualités		peut être travaillé	peut être travaillé	à travailler prioritairement
Comparer et classer des objets d'après leurs qualités		peut être travaillé	peut être travaillé	à travailler prioritairement
Découvrir les propriétés de matières usuelles				
Choisir des outils et des matériaux adaptés à une situation, à des actions spécifiques :				
• plier, couper, coller	à travailler prioritairement	à travailler prioritairement	à travailler prioritairement	à consolider
• assembler	peut être travaillé	à travailler prioritairement	à travailler prioritairement	à travailler prioritairement
• actionner		peut être travaillé	à travailler prioritairement	à travailler prioritairement
Réaliser des jeux de construction, construire des maquettes		peut être travaillé	à travailler prioritairement	à travailler prioritairement
Appréhender un système et ses éléments				
Utiliser des appareils alimentés par des piles :				
• jouets		peut être travaillé	à travailler prioritairement	à consolider
• lampes de poche	peut être travaillé	à travailler prioritairement	à consolider	à consolider
• magnétophones			peut être travaillé	à travailler prioritairement
Utiliser des objets programmables				peut être travaillé
Utiliser des procédés empiriques pour faire fonctionner des mécanismes simples			peut être travaillé	à travailler prioritairement

- à travailler prioritairement
- à consolider
- peut être travaillé

Repères pratiques

1. Les axes forts du domaine d'activités

En maternelle, le très jeune enfant perçoit le monde qui l'entoure par l'entremise de la (des) fonction(s) qu'il associe plus ou moins consciemment aux objets (la cuillère pour manger, le feutre pour colorier, nounours pour jouer, etc.), et non au travers de la matière qui constitue ces objets. Une exception, cependant : l'eau et le vent (l'air en mouvement) qui, en tant que fluides, n'ont pas de forme propre. Ces deux matériaux (mais aussi certaines nourritures) ne sont donc pas assimilables par l'enfant à des objets, voire à de la matière (au moins pour le vent). Quant à la conservation de la matière, c'est une propriété qui n'a aucun sens à cet âge. Elle est même contredite à tout bout de champ. Par exemple, au moment des repas, la nourriture est engloutie dans le ventre ; l'eau de la baignoire disparaît après le bain ; quant au magicien, il est capable de faire apparaître un lapin, avec sa baguette magique. Pour le très jeune enfant, qui ne conçoit le monde qu'au travers des objets qui l'entourent, le concept de matière et sa propriété de conservation n'ont donc pas de sens, et ne peuvent se construire que sur le long terme, c'est-à-dire sur toute la scolarité de l'élève. Dans cette construction, le rôle éminent que doit jouer l'école maternelle est fixé avec précision et des explicitations par le programme de la maternelle (voir *BO* hors série du 12 avril 2007) qui précise clairement trois axes forts sur lesquels doivent s'appuyer les activités du domaine du monde de la matière et des objets : la découverte sensorielle du monde de la matière, son exploration par la manipulation, et la découverte et la manipulation réflexive des objets.

A La découverte sensorielle

Dans toutes les sections de l'école maternelle, on doit avoir le souci de proposer aux enfants des activités mettant en jeu l'exploration sensorielle de leur environnement : exploration tactile des objets et des matériaux, exploration gustative et olfactive des aliments, reconnaissance des éléments du monde sonore, exploration des caractéristiques visuelles des objets, etc.

B L'exploration du monde de la matière

On doit aussi proposer des activités plus ou moins guidées d'exploration manipulatoire de matériaux familiers (la pierre, le sable, le sucre, le carton, les tissus, le bois, etc.), et surtout de l'eau. En effet, en rapprochant l'eau du robinet, la pluie, la neige, la glace, l'enfant élabore un premier niveau, très modeste, d'abstraction et comprend que ces diverses réalités renvoient à une même substance, l'eau, dont il découvre quelques propriétés (abondance, fluidité, pouvoir dissolvant, etc.).

C La découverte du monde des objets

Enfin, il faut proposer aux enfants des activités de jeux de construction, de montage et/ou démontage d'objets techniques simples. On peut commencer à élaborer avec les élèves des projets de construction nécessitant d'inventorier le matériel nécessaire et de programmer les diverses étapes de la fabrication. Enfin, il ne faut pas oublier que tout objet mal utilisé présente un risque potentiel, d'où la nécessité de donner, dès la maternelle, les premiers éléments d'une éducation à la sécurité.

2. Les spécificités de la section

Voici trois séquences, une sur le vent, une autre sur les propriétés de l'eau et de quelques matériaux, et une sur des objets techniques simples. Conformes au tableau de compétences, elles permettent, par l'approche sensorielle, le jeu, l'observation et la manipulation, la construction d'objets, de faire progresser l'enfant de moyenne section :

- au niveau des savoir-faire, en développant des techniques manipulatoires indispensables (plier, couper, coller et assembler) et la capacité à choisir des outils et des matériaux adaptés à une situation ;
- au niveau conceptuel, par une première approche de l'air (limitée au vent), puis en abordant quelques problèmes simples liés à la fois aux propriétés de l'eau et aux propriétés de quelques matières mises en contact avec l'eau (coule/flotte, perméable/imperméable, soluble/insoluble). Enfin, en rapprochant

l'eau du robinet, la pluie, la neige, la glace, l'élève commence à comprendre que ces diverses réalités renvoient à une même substance : l'eau. En outre, en prolongeant les activités exploratoires par la réalisation d'objets très simples, on construit les premiers éléments de la démarche technologique ;
– au niveau des savoir-être, en favorisant les activités de groupe qui obligent les élèves à jouer et à travailler ensemble, à partager les instruments, à respecter les choix des autres ;
– enfin au niveau de la maîtrise de la langue, dans la mesure où les phases de manipulation alternent avec des phases de verbalisation.

3. Éléments didactiques et pédagogiques

Le programme de la maternelle donne toutes les indications nécessaires.
Les dix-huit séances sont décrites en détail, mais vous pouvez développer les séquences en vous inspirant des pistes que nous vous suggérons en « prolongement ». Voici, séance par séance, les compétences à développer.

	SÉQUENCE	EXPLORATION SENSORIELLE ET MANIPULATOIRE : LE VENT					EXPLORATION SENSORIELLE ET MANIPULATOIRE : L'EAU ET LES AUTRES MATIÈRES								MANIPULATIONS D'OBJETS TECHNIQUES SIMPLES				
	SÉANCE	1	2	3	4	5	6	7	8	9	10	11	12	13	14	15	16	17	18
DOMAINE DE COMPÉTENCE	COMPÉTENCE																		
LANGAGE EN ACTION	Dire ce qu'on fait dans une activité	X	X	X	X	X	X	X	X	X	X	X	X	X	X	X	X	X	X
ÉDUQUER LE REGARD ET LE GESTE	Adapter son geste aux contraintes matérielles	X	X			X	X	X	X	X	X	X	X	X	X	X	X	X	X
EXPLORER PAR LES SENS ET LA MANIPULATION LE MONDE DE LA MATIÈRE ET DES OBJETS	Reconnaître et désigner des matières et des objets	X	X	X	X	X	X	X	X	X	X	X	X	X	X	X	X		
	Décrire, comparer et classer des perceptions élémentaires											X							
	Choisir des outils et des matériaux adaptés à une situation			X	X	X		X	X										
SE REPÉRER DANS LE TEMPS	Utiliser une frise chronologique												X	X					
	Situer les événements les uns par rapport aux autres												X	X					
CULTURE SCIENTIFIQUE	Utiliser des appareils alimentés par des piles																	X	X

Chaque séance est conçue pour une durée d'environ 45 minutes, introduction, activités expérimentales, phases langagières, rangement et bilan compris, ce qui équivaut souvent à quinze minutes de manipulations effectives. En général, les séances sont structurées sur le modèle d'un aller-retour entre activité expérimentale (découverte plus ou moins libre, jeu, mini-recherche) en petits groupes et phase de verbalisation en groupe classe se concluant par un bilan des expériences. L'organisation proposée est prévue pour une réalisation satisfaisante dans tous les contextes scolaires, souvent avec tout le groupe classe, mais rien ne vous empêche de l'adapter pour profiter des avantages de votre école (classe à faible effectif, dédoublée, disponibilité d'ATSEM, etc.).

Séquence : Découvrir le vent en se livrant à une exploration manipulatoire et sensorielle

Séance n° 1 Jouer avec le vent dehors

:: **Compétence** : Reconnaître, nommer, décrire, comparer, ranger et classer des matières, des objets selon leurs quantités et leurs usages.

:: **Objectif** : Découvrir les manifestations du vent, par le jeu et par l'observation de l'environnement.

:: **Concept** : Le vent, c'est-à-dire l'air en mouvement. On s'intéresse aux manifestations du vent, et non à ses caractéristiques (direction, sens et vitesse). On ne s'intéresse donc pas à l'air, en tant que matière, car cette notion est beaucoup trop abstraite.

:: **Conditions préalables** : Aucune condition préalable n'est requise, cette séance étant la première d'une séquence qui peut être réalisée à n'importe quel moment de l'année.

:: Préparation de la classe

- **Organisation de la classe**
  Un jour de vent faible à modéré, avec toute la classe. La séance se déroule dans une zone de la cour située du côté d'où vient le vent, suffisamment grande pour que les enfants aient beaucoup d'espace pour jouer, mais bien délimitée au sol, pour limiter les déplacements intempestifs.

- **Matériel**
  Plusieurs grandes caisses contenant de nombreux jouets pour le vent, comme par exemple des foulards, des ballons de baudruche déjà gonflés (attachés par un bout de ficelle à un mousqueton fixé aux caisses pour pouvoir être attachés et détachés facilement), des petits cerfs-volants, des « rubans à vent » (ruban de tissu ou de papier fixé à un bout de bois servant de poignée – voir séance n° 3), des moulinets à vent, des boîtes à bulles de savon, etc.

:: Déroulement de l'activité

- **Durée** : 45 minutes.
- **Modalités de travail** : activité collective.

→ Description de l'activité

- **Phase préparatoire (10 min)**

La classe est conduite dans la cour pour découvrir le matériel. La présentation des « jouets » est faite aux enfants assis par terre autour de l'enseignant. C'est l'occasion de voir s'ils connaissent le nom et l'usage des divers objets. Ensuite, les élèves sont invités à aller choisir un jouet (ils pourront en changer) dans une des caisses, et à jouer avec, dans la zone de jeu qui a été indiquée avec précision. Aucune autre consigne n'est donnée, car il s'agit d'une séance de découverte libre du vent.

- **Phase de découverte libre/observation des comportements (10 à 15 min)**

Pour que les enfants « jouent » sereinement, il faut que l'enseignant soit très disponible dès le début de cette phase, afin de régler, le plus tôt possible, les petits problèmes matériels (détacher les ballons des caisses, ouvrir les boîtes à bulles de savon, etc.) et les petits conflits entre élèves. Ensuite, l'enseignant pourra observer les comportements, puis conduire la phase de verbalisation/structuration qui suit.

- **Phase de verbalisation/structuration (15 min)**

Les enfants sont invités à arrêter l'activité et à s'asseoir par terre pour parler de leurs jeux. À cette occasion, ils doivent exprimer leurs observations (« les ballons bougent tout seuls » ; « ils volent »), leurs satisfactions (« les moulinets tournent ») et/ou insatisfactions (« les cerfs-volants ne volent pas bien » ; « un ballon a éclaté » ; « un ballon s'est envolé »). L'objectif est d'arriver à faire mettre le vent au centre de leurs préoccupations. On leur demande ensuite comment, sans faire référence aux jeux précédents, ils savent qu'il y a un peu de vent. Les réponses attendues sont à connotation sensorielle : visuelle (« on voit les feuilles des arbres, les cheveux, les nuages, etc., bouger »), tactile (« on sent le vent sur la peau »), auditive (« on entend le bruit des feuilles qui bougent »).

- **Phase de rangement (5 min).**

:: Prolongements

- **La tempête de vent**

Reproduire la même séance un jour de très grand vent, pour observer les effets (visuels, sonores et tactiles) du grand vent. On constate qu'ils sont amplifiés. Les enfants remarquent aussi que le vent exerce une force sur les objets, mais aussi sur eux (c'est également une perception tactile, mais très intense et répartie sur tout le corps, même au travers des vêtements).

- **Les images du vent et l'échelle de Beaufort à trois échelons**

Parmi un lot d'images de l'environnement, faire trier celles qui montrent qu'il y a du vent. On peut complexifier la tâche en faisant un tri à trois niveaux (« pas de vent », « du vent », « grand vent »), pour construire une « échelle de Beaufort » (échelle utilisée dans la marine pour caractériser la « force » du vent par une nombre compris entre 0 et 12) simplifiée dont on se servira tous les jours pour le relevé météorologique.

- **Les bruits du vent**

Faire écouter une bande sonore de tempête de vent pour reconnaître les divers événements enregistrés.

- **Comptines et chansonnettes**

Ne pas oublier les nombreuses comptines et les chansonnettes qui racontent le vent dans la forêt.

Séance n° 2 Jouer avec le vent du ventilateur

:: Compétence : Reconnaître, nommer, décrire, comparer, ranger et classer des matières, des objets selon leurs quantités et leurs usages.

:: Remarque préalable : Séquence facultative (mais très utile) ne pouvant être réalisée que si l'on dispose d'un ou de plusieurs ventilateurs sur pied. Si ce n'est pas le cas, passer directement à la séance n° 3.

:: Objectif : Faire découvrir, par le jeu, que les ventilateurs font du vent dans la salle.

:: Concept : Le vent, c'est-à-dire l'air en mouvement.

:: Condition préalable : Avoir réalisé la séance précédente « Jouer avec le vent, dehors ».

:: Préparation de la classe

- **Organisation de la classe**
  En salle de motricité, peu de temps après la séance « Jouer avec le vent, dehors ».
  Avec toute la classe si l'on dispose de deux ou trois ventilateurs sur pied, ou avec la moitié si l'on n'en a qu'un.
- **Matériel**
  Même matériel (les caisses avec tous les jouets) que pour la séance en exterieur, plus un ou plusieurs ventilateurs sur pied, placés dans un coin de la salle pour ne pas être trop « évidents ».

:: Déroulement de l'activité

- **Durée** : 45 minutes.
- **Modalités de travail** : activité collective.

→ Description de l'activité

- **Phase préparatoire (10 min)**

Dans la salle de motricité, les enfants retrouvent le matériel utilisé en extérieur. Assis par terre autour de l'enseignant, ils rappellent le nom des objets et ce qu'ils ont fait précédemment. Le vent doit apparaître dans la discussion. Ensuite, on présente l'activité du jour : s'amuser avec les jouets, dans la salle, **sans courir** partout. Deux cas de figure se présentent.
Premier cas : les enfants ne font aucune remarque sur l'absence de vent, et on ne dit rien.
Deuxième cas : ils font remarquer qu'il n'y a pas de vent, dans la salle, et/ou qu'il faut utiliser les ventilateurs. On met les appareils en route. Les enfants peuvent alors choisir un jouet.

- **Phase de découverte libre/observation des comportements (15 min)**

Premier cas : les enfants jouent sans les ventilateurs. Au bout de quelques minutes, on arrête l'activité pour faire le constat que les conditions ne sont pas requises pour bien s'amuser. La nécessité des ventilateurs doit apparaître naturellement dans la discussion. On reprend l'activité avec les ventilateurs.
Deuxième cas : les enfants jouent avec les ventilateurs. Après dix minutes de jeu, on arrête les ventilateurs, en laissant jouer les enfants sans vent, pendant quelque temps encore.
Ainsi, dans les deux cas, les enfants peuvent constater la différence de comportement des jouets avec et sans le vent des ventilateurs.

- **Phase de verbalisation/structuration (15 min)**

Inviter les enfants à s'asseoir par terre pour exprimer leurs observations sur le rôle des ventilateurs : « ils font du vent », « on le sent sur la peau », « les ballons, les rubans, les cheveux bougent quand on est près du ventilateur », « ils font tourner les moulinets ». En revanche, « les cerfs-volants ne volent pas bien » car ils sont loin des ventilateurs. Demander ensuite aux enfants comment on pourrait faire du vent dans la salle, mais sans ventilateurs. L'objectif est de faire découvrir, par le débat, que si l'on arrive à faire bouger des objets (ballons, cheveux, petits bouts de papier), sans les toucher, alors c'est qu'on sait faire du vent, avec ou sans ventilateur. En cette fin de séance on est en train de préparer la séance n° 4 qui s'intéresse au problème de la production de vent en intérieur, sans ventilateur.

- **Phase de rangement (5 min).**

Prolongements

- **À la recherche des courants d'air**

Le jeu consiste à rechercher les courants d'air, à l'aide d'une poignée de confettis, de plumes ou de fils de laine : sous les portes, près des fenêtres, quand quelqu'un passe, etc. On peut même coller de longs bouts de laine un peu partout sur le plafond de la salle de classe, pour détecter les courants d'air quand on ouvre une porte ou une fenêtre.

- **Le collage qui bouge**

Faire coller sur une feuille de papier des plumes, des bouts de laine colorés, des morceaux de papier, des feuilles végétales, des morceaux de guirlandes de Noël, etc., de manière à ce que tous les éléments collés puissent bouger au moindre souffle.

- **Fabriquer un « ruban à vent »**

Faire découper de longues bandelettes de papier, puis les fixer avec du gros ruban adhésif sur un morceau de bois cylindrique d'une dizaine de centimètres, servant de poignée. Ce prolongement peut faire l'objet d'une initiation à la démarche technologique (voir les deux séances suivantes).

Séances n°s 3 et 4 Comment fabriquer un « ruban à vent » ?

:: **Compétence** : Reconnaître, nommer, décrire, comparer, ranger et classer des matières, des objets selon leurs quantités et leurs usages.

:: **Objectif** : On peut se contenter de faire construire l'objet aux enfants en leur fournissant le matériel et en leur indiquant les étapes de la construction ; l'objectif est alors : fabriquer un « ruban à vent » (c'est-à-dire un long ruban de tissu très léger fixé à un petit manche en bois – voir figure ci-dessous).
Mais on peut aussi avoir l'ambition d'initier ces très jeunes élèves à la démarche « technologique ». L'objectif est alors de prévoir le matériel nécessaire à la construction du « ruban à vent », puis d'ordonner les étapes de sa construction.

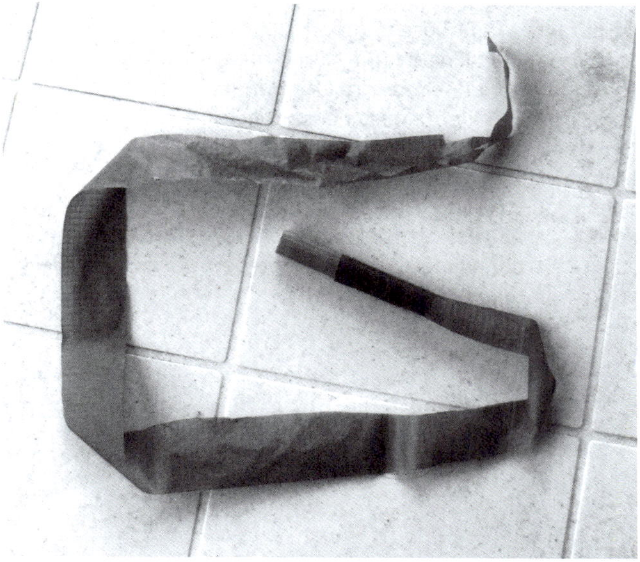

:: **Concept** : La fiche de fabrication d'un objet simple : matériel nécessaire, protocole de fabrication.

:: **Condition préalable** : Avoir déjà joué avec les « rubans à vent ».

:: **Préparation de la classe** : Pour les séances n° 3 et n° 4.

- **Organisation de la classe**
  En classe entière ou en demi-classe, puis fractionnée en groupes de quatre élèves.
- **Matériel**
  Un « ruban à vent » déjà construit et, caché sous une couverture, tout le matériel nécessaire pour le construire : ruban adhésif large, solide et coloré, un petit bout de bois (environ L = 10 cm et Ø = 1 cm) par enfant, obtenu en tronçonnant une longue baguette achetée dans un magasin de bricolage, quelques pièces de tissus très légers, colorés et faciles à découper (genre tissu à spi, utilisé pour fabriquer voiles et cerfs-volants) ou à défaut du papier crépon, avec quelques bandes déjà découpées, et enfin des ciseaux à bout rond. On peut ajouter quelques « intrus » tels que des tissus lourds et difficiles à découper, du ruban adhésif transparent, des gros morceaux de bois, etc. Il faut aussi des crayons de couleur et de grandes feuilles de papier pour dessiner, et une grande règle et un stylo feutre pour l'enseignant(e).

:: Déroulement de l'activité

- **Durée :** 35 minutes environ.
- **Modalités de travail :** travail en collectif puis en ateliers.

→ Description de l'activité

Pour la séance n° 3

- **Phase de sélection du matériel nécessaire à la construction (10 à 15 min)**

Les élèves et l'enseignant(e) forment un grand cercle autour de la couverture qui cache le matériel. Présenter un « ruban à vent » (déjà fabriqué et utilisé au cours des séances sur le vent), puis le projet : fabriquer un « ruban à vent » par enfant. Une fois l'objectif bien compris de tous, on peut demander : « De quoi a-t-on besoin ? » pour réaliser l'objet. Pour aider les enfants à répondre à cette question d'un genre nouveau et très difficile à cet âge, on peut découvrir assez rapidement le matériel qui était caché dans une couverture (d'où l'intérêt des intrus). Au cours de cette phase d'échange, les enfants désignent les objets qui peuvent servir à la fabrication et les montrent à la classe, à la demande de l'enseignant(e). Une fois tout le matériel identifié, deux problèmes techniques doivent apparaître : la nécessité de découper le tissu en bandelettes étroites et longues (1 cm de largeur environ) et la fixation (par ruban adhésif) sur le manche en bois.

- **Phase de dessin du matériel nécessaire (10 min)**

Les élèves sont regroupés par 4 pour dessiner sur une grande feuille le matériel dont ils ont besoin. Les dessins seront ensuite affichés pour être présentés à la classe.

- **Phase de présentation des dessins (5 à 10 min)**

Afficher les dessins. Pour chaque groupe, un élève vient commenter le dessin en nommant les objets dessinés. Cette phrase est indispensable, car un dessin d'enfant de moyenne section n'est souvent interprétable que par lui-même. Cette étape peut aussi servir d'évaluation, en vérifiant que rien n'a été oublié.

Exemple de matériel

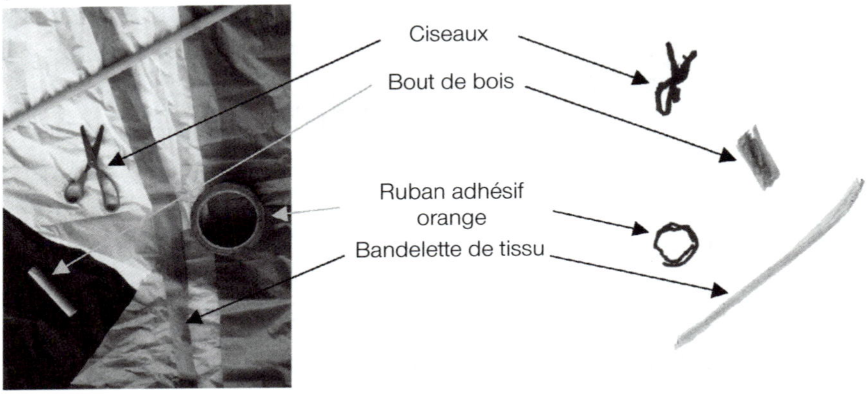

Certains enfants dessinent les grandes pièces de tissu, d'autres les bandelettes déjà découpées.

Pour la séance n° 4

- **Phase de rappel de la séance précédente (5 à 10 min)**

Exposer les affiches des groupes à la vue de tous les élèves puis demander ce qu'elles représentent et à quoi elles servent. L'objectif est double :

– faire rappeler l'objectif de la séance : fabriquer un « ruban à vent » par enfant ;
– faire inventorier et nommer le matériel sélectionné.

Le matériel nécessaire doit aussi être bien visible de tous.

- **Phase de verbalisation/structuration (15 min)**

L'objectif de cette phase fondamentale est de programmer collectivement la construction de l'objet, c'est-à-dire d'aider les enfants à identifier les trois étapes de la construction et à les ordonner :

1. découper une bandelette ;
2. découper un morceau de ruban adhésif ;

3. assembler le morceau de bois et la bandelette avec le morceau de ruban adhésif.
Pour cela, demander aux enfants de dire comment ils vont faire pour construire leur ruban à vent, sachant que les bandelettes de tissu n'ont pas encore été découpées. Le débat s'engage. Attention : cette activité est nouvelle et difficile, car elle nécessite de se projeter dans le futur de la construction, mais elle est très structurante et elle servira à l'occasion de toutes les futures constructions d'objets.

- **Phase de schématisation (10 min)**

Une fois les trois étapes identifiées à l'oral, on peut essayer de les schématiser. Pour aider les élèves, il est judicieux d'avoir (en plusieurs exemplaires) des étiquettes représentant la grande pièce de tissu, les ciseaux, le morceau de bois, une bandelette, le rouleau et un morceau de ruban adhésif, ainsi que le signe + (qui est équivalent au mot « et » ou « avec » pour les enfants) et le signe → (qui est équivalent à « on fait »).
À l'aide des étiquettes, on peut schématiser, étape par étape (chaque étape correspond à une phrase et à une ligne du schéma), la construction du « ruban à vent », selon le schéma ci-dessous :

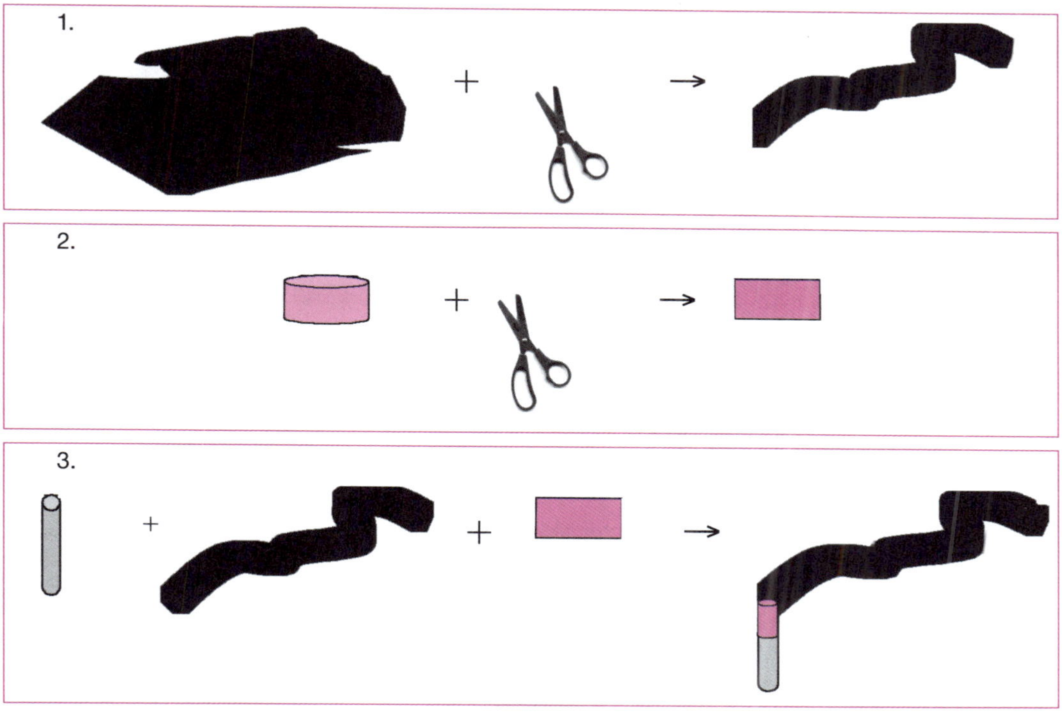

Attention, cette schématisation ne doit pas être faite de manière dogmatique. Il faut en effet que les élèves soient impliqués dans cette phase, de manière à être capables d'organiser les étiquettes dans le bon ordre (horizontal et vertical) pour cette construction mais aussi pour celles à venir (voir prolongement de la séance n° 4 où l'on projette de faire construire aux enfants des sarbacanes).

Évaluation

Pour les séances n° 3 et n° 4

- Les enfants sont-ils capables d'indiquer le matériel (outils et matériaux) nécessaire à la construction du « ruban à vent » ?
- Les enfants sont-ils capables de retrouver les trois étapes de la construction ?
- Les enfants sont-ils capables de traduire par une phrase une ligne du schéma ?

:: Prolongement

La construction de l'objet à partir du schéma

Il ne reste plus qu'à passer à l'étape de la construction proprement dite.

Séance n° 5 Comment faire du vent dans la salle ?

Compétence : Reconnaître, nommer, décrire, comparer, ranger et classer des matières, des objets selon leurs quantités et leurs usages.

Objectif : Trouver des moyens simples de faire du vent dans une salle de classe.

Concept : Le vent, c'est-à-dire l'air en mouvement.

Conditions préalables : Avoir réalisé la séance « Jouer avec le vent dehors » et, si possible, la séance « Jouer avec le vent du ventilateur ».

Préparation de la classe

- **Organisation de la classe**
En salle de motricité avec, si possible, seulement la moitié de la classe. Des couloirs parallèles (de 60 cm de large et de 4 à 5 mètres de long) sont marqués à la craie ou par de l'adhésif ou des ficelles scotchées au sol. Ces couloirs sont délimités par une ligne de départ et une ligne d'arrivée communes, à la manière des pistes d'athlétisme.

- **Matériel**
Toute sorte d'objets légers (plumes, bouts de laine, boule de papier, etc.) dans une caisse (par exemple jaune) et des outils pour faire du vent (éventails, pailles, soufflets, gonfleurs à pied, pompes à vélo, seringues, sarbacanes pour cotillon, etc.) dans une autre caisse (par exemple rouge).

Déroulement de l'activité

- **Durée** : 45 minutes.
- **Modalités de travail :** activité collective.

→ Description de l'activité

- **Phase préparatoire (5 à 10 min)**

Les enfants sont réunis en salle de motricité pour une séance de « jeu ». Il s'agit de déplacer le plus vite possible des objets (de la caisse jaune) sans les toucher, mais en se servant des outils (de la caisse rouge), sans sortir de son couloir délimité. Le parcours doit être explicité de façon à bien avoir en tête les lignes de départ et d'arrivée.

- **Phase de jeu/observation des comportements (15 min)**

Les enfants partent ensemble pour la course. Dès qu'ils ont franchi avec leur objet la ligne d'arrivée, ils doivent aller s'asseoir dans la zone des « champions », pour observer leurs camarades en silence. C'est l'occasion de noter les comportements et l'utilisation des objets « souffleurs », en vue de la phase de verbalisation qui peut avoir lieu quand tout le monde est arrivé.

- **Phase de verbalisation/structuration (15 min)**

Les enfants assis par terre dans la zone des champions doivent dire ce qu'ils ont fait au cours de l'activité. En particulier, on en profite pour nommer les outils (sarbacane, soufflet, etc.) et parler de leur efficacité à faire bouger les objets légers. L'objectif est de faire prendre conscience, par le débat, que si l'on arrive à faire bouger les objets légers (boule de papier, plumes, etc.) sans les toucher, alors c'est qu'on sait faire du vent avec les outils. Mais il faut aussi arriver à l'idée que même sans les outils on parvient à faire du vent, en soufflant.

- **Phase de rangement (5 min).**

Prolongements

- **Fabriquer une jolie sarbacane**

Il s'agit de faire une grosse « paille », semblable aux sarbacanes utilisées les jours de fête pour envoyer des boules de cotillons. Pour la fabrication de cette « jolie sarbacane », on peut reprendre la démarche technologique déjà mise en œuvre pour fabriquer le « ruban à vent ». Il s'agit de rouler une feuille de papier et de la scotcher. La première phase est un simple inventaire du matériel nécessaire (feuille de papier épais, matériel pour décorer la feuille et ruban adhésif). La deuxième phase consiste à ordonner les diverses étapes de la fabrication, avec la question du choix entre la décoration de la feuille avant ou après le collage. La schématisation guidée est à privilégier, comme pour le « ruban à vent ». On peut ensuite passer à la réalisation de l'objet puis à l'évaluation esthétique et technique des productions des élèves, notamment en testant l'aptitude des objets fabriqués à permettre le déplacement d'un objet léger selon une trajectoire imposée.

- **La course de voitures en papier**

Il s'agit de déplacer en soufflant ou à l'aide d'objets souffleurs de petites voitures réalisées avec une bande de papier assez rigide de 20 à 25 cm de long et de 3 à 4 cm de large. Les voitures sont donc « creuses ». Leur avant et leur arrière doivent être faciles à distinguer, par exemple en dessinant des phares à l'avant. Pour faire avancer ces mini-véhicules, il faut donc bien souffler sur la face arrière de la voiture, car en soufflant un peu de côté l'air passe au travers des véhicules.

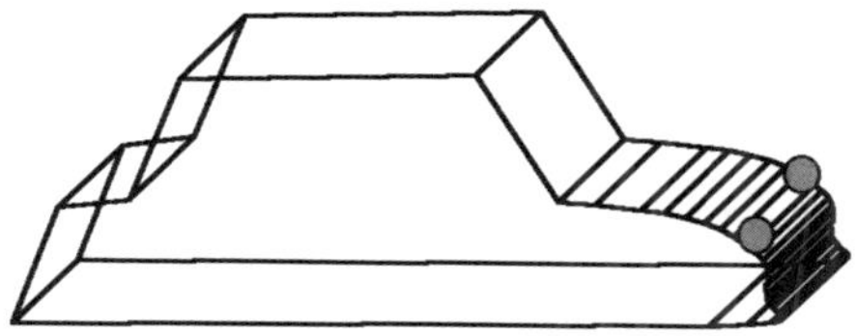

- **Le souffle et la respiration**

Il est intéressant de faire prendre conscience aux enfants que, pour souffler, il faut d'abord avoir inspiré. Pour ce faire, on peut leur proposer divers exercices de respiration : respiration par la bouche ou par le nez, mixte ; respiration abdominale (en gonflant le ventre à l'inspiration et en creusant le ventre à l'expiration) ou thoracique (en vidant et remplissant le plus possible la poitrine).

- **Le jeu des soupirs**

On peut soupirer pour montrer qu'on est heureux, triste, en colère, fatigué, etc.

- **Les instruments à vent**

Le vent n'est pas le seul à faire du bruit. En effet, souffler permet aussi de faire du bruit et même de la musique (avec des bouteilles plus ou moins vides, un sifflet, un peigne recouvert de papier crépon, une flûte, un harmonica, etc.).

Séquence : Découvrir l'eau et les autres matières à travers une exploration manipulatoire et sensorielle

Séance n° 6 Ça flotte ou ça coule ?

:: **Compétence** : Reconnaître, nommer, décrire, comparer, ranger et classer des matières, des objets selon leurs quantités et leurs usages.

:: **Objectif** : Se familiariser avec les propriétés de flottabilité des objets, en faisant un tri entre ceux qui flottent et ceux qui coulent.

:: **Concept** : La capacité des objets à flotter.

:: **Condition préalable** : Aucune condition préalable requise ; cette séance peut être menée n'importe quand dans l'année.

:: Préparation de la classe

- **Organisation de la classe**

  Atelier de 10 élèves : 5 groupes de 2 élèves. Préparer 5 tables dans un coin de la classe où les enfants pourront manipuler l'eau.

- **Matériel**

  Pour chaque binôme :
  – un récipient (bacs, bassines, etc.) avec de l'eau ; il ne doit pas être trop petit ;
  – une caisse avec différents objets (bouchons en liège, bouchons en plastique, petits pots en plastique, petits pots en verre, cailloux, dés, trombones, balles de ping-pong, clous, boules de pâte à modeler, boules en bois, petits morceaux de bois, de plastique, de polystyrène, allumettes, billes, planches en bois et en plastique (planches à découper), barquettes en polystyrène de différentes tailles, petites bouteilles d'eau avec bouchon et sans bouchon, etc.) ;
  – deux autres caisses pour classer les objets en deux catégories : « flotte » ou « coule » (il est préférable de coller des étiquettes sur les deux caisses pour symboliser les deux catégories).

- **Documents**

  Des photographies ou images des différents objets.

:: Déroulement de l'activité

- **Durée** : 45 minutes.
- **Modalités de travail :** 10 élèves travaillant en binôme sous la conduite de l'enseignant.

→ Description de l'activité

- **Phase préparatoire (5 min)**

Préparer les enfants en les habillant d'un tablier imperméable et en les mettant au calme.

- **Phase de verbalisation/recueil de conceptions (10 min)**

Présenter les différents objets. Demander aux enfants quels sont, d'après eux, les objets qui vont flotter et ceux qui vont couler et pourquoi. L'objectif est de faire émerger les conceptions des enfants sur les raisons de la flottaison de certains objets. On s'attend à ce que les enfants pensent que quand c'est gros ça coule, et quand c'est petit ça flotte. En fonction des réponses, les objets sont classés dans deux bacs distincts. Si les élèves ne sont pas d'accord à propos d'un objet, celui-ci sera mis de côté. Il reste à constituer les binômes et à conduire les groupes aux tables.

- **Phase d'activité (15 min)**

Quelques consignes de propreté et de fonctionnement sont à rappeler :
– ne pas se déplacer dans la classe, rester à côté de sa table ;
– ne pas mettre de l'eau par terre ;
– prendre les objets un par un délicatement pour les plonger dans l'eau.
Quand on a observé que l'objet flotte ou coule, le ranger dans une des deux boîtes et en prendre un autre.

Les enfants manipulent les objets, observent et vérifient leurs « hypothèses ». Ils classent les objets en deux catégories. Pendant cette phase, l'enseignant écoute les réactions des enfants, rappelle les consignes de manipulation et de propreté, si besoin.

- **Phase de structuration et de verbalisation (durée : 10 min)**

Les enfants sont regroupés dans la zone d'expression orale pour exprimer leurs observations. « Quels sont les objets qui flottent ? », « Quels sont les objets qui coulent ? »
Les enfants constatent que :
– les gros objets ne coulent pas forcément (barquette de polystyrène, planche en bois, etc.) ;
– les petits ne flottent pas forcément (bille, clou, boule de pâte à modeler, etc.) ;
– certains objets flottent, puis coulent quand ils sont remplis d'eau (les bouteilles, les bouchons et les pots en plastique).

L'enseignant peut donner des exemples de la vie courante confirmant ces possibilités : les barques et bateaux sont gros mais flottent, les cailloux petits ou gros coulent, etc.

Pour valider les réponses des enfants, il est souhaitable qu'ils puissent accompagner leur explication d'une démonstration matérielle. Il faut donc prévoir un récipient avec de l'eau et une caisse d'objets.

En même temps, on élabore la trace écrite collective à l'aide d'un tableau récapitulatif.

Image ou photographie pour symboliser « flotte »	Image ou photographie pour symboliser « coule »
Images ou photographies des objets qui flottent	Images ou photographies des objets qui coulent

(Si l'on souhaite réutiliser le même tableau pour un autre groupe, il est conseillé d'attacher les photographies ou images avec de la pâte collante.)

Ne pas oublier de revenir sur le tri initial et sur les objets mis initialement de côté, pour faire prendre conscience de la nécessité des expériences pour avoir toujours la bonne réponse.

- **Phase de rangement (5 min)**

On peut dire aux enfants qu'ils recommenceront le jeu prochainement avec de nouveaux objets. Il leur reste à essuyer l'eau tombée par terre avec la serpillière.

Prolongement

Faire flotter un objet qui coule

Situation-problème : « Faire flotter un objet qui coule en changeant sa forme », les élèves étant regroupés en binômes, avec une boule de pâte à modeler à faire flotter par élève et un récipient par binôme.

Séances n°s 7 et 8 Perméable ou imperméable ?

:: Compétence : Reconnaître, nommer, décrire, comparer, ranger et classer des matières, des objets selon leurs quantités et leurs usages.

:: Objectifs : **Séance n° 7 :** donner du sens au mot « imperméable » par l'observation du comportement d'une goutte d'eau déposée sur un matériau perméable et sur un matériau imperméable.
Séance n° 8 : trier des matériaux en deux familles : « perméable » ou « imperméable ».

:: Concepts : Propriétés de la matière : fluidité de l'eau et propriété de perméabilité/imperméabilité de divers matériaux solides.

:: Conditions préalables : Ces deux séances peuvent avoir lieu à n'importe quel moment de l'année scolaire, pourvu qu'il pleuve. Il est néanmoins souhaitable d'avoir déjà fait des gouttes et de les avoir observées à la loupe.

:: Préparation de la classe (séance n° 7)

- **Organisation de la classe**
  Un jour de pluie, avec la classe entière ou en demi-classe, puis en groupes de quatre élèves.
- **Matériel**
  Deux poupées et deux seaux pouvant contenir une poupée, quelques pinces à linge, des morceaux de tissus variés (laine, tee-shirt en coton, ciré, imperméable, etc.), sans oublier les vêtements avec lesquels les enfants sont arrivés à l'école. Un arrosoir avec de l'eau si on ne veut pas sortir sous la pluie pour la dernière phase expérimentale.
  Pour chaque groupe : un compte-gouttes, une assiette en plastique, un pot pour bébé rempli à moitié d'eau et une éponge. Si possible, une loupe.

:: Déroulement de l'activité

- **Durée** : 35 minutes.
- **Modalités de travail :** travail collectif puis en groupes.

→ Description de l'activité

- **Phase déclenchante et de verbalisation/structuration (5 à 10 min)**

Un jour de pluie, démarrer la séance en demandant : « Qui peut aller chercher quelque chose dans la cour, sans se mouiller ? » Un débat s'instaure sur la façon de se protéger contre la pluie, entre les élèves et l'enseignant(e), dont le rôle est de questionner (et non d'apporter des réponses !). En rebondissant sur les réponses, propositions et remarques des élèves, son premier objectif est de faire identifier le problème de la perméabilité/imperméabilité de façon dichotomique : il existe deux sortes de vêtements, ceux qui protègent bien de la pluie tels qu'imperméables, cirés, bottes, chapeau de pluie, etc. (on peut aussi utiliser un parapluie), et ceux qui ne protègent pas de la pluie.
Son deuxième objectif est de faire émerger les conceptions des enfants sur les raisons de l'imperméabilité : « Pourquoi l'imperméable (ou le parapluie) protège-t-il de la pluie ? » Les conceptions enfantines sur ce sujet reposent sur leur expérience vestimentaire personnelle, notamment sur la notion d'épaisseur du matériau (épais = protecteur), mais surtout sur sa nature. En particulier, ils ont déjà pu observer le comportement des gouttes de pluie à la surface des vêtements imperméables : « elles glissent », « elles restent accrochées ». C'est cette piste qu'il faut utiliser, en demandant aux enfants : « Que font les gouttes de pluie sur un imperméable, un tee-shirt en coton, etc. ? », puis en leur proposant d'aller voir de plus près si ce qu'ils pensent est bien vrai.

• **Phase d'expérimentation en groupe (5 à 10 min)**

Pour d'aussi jeunes enfants, la vérification des assertions se limite souvent à envoyer quelqu'un sous la pluie, pour constater qu'il est mouillé ou non. Il n'en est bien sûr pas question. On propose plutôt d'observer le comportement des gouttes à la surface de quelques vêtements. Pour cela, répartir les élèves en petits groupes, leur demander de déposer, avec le compte-gouttes, très peu d'eau (prise dans le pot pour bébé) sur deux vêtements connus pour leur perméabilité/imperméabilité (et placés sur l'assiette en plastique bien sèche), puis observer ce que font les gouttes, éventuellement à la loupe.

• **Phase de verbalisation/structuration (10 min)**

À la suite de l'expérimentation, on demande aux élèves de dire ce qu'ils ont observé : « les gouttes restent », « elles glissent » sur l'imperméable, ou au contraire « elles sont parties », « on ne les voit plus » sur le tee-shirt. On peut donc formuler la caractéristique d'un vêtement imperméable : « L'eau reste sur l'imperméable ou elle glisse dessus, mais elle ne le traverse pas. » Attention, la notion de « sur » et « sous » n'est pas toujours évidente pour les enfants de cet âge. Il n'est donc pas inutile de compléter la séance par une expérience collective.

• **Phase d'expérimentation collective et de schématisation (5 min)**

Placer une poupée bien sèche dans chacun des deux seaux que l'on recouvre soit d'un tissu imperméable, soit d'un tissu perméable, en les fixant sur les bords du seau avec les pinces à linge. Les placer dehors, sous la pluie, ou les laisser à l'intérieur et verser progressivement de l'eau dessus avec l'arrosoir. Il reste à défaire précautionneusement les deux dispositifs pour examiner les poupées et le fond des seaux. On constate que l'eau a traversé le matériau perméable, et non le matériau imperméable. Il reste à verbaliser cette constatation et à la schématiser à l'aide de deux étiquettes-icônes (voir ci-dessous).

:: Préparation de la classe (séance n° 8)

• **Organisation de la classe**

Quelques jours après la séance n° 7, de préférence un jour de pluie (mais ce n'est pas obligatoire), avec la classe entière ou en demi-classe, puis en groupes de quatre élèves.

• **Matériel**

Toutes sortes d'objets et de matériaux bien connus des enfants dont on veut tester la propriété de perméabilité/imperméabilité : sacs poubelle ou sacs en plastique, toile cirée, tissus divers (laine, coton, tissus enduits, etc.), papiers divers (journal, absorbant, aluminium, sulfurisé, etc.), carton, Plexiglas, des étiquettes-icônes « perméable » et « imperméable ».

Pour chaque groupe, un ou deux compte-gouttes, un récipient si possible transparent et des pinces à linge, un pot pour bébé avec de l'eau, et de quoi essuyer le récipient et le plan de travail.

• **Documents**

Un lot d'étiquettes-icônes et le grand tableau mural perméable/imperméable (voir page suivante).

:: Déroulement de l'activité

- **Durée :** 45 minutes.
- **Modalités de travail :** travail collectif puis en groupes.

→ Description de l'activité

- **Phase préparatoire (5 à 10 min)**

Faire rappeler par la classe les conclusions de la séance n° 7, à savoir qu'il existe deux sortes de vêtements : ceux qui sont imperméables et que l'eau ne traverse pas, ceux qui sont perméables et que l'eau traverse. Présenter ensuite aux enfants quelques vêtements et leur demander ce qu'il faudrait faire, sans sortir de la salle, pour savoir s'ils sont imperméables ou non. Il s'agit ici de les faire se souvenir des deux dispositifs expérimentaux vus à la séance n° 7. Quand tout le monde semble au point, présenter les divers matériaux à tester et l'objectif de la séance : trier les objets en deux catégories perméable/imperméable. On agrandit donc le champ de la recherche, puisqu'on ne se limite plus aux seuls vêtements.

- **Phase d'expérimentation (15 min)**

La classe étant organisée en groupes de quatre élèves, distribuer le matériel (récipient, pinces à linge, compte-gouttes et pot pour bébé plein d'eau) et quatre matériaux à tester : deux morceaux de vêtements et deux matériaux n'ayant rien à voir avec l'habillement. Il ne reste plus qu'à contrôler l'activité des élèves qui peuvent suivre deux stratégies aussi valables l'une que l'autre : soit mettre uniquement quelques gouttes d'eau sur le matériau et observer si elles disparaissent ou non, soit au contraire verser tout le pot d'eau et regarder si on retrouve ou non de l'eau au fond du récipient. Chaque fois qu'un groupe d'élèves a identifié la bonne catégorie pour un matériau donné, lui laisser choisir la bonne étiquette-icône à placer sur le matériau testé.

- **Phase de verbalisation/structuration (15 min)**

À la suite de l'expérimentation, demander aux enfants de rassembler tous les matériaux perméables sur une table, et tous les matériaux imperméables sur une autre table, pour bien montrer que l'on a fait un tri. On peut aussi faire compléter, collectivement, un tableau mural (à double entrée) présentant en titre de colonne les étiquettes-icônes et en titre de ligne les échantillons collés des matériaux testés (voir tableau ci-dessous).

Coller un morceau de sac poubelle	X	
Coller un morceau de papier journal		X
Etc.		

- **Phase de rangement (5 min).**

:: Ouverture transdisciplinaire

- **Fabriquer du fromage blanc avec un morceau de tissu**

Pour faire du fromage blanc, il suffit de prendre du lait caillé (en vente au rayon laitage de tous les supermarchés) et de le laisser reposer une heure sur un tissu perméable. Le petit lait traverse, mais pas le fromage. C'est le principe de la faisselle, le filtrage s'effectuant ici sur du tissu. Si l'on dispose d'un réfrigérateur, cette préparation est très facile à réaliser avec une casserole (au lieu d'un seau), les pinces à linge et le morceau de tissu. Succulent goûter assuré pour les petits amateurs.

- **Comptines et chansons**

Penser à toutes les comptines et chansons qui parlent de la pluie qui mouille.

Séances n°s 9 et 10 — Soluble ou insoluble (dans l'eau) ?

Compétence : Reconnaître, nommer, décrire, comparer, ranger et classer des matières, des objets selon leurs quantités et leurs usages.

Objectif : L'objectif de ces deux séances est de faire découvrir que l'eau a la propriété de dissoudre certaines substances et pas d'autres, ce qui permet de faire un tri entre les matières solubles et insolubles.

Séance n° 9 : imaginer et réaliser la recette du chocolat au lait sucré en dissolvant des solides.

Séance n° 10 : observer le phénomène de dilution, puis trier les substances solubles et insolubles.

Concepts : Le phénomène de la dissolution, les propriétés dissolvantes de l'eau (aptitude à dissoudre certains matériaux et pas d'autres), d'où la propriété soluble/insoluble des matériaux (dans l'eau).

Conditions préalables : Ces deux séances peuvent avoir lieu à n'importe quel moment de l'année. Il suffit que les élèves sachent manipuler avec aisance solides en poudre et liquides (verser, transvaser, agiter).

Préparation de la classe (séance n° 9)

- **Organisation de la classe**
  Travail en classe entière, ou mieux, en demi-classe, à la cantine de l'école ou au coin dînette.
- **Matériel**
  Un grand récipient contenant suffisamment de chocolat au lait sucré (déjà préparé) pour pouvoir servir une collation à tous les élèves. Une boîte de lait en poudre, une boîte de chocolat en poudre soluble, une boîte de sucre en morceaux. Pour chaque enfant, prévoir deux gobelets en plastique transparent, tous identiques, et une petite cuillère. Les proportions pour obtenir une boisson agréable sont à tester avant la séance, car elles dépendent du matériel et des produits utilisés, mais en général, pour un verre d'eau (verre jetable de taille normale), il faut une cuillerée bien pleine de chocolat, trois de lait en poudre et deux sucres. Si l'effectif est nombreux, il faut prévoir plusieurs récipients pour partager le chocolat, le lait et le sucre, afin que tout le monde ne soit pas entassé autour d'une seule boîte. Ne pas oublier de quoi essuyer les tables en fin de séance.
- **Documents**
  Une fiche de recette et un jeu de trois étiquettes (voir page suivante) pour chaque élève.

Déroulement de l'activité

- **Durée** : 50 minutes.
- **Modalités de travail** : alternance travail collectif-individuel.

→ Description de l'activité

- **Phase préparatoire (5 à 10 min)**

À l'occasion d'un goûter, on sert aux élèves un verre de chocolat au lait sucré (ne pas forcer ceux qui n'en veulent pas). Une fois la collation terminée, on demande aux élèves s'ils ont envie de faire la cuisine en apprenant à préparer cette délicieuse boisson. Succès garanti. Mais comment faire ?

- **Phase de verbalisation/structuration (10 min)**

Pour faire la cuisine, il faut une recette. Or une recette n'est rien d'autre qu'une fiche technologique, car on y précise dans un premier temps le matériel (ustensiles et ingrédients) nécessaire, et dans un deuxième temps le protocole expérimental. Il faut donc placer les élèves dans cette démarche en deux temps (déjà mise en œuvre pour fabriquer le « ruban à vent »).

Première question : « De quoi a-t-on besoin pour faire du **chocolat** au **lait sucré** ? » La réponse est contenue dans la question. Lorsque les enfants ont indiqué les trois ingrédients, il faut leur annoncer que l'on ne dispose pas de lait, mais qu'on a du lait en poudre qui, lorsqu'il est mélangé à l'eau, devient du lait (les enfants connaissent tous le lait en poudre qui est utilisé pour faire les biberons). Les ingrédients sont donc au nombre de quatre : de l'eau, du lait en poudre, du chocolat en poudre et du sucre en morceaux. Ils doivent être présentés sur-le-champ.
Il faut aussi préciser les ustensiles (un verre et une petite cuillère pour se servir et pour remuer).

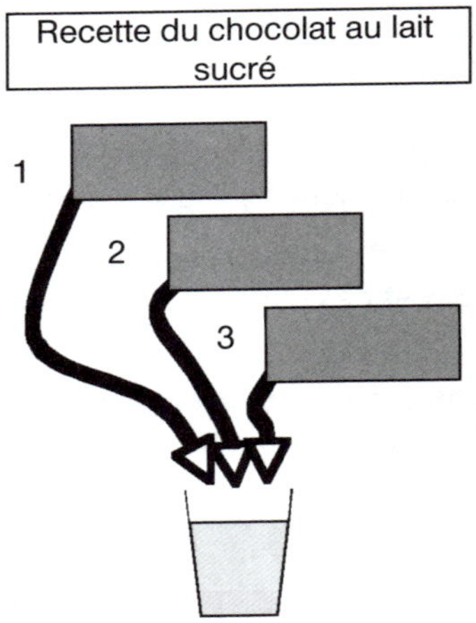

Il reste enfin à élaborer le protocole, mais dans le cas présent il a la particularité de reposer sur trois étapes dont l'ordre est indifférent : mettre dans l'eau d'abord le lait ou le sucre ou le chocolat n'a en effet aucune importance. On profite de cette particularité pour proposer aux élèves une fiche de recette à compléter, avant de passer à la préparation matérielle de la boisson. Pour cela, on leur distribue la fiche ci-dessus et trois étiquettes (voir ci-dessous) représentant, de façon très explicite, les trois opérations à réaliser et les quantités nécessaires (2 morceaux de sucre, 1 cuillerée de chocolat et 3 cuillerées de lait en poudre), à charge pour eux de coller ces étiquettes sur la fiche de recette dans l'ordre qu'ils ont choisi et qu'ils devront respecter au moment de la préparation.

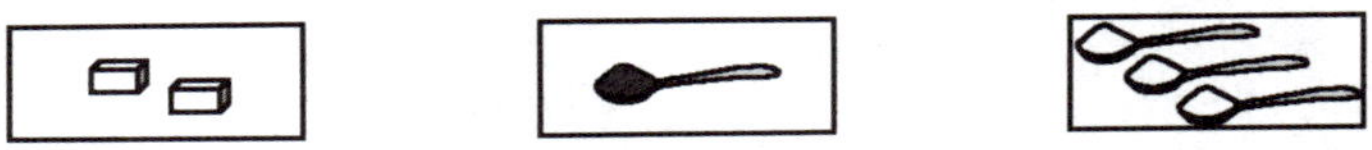

Bien évidemment, les fiches et les étiquettes doivent être distribuées puis explicitées, avant de lancer l'activité.

- **Phase d'expérimentation/observation des comportements (10 à 15 min)**

Après avoir collé leurs étiquettes sur leur feuille de recette, les enfants sont invités à rejoindre la zone d'expérience pour préparer leur boisson, à charge pour l'enseignant de s'assurer que l'ordre des opérations du protocole de chaque élève est bien respecté. La dégustation peut suivre la préparation, mais doit être impérativement suivie par une phase de structuration.

- **Phase de verbalisation/structuration (10 min)**

Cette dernière étape doit permettre aux enfants d'exprimer leurs difficultés : « le chocolat, il se mélange pas bien », leur étonnement : « le sucre a disparu », leur satisfaction : « c'est aussi bon qu'à la maison ». Diriger le débat de manière à le centrer sur le phénomène de dissolution, tout en pensant que certains phénomènes n'ont été vus que par certains élèves. Par exemple, la dissolution du sucre ne peut être vue que si l'on commence par cette étape, la dissolution préalable du lait et/ou du chocolat rendant la solution opaque. En conclusion, on a mis dans l'eau du sucre, du lait et du chocolat, et une fois le tout bien mélangé, on ne voit plus ni la poudre de lait ou de chocolat, ni les morceaux de sucre.

- **Phase de rangement (5 min).**

:: Préparation de la classe (séance n° 10)

- **Organisation de la classe**
  En demi-classe, puis en groupes, à la cantine de l'école, s'il y en a une, ou à défaut au coin dînette.
- **Matériel**
  Gobelets en plastique transparent, bouteilles d'eau en plastique, petites cuillères, pailles, sucre sous diverses formes (poudre, en morceaux, candi), sel fin et gros sel, petits graviers blancs pour aquarium, bonbons à la menthe ou aux fruits, grains de riz, lentilles, etc. De quoi essuyer les tables en fin de séance.

:: Déroulement de l'activité

- **Durée :** 45 minutes.
- **Modalités de travail :** travail collectif puis en groupes.

→ Description de l'activité

- **Phase préparatoire (5 à 10 min)**

Faire rappeler ce qui a été réalisé au cours de la séance 9, en recentrant les rappels sur le phénomène de dissolution, et en n'hésitant pas à refaire les expérience devant la classe : « le lait en poudre, le sucre et le chocolat en poudre se mélangent bien avec l'eau », « si on remue bien, il ne reste rien au fond du gobelet ». Mais est-ce vrai pour toutes les substances ? Y en a-t-il qui ne se dissolvent pas dans l'eau, même en remuant très bien ?

- **Phase d'expérimentation/observation des comportements (10 à 15 min)**

On met à disposition des élèves organisés en petits groupes toutes sortes de produits solides qu'ils doivent tenter de dissoudre dans de l'eau : sucre sous diverses formes (poudre, en morceaux, candi), sel fin et gros sel, bonbons à la menthe ou aux fruits, petits graviers blancs pour aquarium, sable, grains de riz, lentilles, etc. Pendant qu'ils manipulent, circuler parmi les groupes pour s'assurer que les enfants ne mangent aucun des produits (ni les bonbons, ni les graviers !), mais aussi pour vérifier qu'ils ne s'éloignent pas de la tâche à accomplir. En particulier, il faut savoir que le phénomène de dissolution n'est pas instantané, ce qui implique de faire comprendre aux enfants qu'il faut bien mélanger les produits à l'eau, puis attendre ; ils peuvent donc mener plusieurs dissolutions simultanément.

- **Phase de verbalisation/structuration (15 min)**

Les enfants doivent proposer le résultat de leur tri entre matières solubles et matières insolubles dans l'eau, la validation des propositions pouvant être faite immédiatement par expérimentation devant la classe. À cette occasion, il faut faire constater que lorsqu'un produit est dissous, il ne disparaît pas complètement puisqu'on peut parfois détecter sa présence par la couleur de la solution, et/ou par deux autres sens que la vue : l'odorat et le goût. Ainsi, on peut demander aux enfants de retrouver les récipients dans lesquels on a dissous du sel (odeur iodée) ou des bonbons (odeur fruitée et goût sucré et fruité). On peut terminer la séance en faisant remplir collectivement un tableau mural à deux colonnes (une pour les produits solubles et une pour les insolubles), à partir d'images publicitaires de produits alimentaires ou non facilement identifiables visuellement.

- **Phase de rangement (5 min).**

:: Prolongements

- **Mélanger des liquides à l'eau**

Refaire la séance n° 10 en remplaçant les solutés solides par des liquides : sirop de glucose, sirop de grenadine, sirop de menthe coloré et sirop de menthe incolore, colorants alimentaires vert et rouge en goutte, huile, etc.

- **Préparer des peintures à l'eau**

Faire préparer de la peinture à l'eau à partir de colorants en poudre, en tube et en liquide concentré.

- **Attention : produits à dissoudre dangereux**

Rechercher et découper dans des catalogues publicitaires des images de produits alimentaires à dissoudre dans l'eau (sirop, purée, café soluble, boissons instantanées, etc.). Ensuite, rechercher des produits à dissoudre qui ne sont pas comestibles (médicaments, eau de Javel, plâtre, lessive, savon, peinture, sels de bain, etc.). En faire le tri dans un tableau comestible/dangereux.

Séance n° 11 Jouer avec la neige

:: Compétence : Reconnaître, nommer, décrire, comparer, ranger et classer des matières, des objets selon leurs quantités et leurs usages.

:: Objectif : Découvrir, par le jeu, que la neige se transforme en eau (liquide) quand il fait chaud.

:: Concept : Les divers états de l'eau. Le changement d'état solide/liquide (fusion).

:: Condition préalable : Cette séance peut avoir lieu quand il neige.

- **Organisation de la classe**
  Un jour de neige, avec la classe entière ou en demi-classe.
- **Matériel**
  Une assiette en plastique par binôme, plus quelques autres à placer dans le réfrigérateur de l'école, si on a la chance d'en avoir un. Quelques accessoires pour fabriquer des mini-bonshommes de neige (cure-dent pour les bras, petits chapeaux, etc.). De quoi dessiner. De quoi essuyer les tables.

:: Préparation de la classe

- **Durée** : 55 minutes environ.
- **Modalités de travail** : alternance travail collectif-individuel.

:: Déroulement de l'activité

→ Description de l'activité

- **Phase d'observation et de verbalisation à l'intérieur (5 à 10 min)**

L'observation commence, si possible, de l'intérieur de la classe, en regardant par les fenêtres la neige qui tombe. On décrit ce que l'on voit : « la neige tombe », « elle vole », « elle reste par terre », « c'est tout blanc ». C'est l'occasion d'introduire le mot « flocon ».

- **Phase d'observation et de verbalisation à l'extérieur (10 à 15 min)**

Lorsque la neige commence à recouvrir le sol, sortir pour observer la neige qui tombe, mais aussi pour écouter les bruits familiers qui sont devenus feutrés, pour attraper les flocons, les regarder attentivement, les manger, pour laisser la trace de ses chaussures sur le tapis blanc. Cette phase de jeu est suivie d'une phase de verbalisation qui doit avoir lieu de préférence dehors (si personne n'a froid, bien sûr). Avant de rentrer, on ramasse le plus de neige possible pour faire des bonshommes de neige miniatures que l'on place dans les assiettes en plastique, afin de les dessiner tranquillement à l'intérieur. Si l'on a la chance de disposer d'un réfrigérateur, placer quelques-uns de ces bonshommes dans des assiettes que l'on positionnera sur les divers niveaux du réfrigérateur et dans le compartiment à glace.

- **Phase d'observation et de représentation à l'intérieur (10 min)**

Inviter les enfants à regagner leurs places pour observer et dessiner leur bonhomme de neige, avec des crayons de couleur sur du papier Canson. Pendant qu'ils dessinent, la neige se transforme : les cristaux disparaissent très rapidement pour laisser place à une masse compacte de neige humide qui fond progressivement. Les enfants ne voient que leur bonhomme de neige qui disparaît petit à petit dans une flaque d'eau. Il faut donc inviter régulièrement les enfants à observer l'aspect de la neige.

Ne pas oublier qu'une chute de neige est un phénomène généralement inhabituel qui excite beaucoup les enfants.

- **Phase de verbalisation/structuration/schématisation (10 min)**

C'est le moment de présenter les dessins et de parler de ce que l'on a remarqué : « le bonhomme n'est plus là », « il a coulé ». C'est l'occasion d'introduire le verbe « fondre », mais surtout de recentrer le débat sur la neige : « la neige, c'est froid », « la neige est partie », « elle devient de l'eau », « elle a fondu ». Il faut aussi vérifier le bon usage des temps. En effet, les enfants sont confrontés à un phénomène évolutif qui nécessite de bien situer les états de la neige et de l'eau au cours du temps.

- **Phase de rangement et de visite du réfrigérateur (5 à 10 min)**

Avant de ranger le matériel et d'essuyer les tables, ne pas oublier d'aller voir ce que sont devenus les bonshommes de neige placés dans le réfrigérateur.

:: Ouverture transdisciplinaire

- **Les traces**

Les activités sur le thème des traces ne manquent pas :
– lecture de dessins et/ou de photographies mettant en évidence des traces humaines et/ou animales sur la neige, mais aussi sur le sable, dans la boue, etc. ;
– reconnaissance de traces : homme, oiseaux, lapin, tortue, etc., à partir de livres ou de documents vidéo ;
– réalisation d'un itinéraire dans l'école à l'aide de traces adhésives à placer sur le sol.

- **Représenter des « étoiles de neige »**

À partir de l'observation à l'œil nu (ou à la loupe) ou de photographies de flocons de neige ou de cristaux de glace (sur les vitres des fenêtres, s'il fait très froid), faire représenter des « étoiles de neige » par diverses techniques graphiques faisant appel :
– aux crayons de couleur, mais aussi à la peinture, aux feutres, à la craie ;
– par découpage puis collage de morceaux de papier blanc sur du Canson noir, ou de papier noir sur Canson blanc ;
– par collage de gommettes ;
– par découpage dans des papiers brillants et colorés, pour décorer l'arbre de Noël.
Exemples de photographies de cristaux de neige et de productions d'élèves.

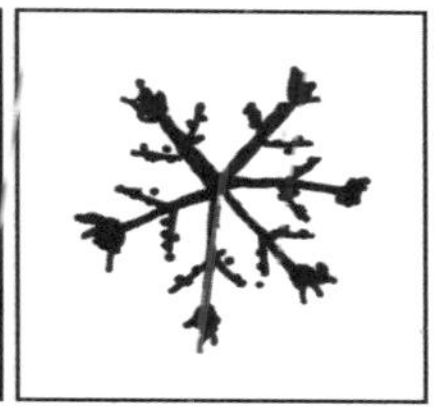

(http://fr.wikipedia.org/wiki/Galerie_de_photos_de_cristaux_de_neige) Collage de gommettes Dessin au feutre noir

- **Comptines et chansons**

Ne pas oublier toutes les comptines et chansons qui parlent de la neige, du froid, mais aussi du Père Noël (les traces de son chariot sur la neige, etc.), des bonshommes de neige, etc.

Séances n°s 12 et 13 Jouer avec (et fabriquer) des glaçons

:: **Compétence** : Reconnaître, nommer, décrire, comparer, ranger et classer des matières, des objets selon leurs quantités et leurs usages.

:: **Objectifs** : Pour l'enfant de maternelle, les glaçons sont des objets et non de la matière : ils libèrent de l'eau (un peu comme une éponge), quand ils se réchauffent. L'objectif de ces deux séances est double : faire découvrir que les glaçons sont constitués de glace, que la glace se transforme en eau quand il fait chaud, et que l'eau se transforme en glace quand il fait froid.

:: **Concepts** : Les états de l'eau. Les changements d'état solide ↔ liquide.

:: **Condition préalable** : Il est préférable de réaliser cette séance juste après celle sur la neige.

- **Organisation de la classe**
  Un jour de grand froid, en classe entière ou en demi-classe, puis en petits groupes.
- **Matériel**
  Glaçons « normaux » et glaçons colorés (avec de la menthe ou de la grenadine) de forme classique et de formes inhabituelles ; glacière ; assiettes en plastique et gobelets transparents pour observer la fonte des glaçons et des pailles ; de quoi essuyer les tables.

:: Préparation de la classe (séance n° 12)

- **Durée** : 45 minutes.
- **Modalités de travail :** travail collectif puis en groupes.

:: Déroulement de l'activité

→ Description de l'activité

- **Phase de verbalisation/structuration (10 min)**

Profiter d'un jour de grand froid (il y a de la glace dans la cour, un enfant a ramassé un morceau de glace dans la rue, etc.) pour faire parler les élèves à propos de ce que l'on vient de trouver : « c'est froid », « ça fond », « c'est comme la neige, mais c'est dur », « on voit à travers, pas comme la neige », « c'est de la glace », « non, ça se mange pas, c'est sale », « y a de la glace aussi dans le frigo », « non ! dans le congélateur », « moi, j'ai des glaçons, dans mon frigo ». Au cours de ce débat on s'attache à faire clarifier les points communs et les différences entre ce qu'on vient de trouver (un morceau de glace), les glaces alimentaires (sorbets, cônes, etc.) et les glaçons qu'on met dans les boissons pour les refroidir.

- **Phase d'observation et d'expérimentation (10 à 15 min)**

Sortir quelques glaçons incolores de la glacière (ou du réfrigérateur) et les faire passer de main en main, en laissant libre cours à l'expression des élèves. Remarques attendues : « c'est des glaçons », « c'est froid », « ça fond dans la main », « c'est mouillé », « c'est pour mettre dans le verre, quand il fait chaud », c'est pour refroidir ». Récupérer ces glaçons et les placer sur des assiettes en plastique pour ne pas tout mouiller, puis faire observer leur fonte. Pour cela, disposer les élèves en petits groupes et distribuer à chacun un glaçon « étrange » (glaçon coloré) et un gobelet pour récupérer l'eau de fonte.

- **Phase de verbalisation/structuration (15 min)**

Demander aux enfants de commenter ce qu'ils observent : « ça fond », « y a de l'eau de la même couleur que le glaçon », « c'est normal, c'est le glaçon qui fait de l'eau », « non, c'est du sirop », « le pot est froid », « c'est parce que le glaçon, c'est froid », « le glaçon, il est tout petit », « il nage ». Petit à petit, le phénomène de la fusion apparaît aux enfants. On peut donc essayer de retracer, oralement mais aussi par le schéma, la fusion de la glace, c'est-à-dire l'histoire du glaçon qui fond :

« Au début, le glaçon, il est gros. » → « Il devient petit et il a laissé partir de l'eau. » → « Il est devenu tout petit et il nage sur l'eau. » → « À la fin, il a disparu et il reste juste de l'eau. »

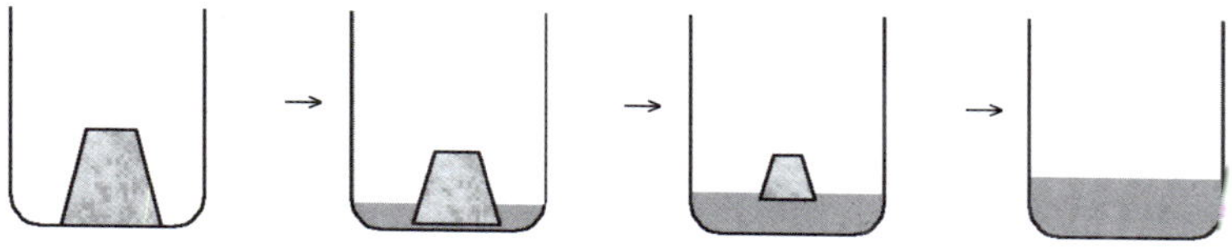

Cette frise chronologique peut être refaite avec les divers dessins d'observation de l'apparence des bonshommes de neige laissés en dehors du compartiment à glace du réfrigérateur (voir séance n° 10). Il reste à demander : « Comment faire pour que le glaçon fonde plus vite ? » Réponses attendues : « il faut souffler dessus, le mettre dans la main », « dans la bouche », « sur le radiateur », « au soleil », etc. À la question : « Comment faire pour que le glaçon ne fonde pas ? », les réponses risquent d'être : « il faut le mettre dans la glacière », ou « dans le frigo », « non dans le freezer, comme les bonshommes de neige », « y a qu'à le laisser dehors », etc.

Conclusion : **à la chaleur, le glaçon se transforme en eau.**

Pour bien structurer les divers temps de la fusion de la glace, on peut s'appuyer sur la mémorisation orale et l'imaginaire, en proposant aux élèves « la comptine du gros glaçon qui a disparu », sans verser pour autant dans un animisme excessif.

- **Phase de rangement (5 min)**

Avant de ranger, inviter les enfants à goûter, avec une paille, l'eau colorée de fonte des glaçons : « c'est de la grenadine », « nous c'est de la menthe », « c'est comme le jus de la glace de la maison ». On peut alors leur proposer de fabriquer, à la prochaine séance, de bonnes glaces à déguster.

:: Préparation de la classe (séance n° 13)

- **Organisation de la classe**
  Voir séance n° 12.
- **Matériel**
  Assiettes en plastique et gobelets pleins d'eau ; pour chaque enfant un petit moule (pot de petit suisse, tube de médicaments, moule de sable ou de plâtre, etc.) pour fabriquer des glaçons, de l'eau, du sirop coloré, et de quoi préparer le mélange.
  Un dispositif pour faire du froid : petite glacière avec du mélange réfrigérant (à la fin de cette séance, voir le complément pour préparer ce mélange), si l'on ne dispose pas d'un réfrigérateur avec compartiment à glace dans l'école.
  Un plateau pour pouvoir transporter les moules pleins d'eau et de quoi essuyer les tables.

:: Déroulement de l'activité

- **Durée** : 45 minutes.
- **Modalités de travail** : travail collectif puis en groupes.

→ Description de l'activité

- **Phase préparatoire (5 à 10 min)**

Faire rappeler que l'eau de fonte des glaçons de la séance n° 12 avait le goût des sorbets et demander comment faire des glaçons-sorbets. « Il faut mettre l'eau dans le frigo », « il faut du sirop », « et un bac à glaçons aussi ». Structurer le débat en rappelant la programmation de la fabrication des « rubans à vent » : d'abord l'inventaire de ce dont on a besoin, ensuite la séquence des diverses étapes de l'expérimentation.

• **Phase d'expérimentation (10 à 15 min)**
Faire avec les enfants l'inventaire du matériel nécessaire : sirop mélangé avec de l'eau, moules à glaçons et un endroit où il fait très froid. Les propositions sont variées : « dehors il fait froid », « dans le frigo aussi il fait froid », etc. À ce propos, faire remarquer que lorsqu'on met une bouteille d'eau dans le réfrigérateur, l'eau ne gèle pas, car il ne fait pas assez froid. On peut éventuellement rappeler ce que l'on a observé avec les bonshommes de neige abandonnés dans le réfrigérateur. Il faut donc qu'il fasse très froid pour arriver à faire geler l'eau. Deux solutions existent : le bac à glace (freezer) du réfrigérateur ou le congélateur, et le mélange réfrigérant qui permet d'obtenir dans une glacière une température voisine de − 20 °C ! Il faut ensuite organiser les étapes de la fabrication : préparer le mélange de sirop et d'eau, remplir les moules avec cette boisson sucrée, parfumée et colorée, placer au froid les moules pleins, attendre que ça gèle. Il reste à passer à la manipulation. Mais attention : la solidification demandant d'autant plus de temps que la quantité d'eau est grande, n'utiliser que de petits moules ou remplir très peu les grands moules. Pour occuper les enfants pendant la solidification, organiser la journée de manière judicieuse, par exemple en utilisant le créneau horaire compris entre la récréation du matin et le repas pour aller contrôler les glaçons en début d'après-midi, ou en menant d'autres activités, ou enfin en travaillant sur la schématisation des diverses étapes de la préparation des glaçons, sur le modèle de ce qui a été fait à la séance n° 4.

• **Phase de verbalisation/structuration (15 min)**
Une fois les glaçons obtenus, les sortir pour les démouler, ce qui, en général, ne pose pas de grandes difficultés aux enfants, puis les déguster. Mais attention ! Le démoulage et la dégustation doivent impérativement être précédés par une phase de verbalisation/structuration dont l'objectif est multiple : tout d'abord faire expliciter comment chacun va retrouver son glaçon ; ensuite faire proposer les stratégies permettant de démouler ; enfin faire énoncer la conclusion de la séance, à savoir : **quand il fait très froid, l'eau se transforme en glace**.
Remarque : à la fin de la séquence, les élèves doivent commencer à différencier les termes *glace* et *glaçons*, le glaçon étant l'objet et la glace la matière qui le constitue.

• **Phase de rangement (5 min).**

Ouverture transdisciplinaire

• **Fabriquer un sorbet à l'orange**
Dans un gobelet, mettre le jus d'une orange, trois cuillerées à café de sucre en poudre et une cuillerée à café de crème fraîche (facultatif). Placer le gobelet dans le mélange réfrigérant et mélanger régulièrement avec une cuillère.

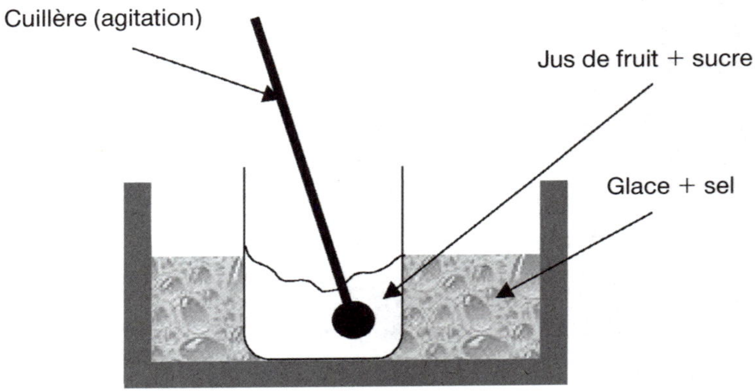

Cette recette est donnée à titre d'exemple, mais il ne faut pas perdre de vue que les activités culinaires sont, pour les enfants, un merveilleux terrain de recherche expérimentale, dans la mesure où il faut décider de mettre plus ou moins de sucre, plus ou moins de crème, plus ou moins d'eau, pour modifier le goût, la consistance de la préparation et obtenir le « bon » sorbet.

- **Fabriquer des jolis chocolats**

Pour fabriquer des chocolats ayant des formes attrayantes, il suffit de faire fondre des tablettes de chocolat dans des moules, et de laisser refroidir. On a donc une fusion suivie d'une solidification, ces deux étapes étant très faciles à réaliser en classe, puisque la température de changement d'état du chocolat est inférieure à 50 °C. On peut donc opérer sur un simple radiateur. Inutile de chauffer plus car on risque de « brûler » le chocolat qui perd son bon goût.

- **Lecture de documents sur le Grand Nord**

Le grand froid, les icebergs, la mer qui gèle, les animaux qui tentent de se réchauffer au soleil, les Esquimaux et leurs habits très épais : les sujets sur le froid, la neige et la glace ne manquent pas, les documents papier et vidéo non plus.

- **Vêtements d'hiver ou vêtements d'été ?**

Tri d'images de catalogues représentant des vêtements d'hiver et d'été.

:: Complément

- **Comment fabriquer un mélange réfrigérant**

Les anciens qui ne possédaient pas de congélateur fabriquaient pourtant glaces et sorbets. Pour ce faire, ils entouraient le récipient du sorbet avec un mélange de sel et de glace. Dans ce mélange dit « réfrigérant », voici ce qui se passe : lorsque la glace fond, le sel se dissout, mais cette dissolution nécessite de la chaleur qui est prise au milieu environnant, et en particulier à la préparation qui doit devenir le sorbet. La préparation se refroidit, et devient solide. Le sorbet est fait.

- **Préparation du mélange réfrigérant**

Le mélange réfrigérant permet d'atteindre la température de − 15 à − 20 °C, avec seulement de la glace pilée et du gros sel de cuisine. Voici comment préparer un mélange réfrigérant avec environ un litre de glace et 300 g (6 poignées) de sel.

1. Remplir aux 3/4 une bouteille en plastique de 1,5 L avec de l'eau, et la laisser une nuit au congélateur (ne pas utiliser de bouteille en verre, car elle éclaterait à cause de l'augmentation de volume de l'eau qui gèle). C'est cette bouteille qu'il faut apporter à l'école, dans une glacière, le jour J.
2. Juste avant l'expérience, prendre un marteau pour casser la bouteille en plastique et piler la glace que vous aurez pris la précaution de placer dans un torchon.
3. Prendre un tiers de cette glace pilée et l'étaler dans un récipient quelconque, puis verser en pluie deux poignées de gros sel sur la couche de glace.
4. Recommencer deux autres fois l'opération précédente, pour avoir trois couches de glaces alternant avec trois couches de sel.
5. Placer le récipient contenant le mélange réfrigérant dans la glacière qui devient alors aussi froide qu'un congélateur. Il ne vous reste plus qu'à placer vos moules à glaçons sur ce mélange et à bien le couvrir.

:: Remarque

Plus la glacière est grande, plus il faut de mélange réfrigérant. Choisissez donc la bonne taille. Et si vous ne disposez pas de glacière, faites en une en mettant trois à quatre cartons bien ajustés les uns dans les autres (le carton est un excellent isolant thermique).

Séquence : Manipuler des objets techniques

Séances nos 14, 15 et 16 Percer la matière

:: Compétence : Reconnaître, nommer, décrire, comparer, ranger et classer des matières, des objets selon leurs quantités et leurs usages.

:: Objectif : Choisir des outils adaptés au perçage de formes découpées dans divers matériaux (séance n° 14 : le papier cartonné ; séance n° 15 : le polystyrène ; séance n° 16 : le contre-plaqué).

:: Concept : Première découverte d'objets techniques : association fonction ⟷ objet technique ⟷ mode d'emploi.

:: Conditions préalables : Aucune condition préalable n'est requise. Ces trois séances peuvent être menées à n'importe quel moment de l'année, mais dans l'ordre 14, 15 et 16.

:: Préparation de la classe

- **Organisation de la classe**
  Atelier de 6 ou 8 élèves réunis autour d'une table.
- **Matériel**
  Des formes géométriques ou des silhouettes découpées dans du papier cartonné (séance n° 14), du polystyrène (séance n° 15) ou du contre-plaqué (séance n° 16).
  Des outils qui percent la matière et d'autres qui ne la percent pas (par exemple : une vis, une perforatrice, une vrille, un clou, une pince, des ciseaux, plusieurs sortes de tournevis, un tire-bouchons, une pique à brochettes, un marteau, une paire de tenailles, etc.).
  Une bobine de ficelle.
- **Documents**
  Des photographies ou images des différents outils.

Un tableau (voir ci-après) sur lequel on fixera les photographies et les images, au fur et à mesure de l'avancement de la séquence. C'est lui qui servira de trace écrite :

Une forme en papier cartonné	Une forme en polystyrène	Une forme en contre-plaqué
Photographies ou image de la perforatrice.	Photographies ou images des outils qui permettent de percer le polystyrène de manière efficace.	Photographies ou image de la perceuse électrique.

(Si l'on souhaite réutiliser le même tableau pour chaque groupe, il est conseillé d'attacher les photographies ou images avec de la pâte collante.)

:: Déroulement de l'activité (séance n° 14 : percer le papier cartonné)

- **Durée** : 30 minutes.
- **Modalités de travail** : les élèves sont répartis en groupes hétérogènes.
  L'atelier est dirigé par l'enseignant.

→ Description de l'activité

- **Situation de départ** : lors d'un moment de regroupement avec toute la classe l'enseignant expose le projet aux enfants. Il s'agit de décorer la classe avec des mobiles constitués de différentes formes.

- **Phase préparatoire (5 min)**

L'enseignant présente aux enfants les différents outils mis à leur disposition en demandant à quoi ils peuvent servir. Puis, ils choisissent une forme.
Situation-problème : « Vous allez essayer de faire un trou dans la forme », « Vous passerez ensuite un morceau de ficelle dans le trou pour pouvoir accrocher la forme. »
C'est à partir de cette phase que peut se dérouler l'activité.

- **Phase d'activité (20 min)**

Les élèves manipulent, essayent et comparent les différents outils. L'enseignant circule pour repérer les difficultés de manipulation et y remédier. En effet, il s'agit aussi de bien utiliser les outils. Il observe également les réactions des enfants. Ceux-ci prennent conscience que :
- certains outils ne permettent pas de percer la matière ;
- d'autres outils ne permettent pas de réaliser un trou assez grand pour passer le morceau de ficelle ;
- la perforatrice est l'outil le plus adapté pour percer efficacement le papier cartonné.

- **Phase de verbalisation/structuration et trace écrite (5 min)**

Les enfants sont invités à parler de ce qu'ils ont fait : « Comment avons-nous fait un trou dans la forme ? » L'enseignant doit inciter les enfants à raconter ce qu'ils font, à décrire leurs actions, les résultats obtenus, à justifier leurs choix. C'est l'occasion de décrire l'activité qu'ils viennent de vivre, de nommer les outils, d'expliquer leur fonction, de repérer l'outil adéquat pour percer le papier cartonné.
Il reste à passer à la trace écrite. Pour cela, l'enseignant demande aux enfants de compléter la première colonne du tableau à l'aide d'images ou de photographies des différents outils.

Évaluation

Elle s'effectue par observation pendant la séance. L'élève est-il capable d'utiliser correctement les outils ? L'élève est-il capable de repérer que la perforatrice est l'outil le mieux adapté pour percer la forme en papier cartonné ?

:: Déroulement de l'activité (séance n° 15 : percer le polystyrène)

- **Durée** : 30 minutes.
- **Modalités de travail :** *idem* séance précédente.

→ Description de l'activité

- **Phase préparatoire (5 min)**

Rappel de la séance précédente. L'enseignant demande aux enfants de « dire » ce qu'ils ont fait avec les formes en carton lors de la séance précédente : « Comment avons-nous fait pour percer le papier cartonné ? Quel outil avons-nous utilisé ? » C'est l'occasion de se souvenir, d'utiliser le langage d'évocation. C'est à partir de cette phase que l'on peut présenter les nouvelles formes en polystyrène.

- **Phase d'activité (20 min)**

Même déroulement que pour la séance n° 14.
Les enfants prennent conscience que pour percer les formes en polystyrène la perforatrice n'est plus l'outil adapté ; elle ne perce pas cette matière.

- **Phase de verbalisation/structuration et trace écrite (5 min)**

Les enfants sont invités à parler de ce qu'ils ont fait : « Comment avons-nous fait un trou dans la forme en polystyrène ? » Comme pour la séance n° 14, c'est l'occasion de décrire l'activité qu'ils viennent de vivre, de nommer les outils, d'expliquer leur fonction, de repérer les outils les mieux adaptés pour percer le polystyrène.
Il reste à passer à la trace écrite. Pour cela, l'enseignant demande aux enfants de compléter la deuxième colonne du tableau à l'aide d'images ou de photographies des différents outils.

Évaluation

Elle s'effectue par observation pendant la séance. L'élève a-t-il repéré les outils les mieux adaptés pour percer le polystyrène ? Est-il capable de les utiliser correctement ?

:: Déroulement de l'activité (séance n° 16 : percer le contre-plaqué)

• **Durée** : 30 minutes.

• **Modalités de travail** : *idem* séance précédente.

→ Description de l'activité

• **Phase préparatoire (5 min)**

Rappel des séances précédentes. L'enseignant demande aux enfants de « dire » ce qu'ils ont fait avec les formes en carton et en polystyrène, lors des précédentes séances : « Comment avons-nous fait pour percer le carton ? Quel outil avons-nous utilisé ? », « Comment avons-nous fait pour percer le polystyrène ? Quels outils avons-nous utilisés ? » C'est l'occasion de se souvenir, d'utiliser le langage d'évocation. C'est à partir de cette phase que l'on peut présenter les nouvelles formes en contre-plaqué.

• **Phase d'activité (20 min)**

Même déroulement que pour les séances n° 14 et n° 15.

Les enfants prennent conscience que, pour percer les formes en contre-plaqué, aucun outil n'est adapté. L'enseignant apporte alors la perceuse électrique. Il explique son fonctionnement, présente les différentes parties de l'outil. C'est l'enseignant qui perce les formes devant les enfants en explicitant ses actions. (Il est possible qu'un enfant puisse tenir la perceuse avec l'adulte. Il faut alors prendre beaucoup de précautions.)

• **Phase de verbalisation/structuration (5 min)**

La séquence terminée, les enfants complètent le tableau. Il sera ensuite accroché dans la classe pour se souvenir.

Évaluation

Elle s'effectue par observation pendant la séance. L'élève a-t-il pris conscience qu'aucun outil n'est adapté pour percer les formes en contre-plaqué ?

:: Ouverture transdisciplinaire

Arts visuels : les formes pourront être décorées en utilisant différentes techniques.

:: Prolongements

• On peut demander aux enfants de percer d'autres matières (du plastique, de la pâte à modeler, de la terre à modeler, etc.).

• Pour le carnaval, on peut demander aux enfants de fabriquer un arlequin articulé. Ils devront alors percer à plusieurs endroits et utiliser des attaches parisiennes.

Séances nos 17 et 18 Utiliser un baladeur CD

:: **Compétence** : Reconnaître, nommer, décrire, comparer, ranger et classer des matières, des objets selon leurs quantités et leurs usages.

:: **Objectifs** : Par l'utilisation du baladeur dans une situation de jeu, découvrir sa fonction et le mode d'utilisation. Développer l'habileté de l'utilisateur.

:: **Concept** : Un objet technique : le baladeur.

:: **Conditions préalables** : Aucune condition préalable n'est requise pour mettre en place cette activité qui peut être menée à n'importe quel moment de l'année.

:: Préparation de la classe (séances n° 17 et n° 18)

- **Organisation de la classe**
  La séance s'effectue par groupe. Le nombre d'enfants est déterminé en fonction du nombre de baladeurs CD disponibles dans la classe.
- **Matériel**
  Plusieurs baladeurs CD (1 par enfant), des CD et des piles.

:: Déroulement de l'activité (séance n° 17)

- **Durée** : 45 minutes.
- **Modalités de travail** : les élèves sont répartis en groupes hétérogènes.

→ Description de l'activité

- **Phase préparatoire (10 min)**

Chaque enfant dispose devant lui d'un baladeur CD « démonté ». Les écouteurs, les piles et le CD ont été enlevés, et les piles ne sont pas visibles. Cette première phase a pour objectifs :
– de vérifier que les enfants connaissent le nom et l'usage de cet appareil. L'enseignant posera les questions suivantes : « Qu'est-ce que c'est ? », « À quoi ça sert ? », « Comment ça fonctionne ? ; »
– de montrer et de nommer précisément les différentes parties du baladeur et les accessoires disposés sur la table.

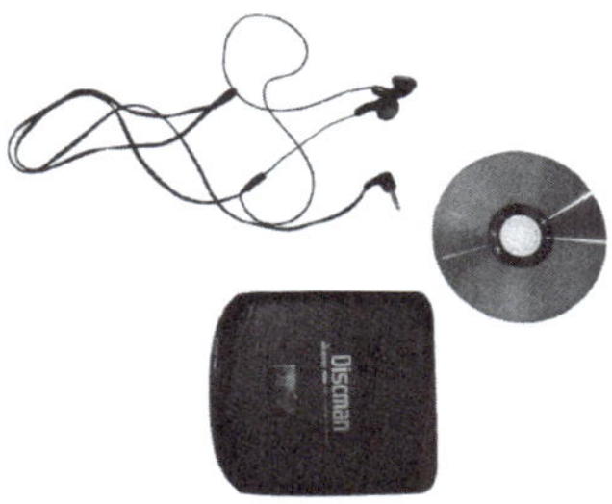

- **Phase d'activité (20 min)**

La situation-problème consiste à demander aux enfants qui ont tous, devant eux, un baladeur CD auquel on a enlevé les écouteurs, les piles et le CD : « Comment le monter et l'utiliser pour pouvoir écouter une chanson ? »

Il est nécessaire de rappeler les consignes de précaution pour manipuler le baladeur CD : il s'agit de ne pas « forcer », de ne pas appuyer trop fort sur les touches et de manipuler délicatement le CD. L'enseignant demande ensuite aux enfants de monter le baladeur pour écouter une chanson. Les enfants manipulent, tâtonnent, essayent de brancher les écouteurs et d'insérer le CD. Si néces-

saire, l'enseignant apporte son aide en effectuant, lui aussi, les manipulations, et en explicitant chacune de ses actions. Ainsi, les enfants peuvent repérer :
- l'endroit où brancher les écouteurs ;
- le bouton « eject » ou « open » pour insérer le CD.

Ils apprennent aussi à insérer le CD sans l'abîmer (le mettre dans le bon sens, la façon de le prendre).

Ensuite, les enfants essaient d'écouter une chanson, en utilisant la touche « marche ▶ », mais les piles ayant été retirées, les enfants se rendent compte que le baladeur ne fonctionne pas. « Que se passe-t-il ? », « Pourquoi ? » L'enseignant incite alors les enfants à observer le baladeur, à regarder en dessous, ce qui doit les amener à découvrir l'endroit où doivent être insérées les piles. Il faut préciser aux enfants que les piles sont indispensables pour fournir l'énergie nécessaire (pour pouvoir écouter la musique). Il reste à distribuer les piles et à demander aux enfants de les placer, dans le bon sens.

- **Second temps d'activité (10 min)**

Les piles insérées, les enfants peuvent apprendre à utiliser les différentes touches pour écouter de la musique. Avec l'aide de l'enseignant, ils apprennent à utiliser les touches « marche ▶ » et « arrêt ■ », ainsi que le bouton « volume ».

- **Phase de rangement (5 min).**

Évaluation (séance n° 17)

Elle s'effectue par observation, pendant la séance. L'élève parvient-il à faire fonctionner le baladeur en prenant conscience du rôle des piles ?

:: Déroulement de l'activité (séance n° 18)

- **Durée** : 45 minutes.
- **Modalités de travail** : *idem* séance précédente.

→ Description de l'activité

- **Phase préparatoire (10 min)**

L'enseignant regroupe les enfants pour rappeler la séance précédente. C'est l'occasion de se souvenir et de rappeler comment bien « monter » et bien utiliser le baladeur CD.

- **Phase d'activité puis d'écoute (30 min)**

Chaque enfant dispose d'un baladeur « incomplet » (sans piles et/ou sans les écouteurs et/ou sans le CD). L'enseignant demande aux enfants de vérifier si le baladeur est complet, si tous les éléments sont en place pour pouvoir écouter une chanson. Quand tous les enfants ont réussi, avec ou sans aide, à faire fonctionner le baladeur, on peut leur demander d'écouter une chanson précise. Il s'agit à présent de chercher comment faire pour se positionner sur une plage précise du CD. Les enfants apprennent ainsi à utiliser les autres touches : touche pour « avancer rapidement ▶▶ sur une plage » ou pour « revenir rapidement sur une plage précédente ◀◀ ».

- **Phase de rangement (5 min).**

Évaluation

L'élève est-il capable de monter le baladeur ? Est-il capable d'utiliser les différentes touches sans l'aide de l'adulte pour écouter une chanson ?

:: Prolongement

Utilisation du baladeur CD, de façon autonome, dans le coin écoute de la classe.

Chapitre 6

Découvrir le vivant

- :: **Continuité des apprentissages en maternelle**
- :: **Repères pratiques**
- :: **Séances 1 à 10**

Brigitte Faure-Vialle

Continuité des apprentissages en maternelle

	1re année	2e année	3e année	Grande section
Observer les caractéristiques du vivant				
Sait retrouver l'ordre des étapes de développement d'un animal ou d'un végétal	peut être travaillé	peut être travaillé	à travailler prioritairement	à travailler prioritairement
Sait reconstituer l'image du corps humain, d'un animal ou d'un végétal à partir d'éléments séparés	peut être travaillé	à travailler prioritairement	à travailler prioritairement	à consolider
Sait reconnaître les manifestations de la vie animale et végétale, les relier à de grandes fonctions (croissance, nutrition, locomotion, reproduction)	peut être travaillé	peut être travaillé	à travailler prioritairement	à travailler prioritairement
Découvrir différents milieux, se sensibiliser aux problèmes de l'environnement				
Sait repérer quelques caractéristiques des milieux				
• environnement proche	peut être travaillé	peut être travaillé	à travailler prioritairement	à travailler prioritairement
• environnement lointain, moins familier			peut être travaillé	à travailler prioritairement
• environnement marqué par l'activité humaine			peut être travaillé	à travailler prioritairement
Sait adopter une attitude responsable		peut être travaillé	peut être travaillé	à travailler prioritairement
Découvrir son corps, se sensibiliser aux problèmes d'hygiène, de santé et de sécurité				
Connaît et sait appliquer quelques règles d'hygiène du corps, des locaux et de l'alimentation				
• lavage des mains, des dents	à travailler prioritairement	à travailler prioritairement	à consolider	à consolider
• rangement, propreté	à travailler prioritairement	à travailler prioritairement	à consolider	à consolider
• régularité des repas, composition des menus			peut être travaillé	à travailler prioritairement
Sait prendre en compte des risques de la rue et ceux de l'environnement proche ou plus lointain				
• piétons et véhicules	à travailler prioritairement	à travailler prioritairement	à consolider	à consolider
• objets et comportements dangereux (produits toxiques)	à travailler prioritairement	à travailler prioritairement	à consolider	à consolider
• risques majeurs				à travailler prioritairement
Sait repérer une situation inhabituelle ou de danger, demander de l'aide pour être secouru ou porter secours	peut être travaillé	peut être travaillé	à travailler prioritairement	à travailler prioritairement

Légende :
- à travailler prioritairement
- à consolider
- peut être travaillé

Repères pratiques

1. Les axes forts du domaine d'activités

Les dix séances proposées pour la moyenne section de maternelle s'organisent autour des trois parties du programme « Découvrir le monde vivant à l'école maternelle » dont les axes essentiels sont les suivants :

Partie 1 : Observation des caractéristiques du vivant

« Les jeunes enfants ont des rapports privilégiés avec les animaux. Ainsi, ils découvrent rapidement certaines caractéristiques de la vie : un animal naît, grandit, se reproduit et meurt. » (extrait du *BO*) Cette première partie met l'accent sur l'observation des animaux (et des plantes) que les élèves apprennent à décrire et à comprendre quant à leur fonctionnement. C'est l'occasion de mettre en place dans la classe des élevages et des cultures, support privilégié de verbalisation et de responsabilisation. De nombreux échanges avec l'adulte vont permettre l'émergence d'un questionnement productif et la construction des connaissances. En moyenne section, l'enfant peut retrouver l'ordre des étapes de développement d'un végétal ou d'un animal à partir de quatre images séquentielles. De la même manière, il peut reconstituer l'image du corps humain, ou d'un animal ou encore d'un végétal à partir d'éléments séparés, avec quatre images. Quelques manifestations de la vie animale peuvent être abordées simplement, comme la locomotion ou la reproduction. Cette dernière fonction peut aussi être envisagée chez les végétaux.

Partie 2 : Découverte de différents milieux, sensibilisation aux problèmes de l'environnement

« Ce n'est que lorsque le milieu proche a été exploré et reconnu qu'il devient possible d'aller à la rencontre de réalités plus complexes » (extrait du *BO*). L'axe fort de cette deuxième partie est centré, avec les moyennes sections, sur la découverte d'un environnement proche et un peu plus lointain observé à partir de situations concrètes : la classe, l'école, le quartier, le village ou la ville, etc. En moyenne section, une initiation à une attitude responsable peut être poursuivie (puisqu'elle peut être débutée en petite section), en veillant à rester dans un milieu assez proche : respect de la classe, soins aux animaux si un élevage a été mis en place, entretien des plantations dans ou à proximité de l'école, etc.

Partie 3 : Découverte du corps et sensibilisation aux problèmes d'hygiène, de santé et de sécurité

« La découverte de son corps dans sa globalité et dans ses différentes parties, leur désignation sont source d'intérêt pour le jeune enfant. Chaque jour et de manière très concrète, dans le respect des habitudes culturelles de chacun, on apprend à satisfaire aux règles élémentaires d'hygiène » (extrait du *BO*). Cette partie met l'accent, en moyenne section, sur une initiation aux règles de l alimentation. Un deuxième axe fort, dans cette partie, est celui concernant la sécurité dans un environnement plus lointain.

2. Les spécificités de la section

« Les différents aspects de la découverte du vivant ne peuvent être abordés qu'à partir de **mises en situation et d'observation du réel** qui répondent à la curiosité des enfants. En maternelle, l'important est qu'ils repèrent et nomment **ce qu'ils observent**. L'essentiel est de prendre conscience de la **diversité** du monde vivant et des différents milieux tout en identifiant quelques-unes des **caractéristiques communes** aux végétaux, aux animaux et à l'enfant lui-même. » (extrait du *BO*)

L'extrait du programme officiel met l'accent sur des points essentiels dont nous allons préciser les spécificités pour la moyenne section de maternelle :

A Partir du réel

Toutes les séances proposées ici s'appuient le plus possible sur le réel. Il est en effet souhaitable de partir de mises en situation (occasionnelles ou provoquées) où les élèves se sentent personnellement concernés. À partir de ces situations motivantes intégrant le plus possible le vivant, des questions émergent spontanément. La recherche de solutions aux problèmes scientifiques posés se fera le plus possible chez les enfants de maternelle par l'observation et la comparaison.

B Observer

Observer à l'école primaire est une véritable démarche scientifique à privilégier, l'expérimentation étant difficile à mettre en œuvre pour de jeunes élèves. Pour des enfants de 4 ans, les premières observations sont fondamentales pour les aider à traiter l'ensemble des observations et à trouver ce qui est observable et ce qui est à observer. Le professeur doit bien sûr privilégier l'observation libre à cet âge, mais il peut les guider petit à petit pour orienter leur attention sur ce qui est à observer (exemple : dans un élevage de chenilles, l'attention des enfants peut être attirée par les boîtes, l'environnement ; c'est pourquoi le professeur doit rendre les chenilles bien observables). L'observation doit être suivie d'une production écrite, souvent un dessin d'observation. Le professeur demande aux élèves de dessiner ce qu'ils voient, c'est-à-dire de quitter peu à peu les dessins affectifs pour prendre davantage en compte les éléments du réel. Lorsque l'enfant grandit, son dessin devient plus précis parce qu'il améliore ses capacités motrices, ainsi que son attention sur les détails à observer. Ainsi, au fil du temps, l'enfant apprend à observer de manière plus rigoureuse et plus guidée, et par conséquent son dessin d'observation sera plus structuré et organisé, et donc moins aléatoire et affectif.

C Prendre conscience de la diversité du vivant et des milieux et identifier les caractéristiques communes aux êtres vivants

Le vivant est caractérisé par sa diversité et également par son unité. Dès le plus jeune âge, on peut familiariser les enfants en diversifiant les élevages d'animaux, les plantations de végétaux, l'étude des milieux, etc. Pour illustrer l'unité du vivant, il est intéressant de comparer les cycles de vie d'animaux différents, de végétaux. L'étude des manifestations de la vie animale et végétale reliée aux grandes fonctions (croissance, nutrition, reproduction, locomotion) est fondamentale pour montrer les caractéristiques communes aux êtres vivants et donc leur unité.

3. Éléments didactiques et pédagogiques

« Pourquoi de la biologie à l'école maternelle ? » On sait que le jeune enfant s'intéresse spontanément aux êtres vivants, animaux surtout. Cependant, le très jeune enfant est animiste, c'est-à-dire que, pour lui, tout est « animé », et donc sa conception du vivant est très éloignée de la conception scientifique. Par conséquent, il est nécessaire de sensibiliser les élèves de maternelle au vivant/non-vivant. De plus, sachant que c'est l'âge de l'intelligence sensorielle et motrice, les activités du professeur seront surtout de type sensori-moteur et donc nécessiteront des supports le plus possible réels (animaux, plantes, etc.). Les séances proposées ci-après s'appuient sur ces quelques éléments, avec des activités d'investigation (motrices ou sensorielles) et de structuration qui permettent, peu à peu, de faire émerger un savoir biologique à partir de la découverte du monde.

Les activités d'investigation sont quasiment identiques dans toutes les sections de maternelle ; elles sont de deux types :

– les activités motrices (observer d'autres êtres vivants et traduire par son corps [expression corporelle] le résultat de l'observation). Ce type d'activités se pratique très bien avec les petites ou moyennes sections ;

– les activités de soins aux élevages et aux cultures peuvent être développées surtout en grande section, le professeur restant responsable du maintien en vie des animaux et des végétaux.

Les moments structurants peuvent suivre une programmation tout au long de la maternelle. En moyenne section, la distinction vivant/non-vivant peut être initiée à partir d'exemples d'animaux, de végétaux et d'objets qui posent des problèmes de mouvement. Le critère de choix pour les exemples s'appuie prioritairement en maternelle sur la diversité sensorielle, et bien sûr le plaisir et la facilité pour le professeur.

Un ouvrage de référence est recommandé : Coquide-Cantor M., Giordan A., *L'Enseignement scientifique à l'école maternelle*, Z'Éditions, 1997.

Séquence : Observer les caractéristiques du vivant

Séance n°1 Je fais des plantations

:: **Compétence** : Connaître les manifestations de la vie animale et végétale, les relier à de grandes fonctions : croissance, nutrition, locomotion, reproduction.

:: **Objectif** : Découvrir la vie végétale à travers des plantations.

:: **Concept** : Le vivant.

:: **Compétences** : Savoir retrouver l'ordre des étapes de développement d'un végétal.
Savoir adopter une attitude responsable.

:: **Conditions préalables** : La situation de départ a permis de faire émerger les représentations des élèves, à partir de fleurs et de graines apportées par le professeur : « Qu'est-ce que c'est qu'une fleur ? Comment on obtient une fleur ? Qu'est-ce que c'est qu'une graine ? », etc. Un projet de plantation est envisagé et les élèves se mettent d'accord sur les modalités.

:: Préparation de la classe

- **Organisation de la classe**
Élèves autour d'une table sur laquelle sont déposées les plantations à différents stades de développement.
- **Matériel**
Graines de haricots, radis, pois, lentilles.
Eau, arrosoir, terre.
Pots de yaourt en verre, bocaux de verre. étiquettes, appareil photo numérique, loupes à main.
- **Documents**
Photographies des plantations : graines, sortie de la radicule, sortie de la jeune tige, plante jeune.

:: Déroulement de l'activité

- **Durée** : 20 minutes par séance d'observation (au moins 4 séances au cours desquelles les élèves suivent les étapes de la germination : d'abord la graine, puis sortie de la radicule, puis la tigelle et enfin la plante jeune avec ses feuilles bien vertes).
- **Modalités de travail :** atelier libre puis dirigé de 8 élèves.

→ Description de l'activité

- **Situation de départ.** Observation libre des plantations à divers moments de la germination, d'où l'émergence d'un questionnement : qu'est-ce que c'est qu'une graine ? Qu'est-ce qu'elle va devenir ? Qu'est-ce qui sort en premier ? Et après ?
- **Phase d'investigation.** Observation guidée avec utilisation du vocabulaire correct concernant la graine et les étapes de la germination (graine, enveloppe, petite racine, petite tige, jeune plante avec tige, racines et feuilles). Consigne : « Vous allez dessiner ce que nous avons observé ensemble et mettre le vocabulaire correspondant, avec les étiquettes où les noms sont écrits. »
- **Phase de structuration.** Pour chaque séance d'observation guidée avec production d'un dessin d'observation, le professeur demande aux élèves de mettre les dessins à côté afin de les comparer ; ils nomment les différentes graines (et après les différentes plantes) et comparent les dessins qui se ressemblent (diversité des graines mais unité dans la germination), mais il peut y

avoir des différences (germination plus rapide pour certaines graines). Les élèves ajoutent à leur dessin le nom de la plante (haricot, radis, lentille ou pois).

Résultats attendus

Le professeur attend que les élèves observent les différentes plantations et qu'ils les comparent afin de dégager les points communs et les différences, avec utilisation du vocabulaire correct. De plus, il attend que les élèves prennent conscience de l'évolution des plantations au cours du temps et qu'un stade se transforme en un autre, et ainsi de suite.

Évaluation

Remettre en ordre quatre images montrant la germination et la croissance : une graine, une graine germée avec la sortie de la radicule, une graine germée avec la sortie de la petite tige (et de la radicule bien sûr), une plantule qui commence sa croissance. Le professeur veillera à la mise en ordre correcte des étapes de développement avec l'utilisation du bon vocabulaire (graine, jeune racine, jeune tige, jeune plante).

:: Conseils

- Il faut aussi privilégier les observations dans la nature afin de regarder vivre les plantes dans leur cadre naturel et pas uniquement dans des pots (sortie dans le parc voisin de l'école, etc.).
- On peut, lors de ces séances, utiliser l'appareil photo (numérique ou non) afin de garder trace de la croissance des plantes et ainsi d'aborder plusieurs aspects du concept de temps.

:: Prolongement

Comparer les étapes de développement avec d'autres exemples d'animaux et de végétaux, ce qui permet, même avec des élèves de moyenne section, de travailler sur l'unité (cycle de vie) et la diversité du vivant (plusieurs exemples).

:: Définitions

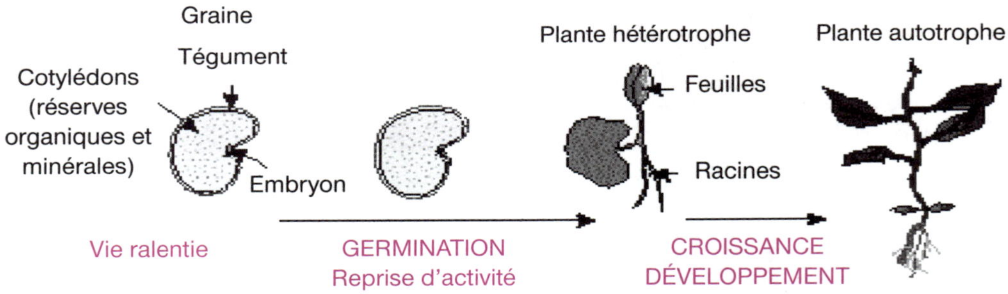

Il est important de bien distinguer la germination de la croissance et du développement.
La germination est la reprise d'activité (absorption d'eau, respiration, activité enzymatique, etc.) d'un embryon contenu dans la graine, jusqu'à ce qu'il devienne une jeune plante autotrophe. La germination ne se produit que si les conditions extérieures sont favorables : eau, oxygène et température sont trois facteurs de la germination pratiquement indissociables.

Séance n° 2 Je découvre mon visage

Compétence : Nommer les principales parties du corps humain et leur fonction, distinguer les cinq sens et leur fonction.

Objectif : Découvrir son visage et prendre conscience du rôle de chaque partie.

Concept : Le vivant.

Capacité : Savoir reconstituer l'image du corps humain à partir d'éléments séparés (quatre images en moyenne section).

Conditions préalables : En petite section les enfants ont déjà pris conscience de leur corps, avec la position des différentes parties les unes par rapport aux autres (tête, tronc, jambes, bras). Ils ont comparé cette année (en moyenne section) avec différents animaux.

Préparation de la classe

- **Organisation de la classe**
  Élèves assis sur le sol ou sur des chaises.
- **Matériel**
  Un miroir par enfant.
  Une tête de bonhomme en quatre morceaux avec les étiquettes suivantes (pour chaque enfant) : *nez*, *bouche*, *langue*, *oreilles*, *yeux*, *joues*.
- **Documents**
  Des livres documentaires et des albums.

Déroulement de l'activité

- **Durée** : 30 minutes.
- **Modalités de travail** : atelier dirigé de 10 élèves.

→ Description de l'activité

- **Situation de départ.** Le professeur demande à un enfant « Pierre » de faire des grimaces avec son visage, les autres doivent faire comme lui ; puis il leur pose la question suivante : « Êtes-vous sûrs de faire comme Pierre ? » Pour le savoir, tout le monde se met d'accord sur l'utilisation d'un miroir pour se regarder.
- **Phase d'investigation.** Les enfants font à tour de rôle une grimace en la formulant : « Je remonte mon nez, je tords ma bouche, je ferme un œil... » Chacun se regarde dans le miroir et joue avec les différentes parties de son visage. Le professeur leur demande ensuite de décrire leur nez, leurs yeux... puis il termine par la consigne suivante : « À quoi servent mes yeux, ma bouche, mes oreilles, mon nez ? »
- **Phase de structuration.** Sur une affiche accrochée au tableau sur laquelle est représentée une tête de bonhomme, un enfant vient compléter les phrases mises à côté de chaque partie : « Je sens les odeurs avec mon... ; je vois avec mes... ; j'entends avec mes... ; je goûte avec... » ; les mots sont inscrits sur des étiquettes.

Résultat attendu

Le professeur veille à ce que les enfants aient compris que le visage comporte différents organes qui ont chacun une fonction spécifique (savoir situer l'organe et le relier à sa fonction).

Évaluation

Chaque enfant reconstitue la tête du bonhomme avec les quatre morceaux puis place les étiquettes en face de chaque organe (oreilles, yeux, langue et nez).

:: Définitions

Les organes des sens sont indispensables à la perception du milieu ; ils sont au nombre de cinq : yeux, oreilles, langue, nez, peau. Il existe d'autres sens qui nous renseignent, en particulier sur l'état de notre milieu intérieur : distension de l'estomac, pression partielle en CO_2, etc. Un organe sensoriel est à l'origine d'une sensibilité particulière, en réponse à un stimulus particulier.

Séance n° 3 D'où vient le têtard ?

:: Compétence : Connaître les manifestations de la vie animale et végétale, les relier à de grandes fonctions : croissance, nutrition, locomotion, reproduction.

:: Objectif : Observer quelques manifestations de la vie chez la grenouille.

:: Concept : Le vivant.

:: Capacité : Savoir reconnaître les manifestations de la vie animale et les relier à de grandes fonctions (reproduction).

:: Conditions préalables : Le professeur apporte des têtards qu'il met dans un aquarium avec l'eau de la mare ou bien, si c'est possible, il sort avec les élèves pêcher des têtards. Des séances d'observation régulières de 10 minutes sont réalisées, libres au début puis guidées, autour de l'aquarium.

:: Préparation de la classe

- **Matériel**
  Aquarium rempli d'eau de la mare, avec quelques végétaux et petits cailloux (et un gros caillou, avec une partie hors de l'eau pour que les petites grenouilles puissent se poser).
  De la mie de pain et des petits morceaux de viande crue.
- **Documents**
  Photographies de grenouilles adultes (les parents), œufs, têtards à 2 pattes puis 4 pattes, grenouille jeune.
  Film de quelques minutes sur la grenouille, où l'on voit les deux parents, puis la ponte des œufs, les têtards et les jeunes grenouilles.
  Des livres documentaires sur la grenouille.

:: Déroulement de l'activité

- **Durée** : 30 minutes.
- **Modalités de travail** : atelier dirigé de 6 élèves rassemblés autour de l'aquarium contenant les têtards qui se transforment au fil des semaines (2, puis 4 pattes) et des petites grenouilles.

→ Description de l'activité

- **Situation déclenchante.** Après plusieurs séances d'observation, le professeur pose la question : « Mais d'où viennent tous ces petits têtards ? » Les enfants émettent des hypothèses : « de l'eau de la mare, d'une grenouille, etc. ».
- **Phase d'investigation.** Le professeur propose aux élèves de bien regarder le film pour essayer de comprendre d'où viennent les petits têtards ; un débat est ensuite organisé autour du film et les enfants sont amenés peu à peu à trouver l'origine des têtards. Pour illustrer l'histoire des petites grenouilles, le professeur lit un court documentaire sur la naissance des têtards.
- **Phase de structuration.** Chaque élève a une photographie différente sur le cycle de vie de la grenouille : maman grenouille, papa, bébés (œufs), têtards et petites grenouilles ; ils sont invités à placer, à tour de rôle, les photographies dans le bon ordre, puis l'enseignant trace les flèches entre les différents éléments afin de reconstituer le cycle de vie de la grenouille.

Résultat attendu

Le professeur attend que les enfants comprennent que la grenouille se reproduit et donne des petits bébés qui sont les œufs puis les têtards qui vont grandir et se transformer.

Évaluation

Le professeur évalue les élèves lorsqu'ils ont placé les photographies dans le bon ordre, il leur demande ensuite de traduire le cycle de vie par un petit texte à l'oral qui retrace la naissance de la petite grenouille (qui vient de deux parents, la maman et le papa).

:: Conseils

Élevage de têtards

C'est au mois de mars que la grenouille pond, dans les mares et étangs, environ 3 000 œufs regroupés en petits paquets transparents. Après une semaine, le têtard commence à prendre forme. Il vit dans l'eau, grâce à ses branchies. À deux mois, ses pattes postérieures poussent et sa queue se raccourcit, les pattes antérieures se développant deux semaines plus tard. C'est à trois mois qu'il devient grenouille, la queue a disparu et les poumons se sont formés. Il ne faut donc pas oublier de mettre un gros caillou avec une partie hors de l'eau, afin que la petite grenouille puisse se poser, sinon elle se noie.

Le têtard est d'abord végétarien puis, lorsqu'il a ses pattes et sa queue, il devient carnivore et il arrive que les têtards se mangent entre eux. La grenouille est carnivore et mange des insectes qu'elle attrape avec sa langue.

:: Prolongement

Comparer avec d'autres animaux et montrer la diversité des animaux ainsi que l'unité dans le cycle de reproduction sexuée (présence des deux parents pour obtenir un « bébé animal »).

:: Définition

La grenouille est un vertébré, batracien ovipare, qui a une croissance continue et un développement indirect :

œuf ——éclosion——→ larve (= tétard) ——métamorphoses——→ adulte

Séance n° 4 Le poisson se déplace

:: Compétence : Connaître les manifestations de la vie animale et végétale, les relier à de grandes fonctions : croissance, nutrition, locomotion, reproduction.

:: Objectif : Observer le mode de vie du poisson.

:: Concept : Le vivant.

:: Capacités : Savoir reconnaître les manifestations de la vie animale, les relier à de grandes fonctions (locomotion). Savoir adopter une attitude responsable.

:: Condition préalable : Le professeur apporte deux poissons rouges dans un bocal et de la nourriture pour poissons.

:: Préparation de la classe

• Organisation de la classe
Groupe de 6 élèves installés autour d'une table sur laquelle se trouve le bocal avec les deux poissons.

• Matériel
Bocal avec les deux poissons, nourriture pour poissons.

:: Déroulement de l'activité

• Durée : 30 minutes.

• Modalités de travail : d'abord en groupe classe puis en groupe de 6 élèves.

→ Description de l'activité

- **Phase de motivation.** En groupe classe, l'observation des deux poissons se fait librement et le professeur laisse les enfants s'émerveiller et poser des questions. Le professeur leur demande ensuite : « Comment le poisson avance-t-il ? »
- **Phase d'investigation.** Par une observation guidée en groupe de 6 élèves, le professeur donne deux consignes : « Décrivez tout ce que vous voyez sur le corps du poisson », puis : « Maintenant, observez bien son déplacement dans l'eau et dites-moi comment il avance. »
- **Phase de structuration.** Avec le vocabulaire précis, les élèves récapitulent le rôle de la queue dans le déplacement du poisson qu'ils sont invités à mimer.

Résultats attendus

- À la première consigne, le professeur attend que les élèves décrivent les nageoires, les écailles, la bouche, la queue, les yeux.
- À la seconde consigne : les enfants, par une observation guidée, doivent comprendre le rôle des nageoires et de la queue dans le déplacement du poisson.

Évaluation

Chaque enfant dessine un poisson sur une feuille blanche et colorie en rouge la queue qui permet au poisson d'avancer. Les enfants collent ensuite les étiquettes avec les mots employés pour décrire le poisson. Sous le dessin, ils mettent en ordre les étiquettes suivantes : le poisson avance avec sa queue.

:: Conseils

Les élèves à tour de rôle aident le professeur à entretenir le bocal.
La nourriture est donnée aux poissons par les élèves.

:: Prolongement

Comparer le déplacement du poisson dans l'eau avec d'autres animaux qui vivent dans l'eau (la grenouille), sur terre et dans l'air ; mimer le déplacement des animaux.

:: Remarques

Chez le poisson, les nageoires pectorales et abdominales contrôlent l'équilibre en nage lente et suppriment roulis (mouvement d'oscillation latérale) et tangage (mouvement d'oscillation d'avant en arrière). Les nageoires dorsale et anale qui augmentent la surface verticale maintiennent l'animal sur sa trajectoire, en évitant l'embardée (écart brusque). Chez beaucoup de poissons, le déplacement est assuré par la région postérieure du corps (ou queue) qui frappe l'eau alternativement à droite et à gauche. La nageoire caudale qui termine la région postérieure joue le rôle de godille (aviron à l'arrière d'une barque). Chez certains poissons comme le thon, son corps étant très rigide, la propulsion est surtout assurée par les battements de la nageoire caudale très puissante. Il existe d'autres manières de nager, les animaux utilisant différentes parties de leur corps : les pattes (grenouille, tortue marine, le dytique) ; les nageoires (raie) ; la queue (requin) ; tout le corps (cas des animaux dépourvus de membres, couleuvre, anguille, sangsue, etc.) qui nagent par des ondulations du corps. Les animaux bons nageurs présentent une forme hydrodynamique et la surface du corps glissante (position des écailles et présence de mucus chez les poissons).

Séquence : Découvrir différents milieux, se sensibiliser aux problèmes de l'environnement

Séance n° 5 Je fleuris mon école

:: **Compétence** : Connaître les manifestations de la vie animale et végétale, les relier à de grandes fonctions : croissance, nutrition, locomotion, reproduction.

:: **Objectif** : Participer à une action environnementale mise en place dans mon école.

:: **Concept** : Environnement.

:: **Capacités** : Savoir repérer quelques caractéristiques de l'environnement proche. Savoir adopter une attitude responsable.

:: **Conditions préalables** : Quelques aspects de l'environnement proche, l'école et le quartier, ont été découverts et les élèves savent en parler.

:: Préparation de la classe

- **Organisation de la classe**
  Élèves réunis autour d'un coin de l'école qui va être fleuri par les élèves.
- **Matériel**
  Un vieux pneu, un sac de terre, diverses graines, un arrosoir, une petite pelle par enfant.

:: Déroulement de l'activité

- **Durée** : 30 minutes.
- **Modalités de travail** : atelier dirigé de 6 élèves rassemblés autour d'un coin de l'école qui va être fleuri par les élèves, puis en groupe classe pour les bilans.

→ Description de l'activité

- **Phase déclenchante.** Une sortie dans le parc proche de l'école, bien entretenu et fleuri, a motivé les élèves pour un projet d'action environnementale dans l'école : « Et si on faisait la même chose, en mettant des fleurs dans l'école ? » Le professeur pose alors la question : « Comment peut-on s'y prendre pour fleurir l'école ? »
- **Phase d'investigation.** Après une discussion dans le groupe, tout le monde se met d'accord sur les modalités : matériel, rôle attribué à chacun, endroit à fleurir. Les enfants vont dans le coin de l'école choisi et, avec l'aide du professeur, réalisent leurs plantations dans un vieux pneu rempli de terre par les élèves, qui les arrosent ensuite avec un petit arrosoir.
- **Phase de structuration.** Les bilans sont réalisés en groupe classe et concernent les observations des plantations réalisées régulièrement, avec construction d'une affiche sur les règles d'entretien et de respect des plantations : ce qu'il faut faire/ce qu'il ne faut pas faire.

Résultat attendu

Le professeur attend que chaque enfant s'investisse dans le projet et prenne conscience de l'importance de respecter les fleurs.

Évaluation

Le professeur reste attentif aux comportements des enfants par rapport aux plantations réalisées et au respect de celles-ci.

:: Définitions

- Le milieu ou l'**environnement** comprend l'air, l'eau, le sol, les ressources naturelles, la flore, la faune et les êtres humains. L'**environnement** peut aussi être défini comme « l'ensemble, à un moment donné, des aspects physiques, chimiques, biologiques et des facteurs sociaux et économiques susceptibles d'avoir un effet direct ou indirect, immédiat ou à terme, sur les êtres vivants et les activités humaines ». D'une façon plus générale, l'environnement est constitué de « l'ensemble des éléments qui, dans la complexité de leurs relations, constitue le cadre, le milieu, les conditions de vie pour l'homme ».
- Un **écosystème** est un système biologique formé par un ensemble d'espèces associées (appelées la biocénose), développant un réseau d'interdépendances dans un milieu, le biotope, caractérisé par un ensemble de facteurs physiques, chimiques et biologiques permettant le maintien et le développement de la vie. Selon ces facteurs, les écosystèmes sont constitués d'associations d'espèces plus ou moins complexes. La partie du globe terrestre où se concentre la vie est la biosphère. Elle est le domaine de vie de l'être humain et des autres êtres vivants et regroupe l'ensemble des écosystèmes : forestier, montagneux, aquatique, marin, etc.
- L'étude de l'environnement se place actuellement dans la perspective du **développement durable**, qui est défini comme « un développement qui répond aux besoins du présent sans compromettre la capacité des générations futures à répondre aux leurs ». C'est un mode de croissance qui garantit à la fois, et à long terme, le progrès économique, social et environnemental de la société.

Séquence : Découvrir son corps et se sensibiliser aux problèmes d'hygiène, de santé et de sécurité

Séance n° 6

Je trie les aliments du petit-déjeuner

:: Compétence : Connaître et appliquer quelques règles d'hygiène du corps, des locaux, de l'alimentation.

:: Objectif : Trier les aliments du petit-déjeuner.

:: Concept : Hygiène et santé.

:: Capacité : Connaître et savoir appliquer quelques règles d'hygiène de l'alimentation.

:: Préparation de la classe

- **Organisation de la classe**
  Élèves assis autour d'une table.
- **Matériel**
  Aliments apportés par l'enseignant dans plusieurs paniers : boîtes de céréales, de lait, de jus d'orange, beurre, pain, oranges, pommes, yaourt, miel, salade, un morceau de viande, un poisson, pommes de terre, carottes, riz, fromage.
  Une fiche par élève sur laquelle sont représentés plusieurs aliments.

:: Déroulement de l'activité

- **Durée** : 30 minutes.
- **Modalités de travail :** atelier dirigé de 6 à 8 élèves.

→ Description de l'activité

- **Phase de motivation.** Le professeur pose la question suivante aux enfants : « Qu'est-ce que vous avez mangé ce matin au petit-déjeuner ? » Chaque élève nomme les différents aliments de son petit-déjeuner et une discussion est engagée sur les ressemblances et différences. L'enseignant propose que pendant un mois, un jour par semaine, on prépare un petit-déjeuner qui sera pris ensemble à l'école : « Comment nous mettre d'accord sur la composition de nos petits-déjeuners ? » Les enfants proposent les aliments qu'ils aiment, mais ils ne sont pas d'accord entre eux. Le professeur les invite alors à faire un tri pour trouver des familles d'aliments.
- **Phase d'investigation en deux temps.** Le professeur sort les aliments apportés dans un panier et les dépose sur la table : « Est-ce que vous mangez tous ces aliments au petit-déjeuner ? » ; le premier tri est donc le suivant : je mange au petit-déjeuner/je ne mange pas au petit-déjeuner.
  La deuxième consigne est : « Comment va-t-on trier maintenant les aliments du petit-déjeuner (boîtes de céréales, de lait, de jus d'orange, beurre, pain, kiwis, pommes, yaourt, miel) ? » Plusieurs idées sont données par les élèves et le professeur propose de trier selon l'origine, en les guidant : « On va mettre ensemble tout ce qui vient de la vache, ce qui vient des arbres et que l'on mange (les fruits), les céréales et ce qui vient des céréales. » Certains aliments sont difficiles à trier comme le beurre et le miel, ce qui provoque une discussion dans la classe. Il est alors décidé de constituer un groupe d'aliments qui posent problème.
- **Phase de structuration/verbalisation.** Les enfants sont invités par le professeur à reprendre les aliments de leur petit-déjeuner en les plaçant dans les trois familles représentées par une affiche au tableau : produits laitiers, fruits (et jus de fruits), céréales.

Résultat attendu

Chaque enfant doit prendre conscience de la diversité des aliments que l'on peut trier selon différents critères, et pas uniquement selon le critère « j'aime/je n'aime pas ».

Évaluation

Chaque élève a une fiche et découpe puis colle chaque dessin d'aliment dans la colonne d'où il vient : « le lait vient de la vache... ». La fiche comporte trois colonnes, avec en haut de chacune : une vache, un fruit, un épi de blé. Les dessins sont ceux des aliments du petit-déjeuner : boîtes de céréales, de lait, de jus d'orange, beurre, pain, kiwi, pommes, yaourt, miel. Le beurre et le miel ne sont pas collés, puisqu'ils posent un problème.

:: Conseils

On peut tout à fait mettre de côté les aliments difficiles à trier à cet âge. L'essentiel est que les élèves comprennent que l'on ne trie pas uniquement selon le critère du plaisir (j'aime/je n'aime pas).

:: Prolongement

Le prolongement se fait par la séance n° 7, avec la préparation d'un petit-déjeuner à l'école.

:: Définitions

La **santé** n'est pas uniquement l'absence de maladie ou d'infirmité. La définition donnée par l'OMS est fondamentale puisqu'elle permet d'orienter les principaux objectifs visés par l'éducation à la santé : « La santé est l'état de bien-être physique, mental et social. » Les buts de l'éducation à la santé sont donc de privilégier les conditions de maintien du corps en bonne santé afin de le rendre plus fort face aux agressions physiques et mentales. De plus, il est important de favoriser une approche positive centrée sur l'individu, en insistant sur la notion de capital santé individuel que chacun doit préserver. L'éducation à la santé est donc forcément liée à la découverte du fonctionnement du corps.

Séance n° 7 Je prépare un petit-déjeuner à l'école

:: **Compétence** : Connaître et appliquer quelques règles d'hygiène du corps, des locaux, de l'alimentation.

:: **Objectif** : Préparer un petit-déjeuner à l'école.

:: **Concept** : Hygiène et santé.

:: **Capacité** : Connaître et savoir appliquer quelques règles d'hygiène de l'alimentation.

:: **Condition préalable** : L'élève doit savoir qu'il existe plusieurs familles d'aliments.

:: **Préparation de la classe**

- **Organisation de la classe**
  En groupe classe (24 élèves par exemple), 4 tables avec 6 élèves par table (voir les équipes ci-dessous).
- **Matériel** (pour 24 élèves)
  Boîtes de céréales, de lait, de jus d'orange, beurre, pain (déjà coupé en tartines), kiwis, pommes, yaourt, miel (en petites portions), pailles, verres en plastique, petites cuillères, petits bols, serviettes en papier.

:: **Déroulement de l'activité**

- **Durée** : 45 minutes.
- **Modalités de travail** : en groupe classe (par exemple de 24 élèves).

→ **Description de l'activité**

- **Phase motivante.** Le projet de prendre un petit-déjeuner à l'école motive beaucoup les enfants. Il a été décidé à la séance précédente que le professeur achèterait tous les aliments du petit-déjeuner, en respectant les trois familles définies et en laissant le choix de deux aliments par famille. Maintenant, il s'agit d'organiser le petit-déjeuner : « Comment faire pour que chacun ait un aliment de chaque groupe ? » Il a été convenu que chaque enfant aurait un verre de jus d'orange et que ceux qui choisissent la tartine de pain auraient du beurre et du miel.
- **Phase d'investigation en deux temps**

– **Premier temps :** les enfants ont très vite proposé de placer dans un tableau leur nom dans la colonne de l'aliment choisi. Un tableau est construit avec trois colonnes, chacune divisée en deux : produits laitiers (lait ou yaourt), fruits (kiwi ou pomme), céréales (bol de céréales ou pain). Les aliments sont représentés par des images avec le nom de l'aliment et le professeur note le prénom de chaque enfant en fonction de son choix.

– **Deuxième temps :** le professeur demande aux élèves : « Comment va-t-on maintenant distribuer les aliments de chacun ? » Quatre équipes de 6 enfants sont constituées, chacune ayant pour objectif de placer le petit-déjeuner correspondant à chaque enfant.

Équipe n° 1 (placée à la table n° 1) : distribue les produits laitiers.
Équipe n° 2 (table n° 2) : distribue les fruits.
Équipe n° 3 (table n° 3) : s'occupe des céréales.
Équipe n° 4 : place les verres (pour le jus ou le lait servi par le professeur), les petites cuillères (pour ceux qui ont choisi les yaourts) et les serviettes.

- **Phase de structuration.** Chaque enfant dit si son petit-déjeuner correspond bien à son choix et comprend bien un aliment de chaque famille.

Résultats attendus

Le professeur attend que chaque enfant ait son petit déjeuner avec un aliment de chaque groupe correspondant à son choix. De plus, il veille au bon fonctionnement de chaque équipe. Enfin, il veille à ce que chaque enfant se régale avec son petit-déjeuner à l'école !

Évaluation

Si les enfants sont enthousiastes et bien dans l'action, alors l'expérience du petit-déjeuner à l'école est réussie et est à renouveler !

:: Conseils

En éducation à la santé, le professeur doit veiller au respect des différences culturelles et des habitudes alimentaires de chaque élève. De plus, il doit éviter d'être moralisant.

:: Prolongement

Le projet de prendre un petit-déjeuner à l'école peut se poursuivre sur un mois, un jour par semaine, en variant à chaque fois les aliments afin de sensibiliser les enfants à la diversité des familles d'aliments. Un petit-déjeuner peut être identique pour tous, et un autre peut leur laisser le choix entre deux ou trois aliments dans une même famille.

:: Définitions

Les **sept familles d'aliments** :

- Famille bleue : lait et produits laitiers.
- Famille blanche : eau.
- Famille rouge : viandes, poissons, jambon, volailles, œufs.
- Famille verte : fruits et légumes.
- Famille marron : pain, céréales, féculents, légumineuses.
- Famille jaune : huile, beurre, margarine.
- Famille rose : boissons sucrées, bonbons, miel, confiture, etc.

Parmi un certain nombre de règles, un menu équilibré doit être varié et couvrir les besoins qualitatifs, c'est-à-dire apporter toutes les catégories d'aliments. Ceux-ci sont regroupés en sept familles en fonction de leur composition et de leur origine. Il est recommandé de choisir un aliment dans chaque famille afin de varier les apports et de couvrir les besoins qualitatifs de l'organisme. C'est pourquoi le document des « sept familles » peut faire découvrir les secrets d'une bonne alimentation aux enfants.

Remarque : les aliments de la famille rose ne sont pas indispensables, même s'ils procurent beaucoup de plaisir aux gourmands.

Séance n° 8 Je suis dans la rue et je suis prudent

:: Compétence : Repérer un danger et le prendre en compte.

:: Objectif : Développer le sens de l'observation (lorsqu'on est dans la rue, par exemple).

:: Concept : Sécurité et environnement.

:: Capacités : Savoir prendre en compte les risques de la rue. Savoir adopter une attitude responsable.

:: Condition préalable : Avoir déjà découvert l'environnement plus lointain (le quartier, le jardin public proche de l'école, la rue, etc.).

:: Préparation de la classe

- **Organisation de la classe**
  Atelier de 8 enfants réunis autour d'une table.
- **Matériel**
  Feutres, crayons de couleur, affiche vierge.
  Une feuille par élève comportant les images d'un enfant dans la rue qui suit les règles de prudence pour certaines images, ne les suit pas pour d'autres.
- **Documents**
  Exemple d'album : *L'Ange gardien de la route ou comment être prudent dans la rue*, D. Debord, éditions Gründ.

:: Déroulement de l'activité

- **Durée** : 40 minutes.
- **Modalités de travail :** en groupe pour la mise en situation et la phase d'investigation, en travail individuel pour la phase de structuration puis à nouveau en groupe.

→ Description de l'activité

- **Mise en situation (/verbalisation).** Après avoir interrogé les enfants sur les risques de la rue lorsqu'ils viennent à pied à l'école avec leur parent ou bien lorsqu'ils vont faire des courses, le professeur leur pose la question : « Vous avez dit qu'il y avait des risques dans la rue, alors comment être prudent dans la rue ? » Les enfants donnent des conseils (hypothèses) qui sont notés sur une affiche par le professeur : donner la main à un adulte, regarder des deux côtés avant de traverser, emprunter le passage pour piétons, marcher sur le trottoir, etc. L'enseignant propose ensuite de voir si l'ange gardien de la route, dans l'album, donne les mêmes conseils qu'eux.
- **Phase d'investigation.** Le professeur lit et montre les illustrations de l'album dont l'histoire est la suivante : « Philippe et ses petites sœurs jouent dans le jardin. Leur maman leur a bien dit de ne pas aller dans la rue, et pourtant... Heureusement, un ange gardien est là pour veiller sur eux et leur expliquer toutes les règles de prudence à respecter quand on sort de la maison. » À chaque règle de prudence, le professeur demande aux enfants leur avis, par rapport aux propositions qu'ils ont faites au départ. La liste des règles de prudence est complétée avec l'album.
- **Phase de structuration (/verbalisation).** Chaque élève a un document sur lequel plusieurs petites images représentent un enfant qui est dans la rue en suivant les règles de prudence trouvées pendant la phase d'investigation, mais certaines images montrent un enfant qui ne suit pas ces règles (exemples : un enfant qui traverse en dehors du passage pour piétons, qui joue au ballon dans la rue, etc.). La consigne du professeur est : « Vous observez bien les petites images ; vous entourez celles où l'enfant suit bien les règles de prudence, et vous barrez celles où l'enfant ne suit pas les règles. »

Résultat attendu

En utilisant le bon vocabulaire, les élèves commentent les images qu'ils ont entourées, qui doivent mettre en évidence les règles de prudence lorsqu'on est dans la rue.

Évaluation

Une sortie réelle dans la rue serait utile pour bien se rendre compte de la compréhension des règles de prudence !

L'évaluation peut aussi se faire sous la forme de jeux dans la cour de l'école. La rue peut être marquée par des balises, le passage pour piétons dessiné avec une craie, etc. Des jeux de rôle peuvent être mis en place.

:: Prolongement

Identifier les dangers de la rue et apprendre à porter secours.

:: Remarques

Le nombre d'informations à enregistrer, la mesure des risques et la connaissance des aptitudes physiques de l'enfant sont importantes à connaître pour lui inculquer les règles de base de la sécurité. Lui faire prendre conscience de son environnement, apprendre à observer des situations, déterminer les bonnes et les mauvaises attitudes, acquérir du vocabulaire (trottoir, chaussée, voie, etc.) tout en s'amusant sont autant de points que l'on peut aborder avec eux.

Séance n° 9 J'identifie une situation anormale

:: **Compétence** : Repérer un danger et le prendre en compte.

:: **Objectif** : Identifier une situation anormale, un danger pour préserver la sécurité.

:: **Concept** : Sécurité et environnement.

:: **Capacité** : Savoir repérer une situation inhabituelle ou de danger.

:: Préparation de la classe

- **Organisation de la classe**
  Atelier de 8 élèves réunis autour d'une table.
- **Matériel**
  Affiche vierge, avec deux colonnes ; des aimants.
- **Documents**
  Documents photographiques représentant des situations à risque et sans risque (réduits sur une feuille pour chaque élève et agrandis pour l'enseignant).

:: Déroulement de l'activité

- **Durée** : 40 minutes.
- **Modalités de travail :** atelier de 8 élèves qui travaillent tous ensemble dans les phases de départ et de structuration, et individuellement pendant la phase d'investigation.

→ Description de l'activité

- **Phase déclenchante.** Le professeur lit dans le journal local du jour deux faits simples d'actualité (si possible avec une photographie), l'un ne présentant aucune situation de danger, l'autre montrant une situation anormale, un risque. Le professeur donne la consigne suivante : « Écoutez bien ce que je vais vous lire puis vous me direz ce que vous pensez de ces informations. » Les enfants sont invités à discuter librement de ces deux faits. Il émerge petit à petit l'idée qu'il y a parfois des situations dangereuses pour la sécurité des gens. Le professeur demande ensuite aux élèves de donner des exemples de situations présentant un problème et nécessitant d'alerter un adulte, si l'enfant est tout seul.
- **Phase d'investigation.** Les élèves sont ensuite invités, individuellement, à entourer sur le document distribué les photographies montrant une situation anormale qui justifie d'appeler un adulte. Dans un deuxième temps, chaque enfant doit, oralement, justifier son choix par rapport à une situation de danger qu'il a entourée.
- **Phase de structuration.** Les documents photographiques distribués aux élèves dans la phase d'investigation ont été agrandis et découpés auparavant par l'enseignant(e) qui dispose donc d'un jeu pour la synthèse. Les enfants sont invités à les placer, à tour de rôle, sur une affiche divisée en deux colonnes : situations sans danger, situations comportant un danger.

Résultat attendu

Le tri des situations à risque et sans risque doit être correctement réalisé.

Évaluation

Le professeur peut évaluer les élèves au cours d'autres situations anormales proposées.

:: Conseil

Il n'est pas souhaitable, dans ce type de séance, de faire mimer aux enfants le danger. leur apprentissage consiste à savoir comment aider l'autre.

:: Prolongement

Apprendre à demander de l'aide à un adulte, lorsque l'enfant est seul, pour être secouru ou porter secours.

Séance n° 10 J'apprends à téléphoner pour alerter

:: Compétence : Repérer un danger et le prendre en compte.

:: Objectif : Apprendre à communiquer par téléphone.

:: Concept : Sécurité et environnement.

:: Capacité : Savoir demander de l'aide pour être secouru ou porter secours.

:: Conditions préalables : Les élèves ont appris à identifier une situation anormale, un risque, et ont déjà acquis un vocabulaire spécifique sur le schéma corporel.

:: Préparation de la classe

- **Organisation de la classe**
  En classe entière puis en atelier de 8 élèves assis par terre sur des matelas de gymnastique.
- **Matériel**
  Matelas de gymnastique, un vrai téléphone (non branché).

:: Déroulement de l'activité

- **Durée** : 40 minutes.
- **Modalités de travail** : atelier de 8 élèves après un temps collectif.

→ Description de l'activité

- **Situation de départ.** Au moment du rituel de début de matinée, les enfants s'interrogent sur la météo du jour et le professeur leur propose de téléphoner à la météo pour avoir davantage de précisions sur le temps qu'il va faire aujourd'hui : « Qu'est-ce qu'on va dire au monsieur de la météo ? » Les enfants donnent leur avis et essayent, avec l'aide du professeur, de se mettre d'accord sur le contenu du message téléphonique et l'ordre des informations dans le message. Le professeur demande ensuite : « Est-ce que ce message peut être utilisé si l'on téléphone à la maman de Pierre qui vient de tomber et s'est fait mal au bras ? » Une discussion collective est engagée et le professeur leur propose de la continuer en petit groupe.
- **Phase d'investigation.** Une situation d'accident est mise en place dans la classe et le professeur explique que l'on fait semblant : « Pierre est tombé en faisant du vélo dans la cour de la maison chez Paul. Ce dernier téléphone à la maman de Pierre, car Paul est tout seul chez lui. Comment fais-tu et que dis-tu à sa maman ? Peut-on reprendre l'exemple du message téléphonique pour le monsieur de la météo ? » La situation est mise en place et le professeur joue le rôle de la maman. Paul prend le téléphone et essaie de téléphoner à la maman de Pierre, en faisant le numéro et en lui donnant un message téléphonique. Les autres enfants donnent leur avis, le message de Paul est comparé avec celui que l'on donnerait au monsieur de la météo. Tout le monde pense qu'il faut décrire, à la maman de Paul, la situation de l'accident et lui dire où Paul a mal, alors qu'au monsieur de la météo, on lui demande juste le temps qu'il va faire.
- **Phase de structuration.** Les élèves dictent au professeur, qui écrit sur une grande affiche, le contenu du message téléphonique qui doit comporter dans l'ordre : « je dis bonjour puis mon prénom (et mon nom) et là où je suis, j'explique pourquoi je téléphone, je décris ce qui s'est passé, j'écoute ce que me dit la maman de Paul et j'attends qu'elle me dise de raccrocher. »

Résultats attendus

L'enseignant attend que les élèves utilisent le mieux possible le téléphone (en changeant de modèle : fixe, portable), qu'ils apprennent à donner l'alerte à un adulte (s'il n'y en a pas à côté d'eux), à parler à un interlocuteur absent (découverte et respect des règles de la compréhension entre interlocuteurs) et à se présenter.

Évaluation

D'autres situations d'accident sont mises en place et les élèves doivent adapter leur message d'alerte à la situation.

:: Prolongement

Construction, avec l'aide de l'adulte, d'autres traces écrites, mémoire des apprentissages : la carte d'identité, l'intitulé de l'enveloppe, l'information aux parents, etc.

Chapitre 7

Se repérer dans l'espace

:: Continuité des apprentissages en maternelle

:: Repères pratiques

:: Séances 1 à 12

Yveline Minne

Continuité des apprentissages en maternelle

	1re année	2e année	3e année	Grande section
Repérages dans l'espace				
Se situer par rapport à des objets ou des personnes	à travailler prioritairement	à travailler prioritairement	à travailler prioritairement	à travailler prioritairement
Situer des objets ou des personnes les uns par rapport aux autres				
• par rapport à des repères fixes	peut être travaillé	à travailler prioritairement	à travailler prioritairement	à consolider
• par rapport à une personne ou un objet fixe orienté			à travailler prioritairement	à travailler prioritairement
• les objets ou les personnes les uns par rapport aux autres			peut être travaillé	à travailler prioritairement
Se déplacer dans un environnement proche de l'école (espace vert, terrain de sport)		peut être travaillé	à travailler prioritairement	à travailler prioritairement
Représentation de l'espace				
Maîtriser l'environnement proche				
• reconnaître, décrire, commenter des représentations	à travailler prioritairement	à travailler prioritairement	à travailler prioritairement	à travailler prioritairement
• reconnaître, utiliser des représentations d'espaces connus		peut être travaillé	à travailler prioritairement	à travailler prioritairement
• coder, décoder des espaces vécus			peut être travaillé	à travailler prioritairement
Décrire et représenter simplement l'environnement proche				
• suivre un parcours décrit oralement	à travailler prioritairement	à travailler prioritairement	à travailler prioritairement	à travailler prioritairement
• décrire un parcours effectué		peut être travaillé	à travailler prioritairement	à travailler prioritairement
• représenter un parcours (dessin, maquette, plan)			peut être travaillé	à travailler prioritairement
Savoir reproduire l'organisation d'un ensemble d'objets dans l'espace	peut être travaillé	peut être travaillé	à travailler prioritairement	à travailler prioritairement
Des espaces inconnus				
S'intéresser à des espaces inconnus	peut être travaillé	peut être travaillé	à travailler prioritairement	à travailler prioritairement

- à travailler prioritairement
- à consolider
- peut être travaillé

Repères pratiques

1. Les axes forts du domaine d'activités

Le concept d'espace, commun à de nombreux domaines d'activités, doit être compris comme un système dont les composantes prennent sens les unes par rapport aux autres : la forme, la distance, l'orientation.

À l'école maternelle, l'enfant découvre le monde qui l'entoure au travers d'activités qui lui permettront de prendre et utiliser des repères spatiaux. Il va être amené à se déplacer dans des espaces de plus en plus lointains, à situer des objets ou des personnes les uns par rapport aux autres. Enfin, le fait de situer des objets ou des personnes par rapport à des repères quelconques nécessitera une décentration de sa part pour adopter le point de vue d'un autre. À noter l'importance des activités dans lesquelles il faut passer du plan horizontal au plan vertical et inversement tout en conservant les positions relatives des différents éléments afin de préparer à l'orientation dans l'espace graphique en lien avec l'apprentissage de la lecture et de l'écriture.

2. Les spécificités de la section

En petite section, l'enfant a investi son nouveau milieu de vie, l'école avec ses classes, ses différents espaces dont le couloir, la salle d'évolution, la cour. Il s'y est déplacé à la recherche d'un objet ou d'une personne. Il a vécu de multiples activités qui lui ont permis de repérer des objets ou des camarades **par rapport à lui-même**. L'objectif prioritaire de la moyenne section sera d'amener progressivement les élèves à la décentration, c'est-à-dire à pouvoir adopter le point de vue d'un autre.

A Les priorités pour l'enseignant de petite section en référence au tableau de compétences

Les espaces étudiés se diversifient en même temps qu'ils commencent à s'agrandir : l'école, un espace vert, un parc, le quartier, etc.

Les activités proposées amènent l'élève :

– à exprimer un repérage par rapport à lui-même mais aussi par rapport à d'**autres personnes ou des objets orientés** (je suis devant l'écran, Théo est derrière la voiture) en utilisant un vocabulaire adéquat : *dedans, dehors, à l'intérieur, à l'extérieur, devant, derrière, en haut, en bas, dessus, dessous, plus loin, plus près* ;

– à respecter des **consignes directionnelles** (monter, descendre, aller en avant, en arrière, etc.) ;

– à **reconnaître et utiliser** des représentations d'espaces connus telles que des photographies, des maquettes lors d'activités ludiques : retrouver des objets cachés à partir de photographies ; communiquer à un camarade un endroit sur une photographie ou une maquette afin que celui-ci puisse retrouver un objet.

En classe, l'utilisation de jeux tels que le Memory contribue à développer une mémoire spatiale. Les jeux de Kim visuels sont également très intéressants dans la mesure où ils nécessitent le recours à des organisations spatiales pour contrôler une collection dont l'enseignant a déplacé un des éléments par exemple. Les maisons d'édition proposent une grande variété de jeux éducatifs dans le domaine de l'espace : par exemple, le matériel Polyform chez Celda sur le principe des tangrams

L'enseignant profitera également des différents événements qui jalonnent l'année scolaire à l'école maternelle, comme par exemple le carnaval, pour ouvrir les élèves à d'autres cultures, d'autres lieux, en proposant des histoires, des images « d'ailleurs » qui permettront à chacun de se construire une **première représentation du monde** auquel il appartient.

3. Éléments didactiques et pédagogiques

Le tableau ci-dessous propose une approche progressive de la notion d'espace :

Compétences	Exemples de situations	Verbalisation
Repérer des objets ou des personnes **par rapport à soi (le plus facile)**.	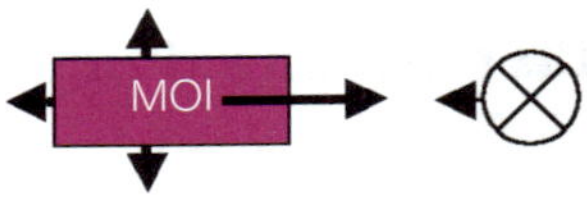	X est devant moi. (Les notions de *gauche* et *droite* sont plus difficiles que *devant*, *derrière* : la construction de la latéralité sera réservée à la grande section.)
Repérer des objets ou des personnes **par rapport à un objet fixe non orienté**.		X est à côté du banc.
Repérer des objets ou des personnes **par rapport à une personne ou un objet orienté**.	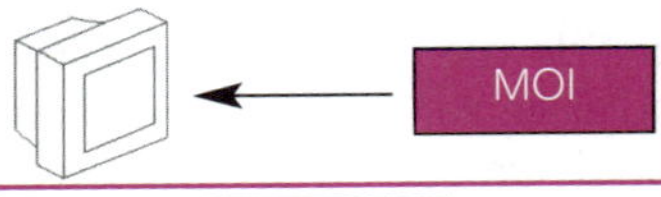	Je suis devant l'écran.
Repérer des objets ou des personnes **les uns par rapport aux autres (le plus difficile : notion de point de vue)**.	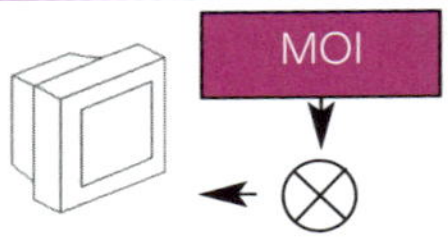	X est devant l'écran.

L'espace est d'abord perçu puis vécu physiquement par les enfants. Cependant, l'expérience spontanée, sans le recours à la verbalisation des actions, ne saurait garantir de réels apprentissages. Il est essentiel de viser la mise en place d'un vocabulaire spatial aussi bien en réception qu'en production. À partir de là, le passage à la représentation est possible. Pour reprendre C. Berdonneau, lors d'une conférence au CRDP de Rouen en 2006, « [...] plutôt que de submerger les élèves de fiches et autres documents photocopiés, il serait souhaitable, après un travail dans le méso-espace, en salle de jeu ou dans la cour de récréation, d'exploiter en classe des situations faisant appel à de petits personnages (Playmobils ou des figurines) ». On ne peut que recommander l'achat, certes coûteux mais très utile pour l'école maternelle, d'un matériel tel que l'ensemble Gymprojet chez Asco qui facilite la décentration et le passage à la représentation plane. Les activités proposées doivent permettre aux enfants de vivre l'espace, de le décrire verbalement, de le représenter mentalement et de le coder graphiquement.
Il est à noter que le passage entre l'espace vécu et l'espace représenté se construit lentement comme le précisent les Instructions officielles : « La représentation des relations spatiales reste difficile tout au long de l'école maternelle. » Les enfants s'approprient l'espace au travers d'activités variées, ancrées dans de véritables situations de communication : on se déplace pour chercher un trésor, pour demander quelque chose à quelqu'un, on explique à un camarade le trajet à effectuer pour qu'il trouve un objet, on représente l'organisation d'un espace à l'aide de miniatures, on le décrit, on le dessine pour que quelqu'un puisse se repérer, etc.
C'est aussi par la fréquentation d'ouvrages qui traitent d'autres modes de vie, de pays lointains que les enfants commenceront à se construire des images mentales du monde auquel ils appartiennent.
Dès la fin du cycle 1 et surtout au début du cycle 2, en grande section, l'enseignant amènera les élèves à appréhender le paysage comme milieu marqué par les hommes, à décrire et à comparer la diversité des modes de vie.

Séquence : Se repérer dans l'espace

Séance n° 1 Chasse aux œufs

:: **Compétence** : Se situer dans l'espace et situer les objets par rapport à soi.

:: **Objectif** : Retrouver des œufs dans la cour de l'école.

:: **Concepts** : Espace, localisation.

:: **Capacités** : Alternativement, situer des objets dans l'espace par rapport à soi et décrire des positions ou des déplacements en se référant à des repères spatiaux.

:: **Conditions préalables** : Dans le cadre d'un projet en liaison avec le printemps, l'école organise une « chasse aux œufs ». Les enfants connaissent bien le lieu dans lequel ils vont évoluer : l'espace de jeu a été délimité et repéré. La présence d'autres adultes (des parents par exemple) facilitera la mise en œuvre de cette activité, surtout si l'effectif est élevé.

:: Préparation de la classe

- **Organisation de la classe**
  Les élèves sont regroupés par deux, chaque binôme possède des œufs de la même couleur afin d'éviter les problèmes liés à la récolte d'objets qui ne leur appartiendraient pas.
- **Matériel**
  Des images plastifiées d'œufs : 4 à 5 par binôme.
  Un magnétophone pour enregistrer quelques échanges.
- **Documents**
  Quelques albums :
  La Surprise du printemps, S. Doherty, éd. Babirossa, 2006.
  Envolés, les œufs de Pâques, U. Weigelt, éd. Nord-Sud, 2006.
  La Poule aux trésors, F. Chabot, éd. Nord-Sud, 2006.

:: Déroulement de l'activité

- **Durée** : 30 minutes.
- **Modalités de travail** : la classe entière.

→ Description de l'activité

- **Phase 1 (15 minutes).** L'enseignant forme des binômes et explique le jeu : un enfant sur les deux va aller cacher ses 3 œufs, l'autre ne regarde pas. Le premier revient expliquer où il a déposé l'œuf afin que son camarade le lui rapporte dans son panier, ainsi de suite pour les autres. On inversera les rôles. L'élève « chercheur » pourra se déplacer à l'aide de l'étiquette « référent » si nécessaire.
- **Phase 2 (15 minutes).** *Idem* mais l'enseignant demande de bien cacher les œufs et impose un nombre de renseignements : par exemple deux.

Résultats attendus

À l'issue de la première partie, un moment de bilan pour faire émerger un constat sur le déroulement : l'exactitude des renseignements, leur qualité, leur nombre, le choix de la cachette, etc.
Lors de la reprise du jeu, une prise en compte des remarques : des consignes plus concises, plus ciblées qui se traduisent par le choix d'un repère fiable.

Évaluation

Elle se fera à deux niveaux : en production et/ou en réception (pour le premier, la fiabilité des renseignements donnés, pour le second la compréhension). L'œuf est rapporté ou non, validé ou non grâce au référent.

:: Remarque

À l'école maternelle, l'enfant s'approprie l'espace au travers d'activités variées, ancrées dans de véritables situations de communication : on explique à quelqu'un où les œufs sont cachés. Les jeux d'orientation tels que course au trésor, chasse aux œufs, vécus en groupe et dans des lieux connus et sécurisés favorisent la construction de l'espace.

:: Ouverture transdisciplinaire

Le fait d'avoir enregistré les renseignements donnés par quelques élèves lors de cette chasse aux œufs permet un travail autour de la consigne lors d'un atelier de langage en classe : le vocabulaire précis à utiliser, une structure syntaxique.

:: Prolongement

Des jeux d'orientation qui proposent aux élèves de se déplacer à l'aide d'une information prise sur un document figuratif (photographie, dessin) pour aller chercher quelque chose.

Séquence : Décrire des espaces moins familiers

Séance n° 2 Sortie au parc

:: **Compétence** : Se situer dans l'espace et situer les objets par rapport à soi.

:: **Objectif** : Se déplacer, se repérer dans un jardin public.

:: **Concepts** : Espace, milieu.

:: **Capacité** : Suivre un parcours décrit oralement.

:: **Conditions préalables** : Les sorties dans la nature ne peuvent s'envisager qu'à partir du moment où les enfants ont vécu, sous forme de jeux, des activités de repérages et de déplacements dans des espaces connus, bien délimités comme la classe, l'école. Toute sortie nécessite la présence d'un certain nombre d'adultes (1 pour 6 dans le cas présent) afin d'aider à la logistique (transport du matériel), à la mise en œuvre d'activités en toute sécurité. Il est important de se mettre d'accord sur le vocabulaire à utiliser avec les élèves. Le site sera suffisamment grand pour faire évoluer l'ensemble des groupes en même temps.

:: Préparation de la classe

- **Organisation de la classe**
  Les enfants, répartis en 4 groupes de 6 à 8, porteront un signe distinctif de couleur et évolueront dans un espace délimité à l'aide de rubans par exemple.
- **Matériel**
  Des chasubles ou des foulards ou maillots de couleurs différentes (autant de couleurs que de groupes).
  Si possible, des objets de couleurs identiques aux couleurs des signes distinctifs : plots, balles, anneaux, rubans, palets, etc.

:: Déroulement de l'activité

- **Durée :** variable (dépend de la durée des déplacements et du mode d'organisation).
- **Modalités de travail :** toute la classe puis par petits groupes d'enfants (3 à 4 acteurs et autant d'observateurs).

→ Description de l'activité

L'enseignant a repéré un endroit suffisamment dégagé pour toujours garder les enfants dans son champ de vision. Rassemblés au point de regroupement bien identifié, les enfants sont invités à regarder autour d'eux, à nommer les éléments qui pourraient servir de repères : des arbres particuliers, des arbustes à fleurs, un tronc couché, un banc, un parterre de fleurs, une allée, etc. L'enseignant fait ensuite le tour du terrain en compagnie des élèves afin de bien délimiter l'aire de jeu (on pourra, à cet effet, nouer des rubans sur des éléments du pourtour). Il en profite pour prendre quelques photographies qui soutiendront le rappel lors de la séance suivante.

Des plots de couleur sont ensuite déposés sur la surface d'évolution. Après avoir bien explicité et fait répéter les limites de l'espace, les enfants vont se déplacer de façon autonome sur l'aire de jeu.

- **Activité n° 1**

L'enseignant donne une consigne de déplacement à la moitié de chacun des groupes de couleur tandis que l'autre moitié, en compagnie d'un adulte, observe et commente ce que font leurs camarades, ce qu'ils voient :

« Allez par le chemin le plus court jusqu'au parterre de fleurs. »
« Allez jusqu'à... en passant par les plots de la même couleur que votre chasuble. »
(pour l'autre moitié du groupe) Allez jusqu'à... mais sans passer par le même chemin que les autres. »
Etc.

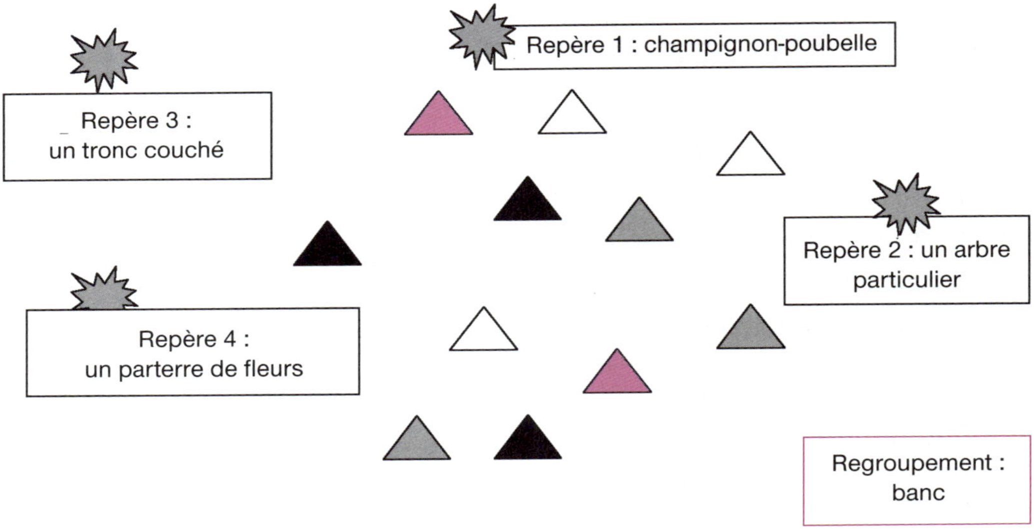

- **Activité n° 2**

Le groupe rouge se déplace en autonomie sur le terrain et les enfants y déposent 5 objets de la même couleur que leur chasuble. L'équipe des bleus, qui n'a pas regardé, a pour consigne d'aller rechercher les objets et de les rapporter en expliquant où elle les a trouvés. On inverse les rôles.

- **Activité n° 3**

Un adulte a déposé sur l'aire de jeu 4 caisses contenant des objets différents : la première des balles, la deuxième des plots, la troisième des anneaux, la dernière des foulards. Chacune des équipes a pour consigne de rapporter un objet de chaque sorte au point de rassemblement. L'enseignant propose ensuite une feuille de route sur laquelle figure la liste des objets à rapporter, sous forme de dessins, dans un ordre déterminé.

Équipe 1	Une balle	Un anneau	Un plot	Un ruban
Équipe 2	Un anneau	Une balle	Un ruban	Un plot
...				

La sortie se termine par un moment d'observation qui a pour but d'essayer de garder en mémoire les repères choisis : leurs caractéristiques, leur emplacement. Exemples : le saule, l'arbre qui pleure ; le sapin, l'arbre qui pique, etc.

Résultats attendus

Les élèves « acteurs » se déplacent de façon autonome dans un espace inhabituel.
Les observateurs commentent en utilisant un vocabulaire lexical et spatial adéquat.

Évaluation

La dernière activité est réalisée sous forme de course au trésor : c'est l'équipe la plus rapide pour rapporter dans l'ordre les objets de la liste qui a gagné.

:: Conseil

Toute sortie à l'extérieur de l'école se prépare avec beaucoup de soin afin d'assurer toutes les conditions de sécurité : cela nécessite un nombre suffisant d'accompagnateurs à qui l'on aura pris le temps de donner tous les renseignements utiles.

:: Ouverture transdisciplinaire

L'exploitation d'une sortie nature donne lieu à la mise en œuvre de nombreuses activités dans différents domaines.

Quelques idées :

- **La maîtrise de la langue :** évoquer la promenade, la raconter, nommer les éléments que l'on a pu rapporter, écrire par dictée à l'adulte ce que l'on a vécu pour le raconter aux parents, enrichir « le dictionnaire de la classe » à l'aide de nouveaux mots (noms de fleurs, d'animaux).
- **Agir avec son corps :** se déplacer dans des endroits incertains, plus accidentés.
- **Dans le domaine de la découverte du monde :** découvrir un autre milieu, apprendre à le respecter, à l'observer, à le décrire, etc., vers une première caractérisation ; commencer une collection de fleurs.
- **Sensibilité, imagination, création :** réaliser une composition en plan ou en volume à l'aide des éléments végétaux rapportés et séchés.

Séance n° 3 Tableau vivant

:: **Compétence** : Comprendre et utiliser à bon esprit le vocabulaire du repérage et des relations dans l'espace.

:: **Objectif** : Représenter l'espace vécu par une maquette vivante.

:: **Concepts** : Espace. Localisation.

:: **Capacité** : Coder des espaces vécus.

:: Préparation de la classe

- **Organisation de la classe**
  L'enseignant a déposé dans la salle d'évolution des objets pouvant représenter des éléments repérés lors de la sortie.
- **Matériel**
  Des blocs Asco en forme de demi-cylindre pour les troncs, des plots, des bancs, des gymbâtons, des morceaux de tissu colorés, etc.
- **Documents**
  Les photographies de la sortie pour aider au rappel.
  Des ouvrages documentaires sur la nature (il en existe beaucoup).

:: Déroulement de l'activité

- **Durée** : 30 minutes.
- **Modalités de travail** : en groupe classe.

→ Description de l'activité

Les élèves sont assis sur des bancs comme dans la situation vécue, dans un coin de la salle d'évolution. L'enseignant leur propose de reproduire, à l'aide du matériel à leur disposition, l'espace de jeu lors de la sortie. Puis l'enseignant fait vivre cette maquette.

- S'y déplacer, se cacher selon les consignes données par l'adulte mais aussi par les élèves eux-mêmes : faire une ronde autour de... ; se cacher dans le tronc d'arbre couché...
- Rechercher un objet caché par son camarade à l'aide de ses explications.
- Trouver un objet caché par l'enseignant à partir d'une photographie.

Résultats attendus

Les enfants se remémorent les repères fixes de l'espace de jeu, ils les situent les uns par rapport aux autres ; ils recherchent différents objets pour représenter le réel (développement de la fonction symbolique) : une poubelle à partir d'un cône à base carrée retourné, les arbres à l'aide des gymbâtons, les troncs couchés fabriqués à partir de gros cylindres de carton ou d'un matériel de motricité type Asco, etc.

Évaluation

L'utilisation du vocabulaire spatial tant en réception qu'en production.

:: Remarques

Ce type de séquence peut se dérouler à la suite de toutes situations vécues : une sortie en plein air (au parc, au jardin public, dans la forêt), un trajet, en boucle si possible, dans le quartier proche de l'école, et même l'autocar (si ce moyen de transport est utilisé) que l'on peut s'amuser à reconstituer.

Il faut signaler toutefois que ces sorties sont source de fatigue tant physique qu'intellectuelle pour ces jeunes enfants, ce qui limite leurs facultés mémorielles. Cela signifie qu'il faudra sortir à plusieurs reprises et exploiter chacune des sorties dans un domaine particulier.

:: Prolongement

Selon la période de l'année, on passe du « tableau vivant » à la représentation plane : dans un premier temps, par le tracé à la craie sur le sol, dans un second temps par la représentation à la dimension d'une feuille qui pourra être complétée par les enfants.

Dans le cas présent, l'enseignant a finalisé le projet par une saynète jouée lors de la fête de fin d'année. Cette prestation a nécessité l'écriture d'une histoire ainsi que la fabrication de décors.

Séquence : Décrire et représenter simplement l'environnement proche

Séance n° 4 Le plan de la classe

:: **Compétence** : Se repérer dans l'espace d'une page.

:: **Objectif** : Faire le plan de la classe.

:: **Concepts** : Espace. Orientation.

:: **Capacités** : Décrire et représenter simplement sa classe.

:: **Conditions préalables** : Les élèves ont eu l'occasion, lors d'un regroupement, de repérer les différents espaces de leur classe, de les décrire, d'expliciter leurs fonctions : les coins jeux, les espaces de rangement, le bureau de la maîtresse, les tables, le coin regroupement, etc. Chaque enfant en a choisi un pour le dessiner. (Les enfants seront regroupés selon leurs dessins de façon à pouvoir reconstituer le plan.)

:: Préparation de la classe

- **Organisation de la classe**
  Un support cartonné rectangulaire qui représente la classe, posé au sol, suffisamment grand pour recueillir les dessins de chacun des groupes.
- **Matériel**
  Une grande feuille cartonnée représentant la classe avec quelques repères fixes tels que la porte d'entrée et les fenêtres, le tableau.
  De la pâte adhésive amovible pour fixer de façon provisoire les dessins.
  Une demi-feuille de dessin par élève.

:: Déroulement de l'activité

- **Durée** : 20 minutes.
- **Modalités de travail :** un groupe d'élèves.

→ Description de l'activité

Le groupe d'enfants est assis par terre au coin regroupement, dos à un des murs de la classe de façon à éviter le problème lié à la notion de point de vue. L'enseignant dispose, sur le sol, la feuille cartonnée en respectant l'orientation de la classe. À tour de rôle, les enfants présentent leur dessin, le décrivent et le positionnent sur la feuille en justifiant leur choix. Les autres participent en validant ou non.

L'enseignant leur demande ensuite de réfléchir à un élément qui pourrait symboliser l'espace qu'ils ont représenté. Après discussion, chacun des élèves le dessine sur l'étiquette.

Cette séance se reproduira à l'identique avec chacun des autres groupes.

Résultat attendu

Les enfants justifient la position de leur dessin par rapport à d'autres à l'aide d'un vocabulaire spatial précis : *près de*, *à côté* ; *de*, *entre*, *avant*, *après*, etc.

Séance n° 5 Jouons dans l'espace du plan de la classe

Compétence : Se repérer dans l'espace d'une page.

Objectif : Suivre un parcours simple sur le plan de la classe.

Concepts : Espace. Orientation.

Capacité : Les mêmes que pour la séance n° 4.

Conditions préalables : L'ensemble des groupes a vécu la séance de la construction progressive du plan à partir des dessins, a verbalisé, commenté, validé ou infirmé les propositions des autres.

Préparation de la classe

- **Organisation de la classe**
  Chacun des groupes d'élèves réunis successivement au coin-regroupement face à la représentation de leur classe.

- **Matériel**
  Des personnages miniatures.
  Les différentes représentations de la classe élaborées lors de la séance précédente.

Déroulement de l'activité

- **Durée** : 20 minutes.
- **Modalités de travail** : comme pour la séance n° 4.

→ Description de l'activité

L'enseignant dispose à nouveau le plan sur le sol, en respectant l'orientation, au coin regroupement par exemple, et place les enfants dos au mur de façon à ce qu'ils aient tous le même regard sur la classe (ce qui évite, pour le moment, les problèmes liés à la notion de point de vue). Il propose ensuite une série de petits exercices de manipulation et de verbalisation à partir des personnages miniatures qui représentent des enfants :
- placer le personnage à l'endroit où se trouve un camarade d'un autre groupe ;
- aller se mettre à l'endroit indiqué par le personnage (celui-ci est positionné par l'élève lui-même ou un autre) ;
- un enfant se déplace dans la classe et s'arrête à un endroit : chacun des autres enfants, successivement, fait avancer le personnage sur le plan en respectant le trajet ainsi que les arrêts ;
- un enfant se déplace ; les autres regardent, mémorisent puis reconstituent le trajet de leur camarade.

Résultats attendus

Les enfants utilisent de moins en moins les gestes au profit d'un vocabulaire spatial de plus en plus précis : *près de*, *à côté de* ; *entre* ; *à l'intérieur de*, *à l'extérieur de* ; *en avant*, *en arrière*.

Évaluation

Elle se fera dans le temps, de façon individuelle, à partir du plan qui servira de support à divers exercices de repérage : repérage d'objets et/ou de personnes ainsi que de déplacements à partir de consignes données par l'enseignant.

Remarque

Des enfants à qui l'on a donné la possibilité d'observer, de dessiner, de délimiter, de verbaliser les différents lieux de leur espace de vie vont manifester beaucoup plus d'aisance tant dans le domaine de l'occupation en autonomie que dans celui de l'expression verbale.

:: Prolongement

Collectivement, les élèves vont faire le choix d'un symbole qui va représenter au mieux chacun des espaces : par exemple, un livre pour le coin bibliothèque, une casserole pour le coin cuisine, etc. Dessinés sur de grandes étiquettes, avec le mot écrit, ils serviront de signalétique dans la classe.

Ils remplaceront les dessins sur le plan de la classe qui servira de support à de nombreux exercices de repérages et de déplacements de façon à pouvoir constater les progrès réalisés par les élèves.

Séquence : Suivre, décrire et représenter un parcours simple

Séance n° 6 Installons un parcours de motricité

:: **Compétence** : Comprendre et utiliser à bon escient le vocabulaire du repérage et des relations dans l'espace.

:: **Objectif** : Reproduire un parcours.

:: **Concepts** : Espace. Position.

:: **Capacité** : Suivre, décrire et représenter un parcours de motricité.

:: **Conditions préalables** : Les élèves ont vécu plusieurs séances de motricité, en salle d'évolution, sous forme de parcours à l'aide d'un matériel varié qu'ils ont été habitués à manipuler lors de l'installation ou du rangement. Les activités proposées leur ont permis d'expérimenter différents modes de déplacement : passer sous la latte, au-dessus de la barre, ramper sous le banc, sauter dans le cerceau, passer entre deux lattes, etc. Ils sont habitués à circuler sur un parcours : partir du point de départ matérialisé par un cerceau vert par exemple, à tour de rôle, aller jusqu'au cerceau rouge qu'il faut contourner puis revenir sur le côté. L'enseignant a photographié les enfants en action : des gros plans selon le type de matériel.

:: Préparation de la classe

- **Organisation de la classe**
  L'enseignant a disposé des cerceaux représentant le début de chaque portion du parcours ainsi que le matériel adéquat et la photographie fixée au sol.
- **Matériel**
  Le matériel de motricité de l'école : les kits que l'on peut trouver chez Wesco, Asco, etc., composés de caissettes, plots, lattes, cerceaux, bâtons, des bancs, des tapis.
- **Documents**
  Une photographie de chacune des portions du parcours avec les élèves en action.

:: Déroulement de l'activité

- **Durée** : 30 minutes.
- **Modalités de travail :** le groupe classe.

→ Description de l'activité

Dans la salle de motricité, l'enseignant demande à chaque groupe de 4 à 5 enfants, repérés à l'aide de bracelets de couleur par exemple, d'installer chacune des parties du parcours ; le matériel a été préparé à chaque départ. Cette phase devra être menée à plusieurs reprises afin que les élèves aient le temps de résoudre les problèmes d'organisation. L'enseignant passe de groupe en groupe afin de faire expliciter, décrire l'installation puis inventer des modes de déplacement possibles. Les élèves effectuent ensuite le parcours, d'abord librement puis selon les consignes données par l'enseignant.

Résultats attendus

Les élèves décodent la reproduction, placent de manière chronologique les différents éléments dont ils disposent puis verbalisent les actions qu'ils vont vivre.

:: Remarque

Les activités vécues en petite section ont permis aux enfants d'apprendre à se repérer dans les espaces fréquentés de façon quotidienne : la classe, la salle d'évolution, la cour. Il s'agit de poursuivre ce travail en moyenne section afin de les aider à utiliser un vocabulaire spatial de plus en plus précis en adéquation avec la situation, qu'elle soit vécue ou représentée.

:: Prolongement

De retour en classe après la séance, l'enseignant propose aux enfants de rappeler la séance qu'ils viennent de vivre, ce qu'ils ont fait, et de dessiner les actions réalisées.

Séance n° 7 — Fabriquons la maquette du parcours de motricité

:: **Compétence** : Se repérer dans l'espace d'une page.

:: **Objectif** : Fabriquer une maquette.

:: **Concepts** : Espace. Position. Orientation.

:: **Capacité** : Les mêmes que pour la séance n° 6.

:: Préparation de la classe

- **Organisation de la classe**
  4 groupes sont constitués. Le déroulement des séances dépendra de la quantité de matériel tant réel que miniature que possède l'école.
  Deux possibilités :
  – une séance de motricité : chacun des groupes contribue à l'élaboration d'une partie du parcours qui sera vécu par tous ;
  – plusieurs séances de motricité : chacun des groupes propose son parcours aux autres élèves.
- **Matériel**
  Le coffret tel que « Gymprojet » chez Asco qui représente en modèle réduit les kits cités dans la séance 6. À défaut, des éléments fabriqués à partir de matériel de récupération : boîtes d'allumettes, de pièces géométriques, etc. Dans ce cas, il est nécessaire de décider quel est le rôle de chacun des éléments en concertation avec les enfants.
  Des petites figurines représentant les enfants.
  Une grande feuille cartonnée qui servira de support à la maquette.
- **Documents**
  Les photographies prises lors de la séance de motricité.

:: Déroulement de l'activité

- **Durée** : 15 + 30 minutes.
- **Modalités de travail :** une partie en classe avec les différents groupes successivement puis en salle de motricité avec l'ensemble des élèves.

→ Description de l'activité

L'enseignant a posé sur chacune des tables une grande feuille cartonnée ainsi qu'une partie du matériel miniature. Il laisse les enfants découvrir et manipuler librement les éléments puis il se déplace de groupe en groupe : il demande de décrire et nommer le matériel proposé et invite les élèves à imaginer un parcours que l'on pourrait installer dans la salle.
Il introduit une figurine afin que chacun puisse évoquer des modes de déplacements possibles : ramper sous..., passer au-dessus de...

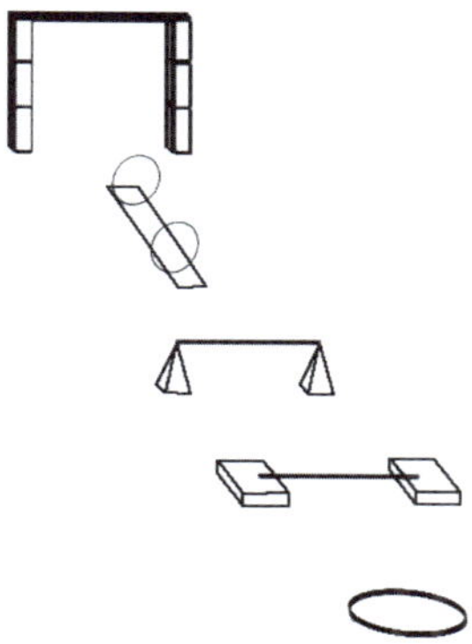

Chaque groupe s'organise pour transporter sa maquette dans la salle de motricité, installe « son parcours ». Après vérification par l'enseignant, les élèves s'y déplacent en suivant les consignes données par l'enseignant.

Résultats attendus

L'utilisation d'un vocabulaire précis : les élèves décrivent et nomment les actions successives (ramper, sauter, passer, tourner, etc.) ainsi que des locutions spatiales adéquates (en dessous, sous, sur, au-dessus, autour, entre, etc.) ; ils se repèrent sur une ligne orientée (avant, après, début, fin *ou* au départ, en premier, en deuxième, à l'arrivée, en dernier).

Évaluation

À l'aide d'une grille d'observation, relever les difficultés de repérage rencontrées lors de l'utilisation de la figurine.

Séance n° 8 Créons des référents d'ordre spatial

Compétence : Comprendre et utiliser à bon escient le vocabulaire du repérage et des relations dans l'espace.

Objectif : Coder des positions, des déplacements.

Concepts : Espace. Symbolisation.

Capacités : Les mêmes que pour la séance n° 6.

Préparation de la classe

- **Organisation de la classe**
  Le parcours est installé dans la salle de motricité.
- **Matériel**
  Le matériel de la séance précédente.

Déroulement de l'activité

- **Durée** : 30 minutes.
- **Modalités de travail** : la classe.

→ Description de l'activité (qui peut se scinder en plusieurs moments)

En classe

L'enseignant fait rappeler la séance précédente puis demande aux enfants comment l'on pourrait s'y prendre pour ne plus avoir à expliquer les consignes de déplacement. Les enfants proposent différentes solutions dont celle de faire des dessins. L'enseignant affiche les dessins qui ont été faits lors de la séance précédente, ce qui permet de constater un problème de lisibilité. L'enseignant propose alors le dessin suivant et demande sa signification.

Après un temps d'échanges, on se met d'accord sur la légende : *passer sur*.

Le référent (schéma et mot) sera représenté sur une étiquette plastifiée sous forme de chevalet qui sera posée au sol lors de la séance de motricité suivante.

Résultats attendus

Les enfants se repèrent dans l'espace feuille ; ils se représentent par rapport à un objet fixe.

Remarques

Cette activité est particulièrement intéressante dans la mesure où elle préfigure celles qui seront menées au cycle 2. Elle participe à l'élaboration progressive du « dictionnaire » de classe.

Exemple

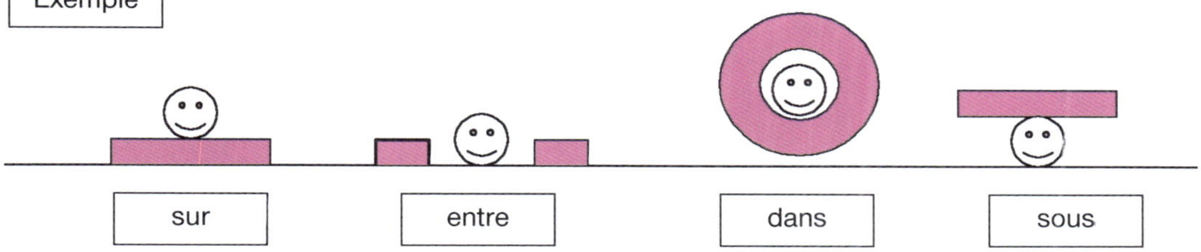

Le lexique sera complété au fur et à mesure, selon les besoins, lors des séances ultérieures (motricité, jeux collectifs, danse par exemple).
Il va falloir « faire vivre » ces référents de position lors de différentes activités :
- aller se placer suivant la consigne donnée par le référent ;
- lire des photographies : décrire les positions d'enfants et montrer le référent correspondant ;
- placer des objets comme l'indique le référent.

Quelques jeux :
- le jeu *Sens dessus dessous* chez Clayes Jeux ;
- jeu de loto à partir d'images de personnages dans différentes positions et des référents créés ;
- jeu de memory.

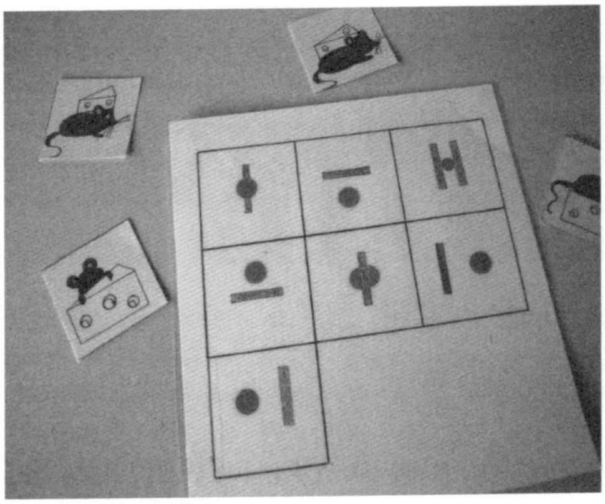

Séquence : Représenter l'organisation spatiale

Séance n° 9 Construisons à partir de consignes

:: **Compétence** : Comprendre et utiliser à bon escient le vocabulaire du repérage et des relations dans l'espace.

:: **Objectif** : Décrire un assemblage pour permettre sa reproduction.

:: **Concepts** : Espace. Position. Verticalité.

:: **Capacité** : Savoir reproduire l'organisation d'un ensemble d'objets dans l'espace.

:: **Conditions préalables** : Un nouveau jeu a été présenté au groupe classe afin de bien intérioriser la règle : une partie de la classe voit l'objet, l'autre ne le voit pas. Un des enfants du second groupe est chargé de reproduire l'objet caché décrit par un camarade.

:: Préparation de la classe

- **Organisation de la classe**
  Lors d'une activité en atelier, la table est partagée en deux à l'aide d'un plan vertical de façon à ce que chaque demi-groupe soit isolé.
- **Matériel**
  Tout matériel que l'on trouve dans une classe : utilisation des jeux symboliques (le garage, la ferme, etc.), des pièces telles que des blocs de construction en bois ou en plastique.

:: Déroulement de l'activité

- **Durée** : 15 à 20 minutes.
- **Modalités de travail** : avec un petit groupe d'enfants (6 à 8).

→ Description de l'activité

L'enseignant s'installe à un groupe de tables sur lesquelles il a délimité deux espaces à l'aide d'un cache vertical amovible. Les enfants se répartissent de part et d'autre de la séparation. Avec l'aide de 3 enfants, il réalise un assemblage simple, caché à la vue des 3 autres. Il demande ensuite à l'un des élèves d'expliquer à l'autre groupe ce qu'ils doivent faire pour obtenir la même chose. Lorsqu'ils estiment avoir terminé, on compare les deux compositions.

Une proposition d'activités, du plus simple au plus complexe :

- retrouver parmi trois collections d'objets figuratifs la collection cachée ;
- *idem* mais avec un même matériel agencé de différentes façons, ce qui implique la nécessité d'utiliser un vocabulaire spatial précis ;
- compléter un agencement ;
- construire d'après les indications données par un pair.

Résultats attendus

Les enfants se rendent compte de la nécessité d'utiliser un vocabulaire précis, notamment le choix des locutions spatiales, et dans certains cas, comme la reproduction d'un assemblage en volume, de l'importance de la chronologie des actions si l'agencement est vertical.

Évaluation

L'objet réalisé est conforme au modèle ou non.

:: Remarque

Il s'agit d'une véritable situation de communication soutenue par un enjeu fort, celui de devoir décrire un objet de façon à permettre une reproduction à l'identique. Cette activité, selon la situation proposée, peut être adaptée à n'importe quel niveau de l'école primaire. Quelle que soit la classe, elle suscite l'adhésion des enfants : plaisir d'échanger, de vérifier par la comparaison, de constater, d'expliciter.

:: Prolongements

- Chacune de ces activités peut être complexifiée selon les possibilités des élèves en jouant sur le matériel utilisé, le choix (figuratif ou non), l'orientation (vertical, horizontal, dans l'espace de la feuille), la quantité.
- Les élèves peuvent ensuite utiliser de façon autonome certains matériels didactiques qui sollicitent le repérage visuel : reproduire un assemblage à partir de modèles figuratifs ou non plus ou moins complexes.

:: Ouverture transdisciplinaire

Sensibilité, imagination, création : combiner des formes géométriques en vue de réaliser une production : par exemple « un portrait de vache » (voir la séance concernée dans le chapitre « éducation du regard et du geste »).

Séquence : S'intéresser à des espaces inconnus et organiser ses premières connaissances sur « l'ailleurs »

Séance n° 10 Une maison africaine

:: **Compétence** : Comprendre et utiliser à bon esprit le vocabulaire du repérage et des relations dans l'espace.

:: **Objectif** : Découvrir un type d'habitat traditionnel africain.

:: **Concepts** : Espace. Types d'habitat.

:: **Capacité** : S'intéresser à des espaces inconnus.

:: **Conditions préalables** : Les enfants ont eu l'occasion de voir soit au cinéma, soit à l'école le film d'animation de Michel Ocelot, *Kirikou et la sorcière*.
Ils ont redécouvert l'histoire à l'aide de photocopies de quelques illustrations de l'album qu'ils ont remises dans l'ordre. Par des questions, l'enseignant a sollicité les enfants pour retrouver les personnages, les différentes étapes. En cas de désaccord, le retour à l'album a validé ou non les propositions.

:: Préparation de la classe

- **Organisation de la classe**
  L'espace regroupement a été enrichi à l'aide de documents iconographiques, d'objets divers afin de créer une « ambiance ».
- **Matériel**
  Des objets traditionnels africains : calebasses, instruments de musique, statuettes, fruits.
- **Documents**
  Une photocopie couleur des illustrations de l'album qui représentent le village de Kirikou.
  L'album jeunesse chez Milan : *Kirikou et la sorcière* de M.Ocelot (il existe en grand format).
  DVD du film.

:: Déroulement de l'activité

- **Durée** : 25 minutes.
- **Modalités de travail** : l'ensemble des élèves.

→ Description de l'activité

- **Phase 1 (15 minutes).** L'enseignant a affiché sur le tableau mural les illustrations de l'album représentant le village ainsi que la maison de Kirikou. Par des questions ciblées, il invite les enfants à observer plus particulièrement les habitations : la forme, la couleur, les fenêtres, la porte, le toit, leur disposition, etc. Qu'y a-t-il à l'intérieur ? Où faut-il aller pour avoir de l'eau ? Comment sont habillés les personnages ? Pourquoi ? Il introduit le mot « case ».
Dans un second temps, il propose aux enfants de regarder, toucher, manipuler les différents objets, d'exprimer leur ressenti.
- **Phase 2 (10 minutes).** Les enfants ont pour consigne de dessiner la maison de Kirikou.

Résultats attendus

Les enfants observent, comparent, confrontent, verbalisent leur ressenti, ils utilisent le champ lexical de la maison.

Évaluation

La production ressemble-t-elle à une case ? Quels éléments ont été réinvestis : la forme ronde, les petites ouvertures, la couleur, la forme du toit, la paille ?

:: Remarque

Michel Ocelot a passé son enfance en Guinée. Il a choisi, pour ce dessin animé, un cadre de vie qui ressemble à celui des Senoufo, que l'on rencontre en Côte-d'Ivoire, au Mali et au Burkina Faso. Il s'agit certes « d'une Afrique différente de celle d'aujourd'hui mais d'une Afrique mythique, stylisée, une Afrique de conte pour enfants », comme le dit le chanteur N'Dour, qui en a fait la musique.

Séance n° 11 Maisons du monde

:: Compétence : Comprendre et utiliser à bon esprit le vocabulaire du repérage et des relations dans l'espace.

:: Objectif : Découvrir d'autres types d'habitat.

:: Concepts : Les mêmes que pour la séance n° 10.

:: Capacité : La même que pour la séance n° 10.

:: Préparation de la classe

- **Organisation de la classe**
  Il s'agit de mettre à disposition des élèves un certain nombre de documents (réels ou iconographiques) qui permettent la comparaison.
- **Matériel**
  Une maison de poupée s'il en existe une ou des représentations trouvées dans des catalogues de jouets.
- **Documents**
  Quelques photographies de maisons du quartier de l'école (différents types en essayant de cibler les lieux d'habitation des enfants).
  Divers albums qui montrent des lieux d'habitation très différents de ceux des élèves.
  Des ouvrages documentaires de types d'habitat différents : des photographies de maisons différentes dans l'environnement de l'école, des maisons caractéristiques d'Afrique, les habitations sur pilotis, des tipis, des igloos, etc.

:: Déroulement de l'activité

- **Durée** : 30 minutes.
- **Modalités de travail** : la classe puis un groupe d'enfants.

→ Description de l'activité

- **Phase 1 en grand groupe (10 minutes).** Les différentes photographies sont affichées au tableau, l'enseignant demande aux élèves de décrire leur maison en les aidant à utiliser un vocabulaire précis : maison de ville ou individuelle ou immeuble, leur forme, les niveaux ou étages. À l'aide de la maison de poupée ou de ses représentations, il les amène à expliciter le rôle d'une habitation.
- **Phase 2 en petit groupe.** L'enseignant demande aux enfants d'aller chercher ou de retrouver parmi un ensemble de livres ceux qui parlent de maisons, en particulier les cases du village de Kirikou, de les comparer. À l'aide des autres documents, il met en place une situation de questionnement sur le monde en essayant de relier les habitations à leur environnement (faune, flore), au mode de vie de leurs habitants, au climat.

Résultat attendu

Les élèves ont compris la nécessité d'avoir un lieu d'habitation : pour y manger, dormir, travailler, se reposer, se distraire, etc.

Évaluation

Associer un habitat à un personnage.

:: Prolongement

Construire le village de Kirikou

Chacune des cases est composée d'une « bande » de terre qui durcit à l'air, décorée de motifs graphiques et refermée sur elle-même, d'un toit conique à l'aide d'un disque de carton sur lequel seront collés des brins de paille. Le village est reconstitué sur une planche qui sera décorée en s'aidant des illustrations de l'album : le sol, la végétation. Il peut faire l'objet d'une exposition, il peut faire l'objet d'un nouvel espace dans la classe si on l'agrémente de petits personnages (jouer à Kirikou).

Ouverture transdisciplinaire

- **Le regard et le geste**

– Les couleurs, les motifs graphiques des vêtements, des objets.
– Le travail de matériaux en volume (terre, carton, paille) pour construire le village de Kirikou.
– La luxuriance des plantes qui fait penser à des œuvres d'Henri Rousseau, dit le Douanier Rousseau.
– Les fétiches inspirés des statuettes de l'art africain.

- **Découverte du monde**

– Situer le village de Kirikou sur un globe terrestre. Remplir, au fur et à mesure des découvertes, un tableau à double entrée, à l'aide d'images représentatives de modes de vie de pays des différents continents : un type de maison, un vêtement, un animal, un élément végétal.

- **Éducation musicale**

– Écoute d'airs africains.
– Fabrication d'instruments de musique inspirés des Africains : balafon (xylophone sur des calebasses), djembé (sorte de tambour).

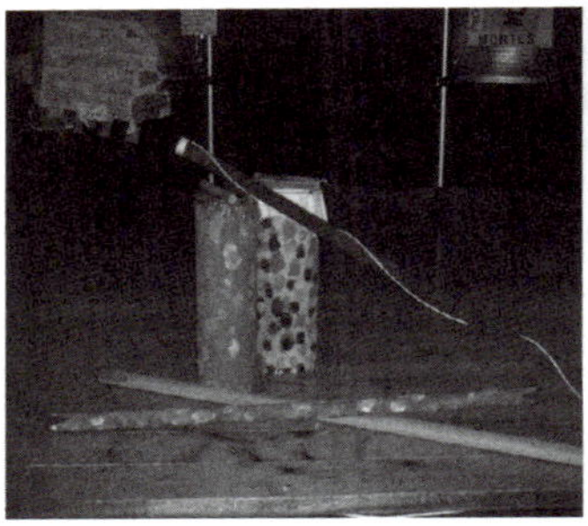

Séquence : Décrire des positions spatiales

Séance n° 12 Course au trésor

:: **Compétence** : Se situer dans l'espace et situer les objets par rapport à soi.

:: **Objectif** : Aller à la rencontre des différents adultes de l'école.

:: **Concepts** : Espace. Orientation.

:: **Capacité** : Situer des personnes les unes par rapport aux autres.

:: **Condition préalable** : Cette séance se situe plutôt durant la seconde moitié de l'année.

:: Préparation de la classe

- **Organisation dans l'école**
  Un adulte observateur placé à un endroit stratégique.
  Des équipes de 2 à 3 élèves avec une feuille de route.
  Tous les adultes de l'école sont impliqués : les enseignants des autres classes, les ATSEM.
  Chaque adulte possède un élément d'un puzzle qu'il doit remettre à chacun des groupes.
  Exemple de feuille de route :

- **Matériel**
  Une fiche par groupe d'élèves qui comporte les photographies des adultes concernés.
  Autant de « puzzles » que de groupes.
  Une image, qui représentera un trésor, découpée selon le nombre d'adultes à rencontrer.

:: Déroulement de l'activité

- **Durée** : variable.
- **Modalités de travail :** équipes de 2 à 3 élèves en autonomie.

→ Description de l'activité

Préalablement la feuille de route est présentée au groupe classe. Par un jeu de questions, l'enseignant fait verbaliser les élèves à propos des photographies (reconnaissance des personnes, l'endroit où on peut les trouver, etc.). Il explicite le déroulement de la « course aux trésors ». Chaque groupe se déplacera dans l'école pour aller rencontrer les différentes personnes dans l'ordre de la feuille. L'adulte concerné leur remettra un élément du puzzle.

Composer les équipes ; bien répéter les consignes de sécurité avec la collaboration des enfants. Les départs sont échelonnés de manière à éviter les rencontres. Ils reviennent dans la classe dès qu'ils ont récupéré les trésors.

À leur arrivée, ils racontent leur « promenade » dans l'école puis ils reconstituent leur puzzle afin de découvrir leur trésor.

Résultats attendus

Les enfants se déplacent en autonomie dans l'école, se présentent aux différents adultes en respectant la chronologie. Ils décrivent leurs déplacements à l'aide d'un vocabulaire spatial adéquat.

Évaluation

La récolte des éléments attestera le passage dans les différents espaces de l'école. En cas de non-respect de l'ordre, l'adulte ne donne pas la pièce et fait expliciter l'erreur.

:: Remarques

Cette course aux trésors nécessite la prise en compte de quelques précautions par rapport au degré d'autonomie du public visé, au problème de la relation aux autres.
Selon les capacités des enfants, l'enseignant fait varier le nombre de photographies ainsi que le trajet à effectuer.

:: Prolongement

Cette course d'orientation peut être reconduite dans d'autres espaces tels que la cour de l'école à partir de photographies d'éléments représentatifs (banc, arbre, jeu d'extérieur, etc.) à l'occasion d'une chasse à des objets cachés.

Chapitre 8

Se repérer dans le temps

:: Continuité des apprentissages en maternelle

:: Repères pratiques

:: Séances 1 à 11

Marc Loison

Continuité des apprentissages en maternelle

	1re année	2e année	3e année	Grande section
Organisation du temps personnel, acquisition de repères sociaux, représentation du passé proche, chronologie				
Sait se situer dans le temps proche				
• le présent (à l'oral)	à travailler prioritairement	à travailler prioritairement	à consolider	
• la journée	à travailler prioritairement	à travailler prioritairement	à consolider	
• la semaine		peut être travaillé	à travailler prioritairement	
Sait reconnaître le caractère cyclique de certains phénomènes de la journée, de la semaine et de l'année	peut être travaillé	peut être travaillé	à travailler prioritairement	à travailler prioritairement
Sait utiliser une frise				
• journalière			à travailler prioritairement	à travailler prioritairement
• hebdomadaire			peut être travaillé	à travailler prioritairement
Sait situer les événements les uns par rapport aux autres (antériorité, postériorité, simultanéité)				
• recettes, BD, histoire, etc. (3 étapes)	peut être travaillé	à travailler prioritairement	à consolider	
• fiches techniques (plus de 3 étapes)		peut être travaillé	à travailler prioritairement	à travailler prioritairement
• des moments de son temps personnel	peut être travaillé	à travailler prioritairement	à travailler prioritairement	à travailler prioritairement
• des repères sociaux (fêtes, anniversaires, etc.)		peut être travaillé	à travailler prioritairement	à travailler prioritairement
Sait maîtriser la simultanéité			peut être travaillé	à travailler prioritairement
Sait utiliser correctement les marques temporelles et chronologiques (temps social)	à travailler prioritairement	à travailler prioritairement	à travailler prioritairement	à travailler prioritairement
Sait comparer les événements en fonction de leur durée	peut être travaillé	peut être travaillé	peut être travaillé	à travailler prioritairement
Découverte d'objets et de réalités du passé et constitution d'un premier capital historique				
Sait exprimer et comprendre les oppositions entre présent et passé		peut être travaillé	à travailler prioritairement	à travailler prioritairement
Dispose d'un premier capital historique constitué à partir du patrimoine		peut être travaillé	à travailler prioritairement	à travailler prioritairement
Dispose d'un premier capital historique constitué par le récit d'événements		peut être travaillé	à travailler prioritairement	à travailler prioritairement

Légende :
- à travailler prioritairement
- à consolider
- peut être travaillé

Repères pratiques

1. Les axes forts du domaine d'activités

L'école maternelle est le lieu privilégié où l'élève bâtit les fondements de ses futurs apprentissages. Elle a un rôle irremplaçable d'initiation au monde et à la culture. De l'avis de l'inspecteur général de l'Éducation nationale Pierre Giolitto, dès l'école maternelle, de nombreuses activités peuvent préparer les élèves à l'enseignement de l'histoire. L'objectif essentiel, à ce niveau, est de rendre l'élève conscient du temps qu'il vit et de l'amener à distinguer les différentes composantes de ce temps.
Dans la continuité de ce propos, mais aussi des instructions officielles de 1995 et de 2002, les programmes de 2008 réaffirment implicitement la nécessité d'organiser les activités et les situations d'apprentissage autour de deux grands axes. Le premier concerne l'organisation du temps personnel, l'acquisition de repères sociaux, la représentation du passé proche et la chronologie. Ici, l'organisation temporelle de l'activité de l'élève, en lien très étroit avec le langage, cœur des apprentissages, se structure à partir du temps propre, celui de son énonciation. Cette dernière permet à l'élève de situer le présent au moment où il parle et, de part et d'autre, le passé et le futur. Les marques de l'énonciation sont soit des mots-outils ou des expressions *(maintenant, hier, demain, tout à l'heure, il y a un moment)*, soit des flexions temporelles (présent, temps du passé, temps du futur). Le second axe des activités, quant à lui, porte sur la découverte d'objets et de réalités du passé et la constitution de ce que l'on pourrait appeler un premier capital historique. Dans ce champ d'activités, la structuration progressive de la temporalité est nourrie par le récit ou l'évocation d'événements du passé *(autrefois, il y a longtemps)*, mais aussi par la découverte du patrimoine.

2. Les spécificités de la section

Dans le présent chapitre nous proposons onze séances permettant de répondre aux deux pôles d'activités. En raison des difficultés encore éprouvées par les élèves de la section de moyens, neuf séances sont consacrées à l'organisation du temps personnel de l'élève. Ainsi, sont successivement ou conjointement construites les compétences à utiliser une frise journalière pour organiser les moments de son temps personnel (alternance temps de la maison et temps de l'école, différenciation temps et moments, ordre chronologique) ; à situer les événements les uns par rapport aux autres (recettes, anniversaires, fêtes traditionnelles, bandes dessinées) ; à maîtriser les marques temporelles et chronologiques (temps social). Au titre de l'évocation et de la découverte d'objets et de réalités du passé, sont proposées deux séances pour construire la compétence à exprimer et comprendre les oppositions entre présent, passé proche et passé lointain (évocation à partir d'œuvres picturales, comparaison de modes de vie anciens et contemporains).

3. Éléments didactiques et pédagogiques

Il ne faut pas oublier que le rôle premier de l'école maternelle est de rythmer le temps de l'élève et de progressivement l'amener à s'extraire de sa vision égocentrique, à se décentrer et à s'approprier des repères temporels cycliques et communs à tous. À l'occasion de chaque activité scolaire, il est important de bien marquer les scansions séparant deux moments identifiés, en les reliant aux systèmes d'organisation du temps propres à la communauté scolaire (par exemple les temps et les moments de la journée de classe) et à ceux qui sont en usage dans notre société (heure, date). Il ne faut pas pour autant négliger la structuration progressive de la temporalité par le récit d'événements et la découverte de réalités du passé en nette rupture avec le milieu des élèves (par exemple l'évocation du château fort, des rois et des reines). Bien que les élèves de la section de moyens aient des difficultés à appréhender la profondeur du passé, à distinguer passé proche et passé lointain, l'essentiel reste de leur offrir la possibilité d'aborder « ce qui n'est plus » et de s'en construire les premières représentations.

Séquence : Construire et utiliser une frise journalière pour organiser les moments de son temps personnel [1]

Séance n°1 Temps de la maison, temps de l'école

:: Compétence : Utiliser des repères dans la journée.

:: Objectif : Percevoir l'alternance temps de la maison-temps de l'école.

:: Concept : Temps de la maison, temps de l'école, frise journalière.

:: Capacité : Construire et utiliser une frise journalière pour organiser les moments de son temps personnel.

:: Conditions préalables : Chaque élève a été photographié (seul ou avec des élèves de son groupe) à différents moments de la matinée. En cas de difficulté de prise de vues, on pourra substituer des dessins mettant en scène la poupée médiatrice de la classe. Dans ce cas, on prendra soin, durant les séances de langage préalables, de faire le lien entre les activités de l'élève et celles de la poupée (ce matin avant d'arriver à l'école qu'ai-je fait ? Je me suis levé. Qu'a fait la poupée ? Elle s'est levée aussi. Que fait-on en ce moment ? On écoute une histoire. Que fait la poupée ? Elle écoute aussi une histoire... Et ainsi de suite).

:: Préparation de la classe

- **Organisation de la classe**

  Un jeu d'une dizaine de photographies ou de dessins grand format d'actions de la matinée se déroulant soit à la maison, soit à l'école ; deux étiquettes grand format « maison » et « école ».

  Pour chaque élève, deux bandes de couleurs différentes, une série de quinze images dont 7 relevant du temps à la maison et 8 du temps à l'école, les étiquettes « maison » et « école ».

- **Matériel**

  Tableau dans la zone de regroupement des élèves, pâte adhésive ou aimants.

:: Déroulement de l'activité

- **Durée** : 30 minutes.
- **Modalités de travail** : alternance travail collectif-travail individuel.

→ Description de l'activité

- **Approche collective**

Les photographies sont accrochées au tableau dans le désordre. Par le truchement de questions posées par l'enseignant, chaque photographie fait l'objet d'une description, d'une identification et d'une justification du temps auquel appartient l'activité observée.

Pour respecter cette approche méthodique, les questions suivantes peuvent être systématiquement posées : « Qui voit-on sur la photographie ? Que fait-il (elle) ? Cela se passe-t-il à l'école ou à la maison ? Pourquoi me dis-tu que cela se passe à la maison ? »

L'enseignant veille à engager les élèves dans une démarche d'argumentation par l'utilisation de premiers connecteurs logiques simples *(parce que, donc)*. Une fois que l'activité et son temps sont correctement identifiés et justifiés, l'enseignant sollicite les petits parleurs et leur fait répéter la phrase ainsi construite (par exemple : « Louis prend son petit-déjeuner, donc il est à la maison »).

1. Nous remercions Viviane Delsaut, directrice de l'école maternelle de Gosnay (Pas-de-Calais) qui a mis en œuvre en partie cette séquence.

Ce travail de reconnaissance et de description étant fait, on demande aux élèves la manière dont on pourrait classer les photographies. Les élèves sont alors invités à regrouper les images sur le tableau et à positionner correctement les étiquettes « maison » et « école ».

- **Travail individuel**

On donne à chaque élève deux bandes de couleurs différentes et quinze images représentant des activités se déroulant à la maison pour sept d'entre elles, les huit autres intervenant à l'école. On attend ici des élèves qu'ils positionnent correctement les images, sans ordre chronologique, sur la bande « maison » et sur la bande « école ». Ceux-ci, pour s'acquitter au mieux de la tâche demandée, peuvent faire le lien avec le classement des photographies précédent que l'on aura pris la précaution de laisser affiché. La présente situation d'apprentissage a également pour objectif d'inciter l'élève à faire référence aux outils disponibles dans la classe.

Bande de couleur 1	Bande de couleur 2
Maison	**École**
Activité 1	**Activité 8**
....	....
Activité 3	**Activité 10**
Activité 4	....
....	**Activité 13**
Activité 7	....
	Activité 15

Résultat attendu

L'élève doit être capable de classer un ensemble de photographies et de dessins en deux grandes catégories : temps de la maison, temps de l'école.

Évaluation

L'activité ici proposée vise à vérifier la capacité de l'élève à reconnaître les éléments soit en les nommant, soit en les prenant, ou alors en les désignant.

:: Conseil

Pour lever les obstacles qui demeurent on peut proposer les pistes suivantes : ne nommer ou ne prendre que les actions de la maison (l'élève sera amené à prendre conscience que ce qui reste c'est l'école) ; ne prendre que quelques actions « maison » et « école ».

:: Ouverture transdisciplinaire

En atelier dirigé de « pratique orale », porter l'accent sur la justification : c'est le temps de la maison parce que..., etc.

Séance n° 2 Moments et temps de la journée

:: **Compétence** : Utiliser des repères dans la journée.

:: **Objectif** : Utiliser les moments pour caractériser les temps de la journée.

:: **Concepts** : Temps et moments. Connecteurs temporels *(d'abord, ensuite, enfin)*.

:: **Capacité** : Construire et utiliser une frise journalière pour organiser les moments de son temps personnel.

:: **Commentaires** : Ne retenir que des temps et des moments significatifs, par exemple pour le matin :

TEMPS	MOMENTS	MOMENTS CARACTÉRISTIQUES À RETENIR
Accueil	Arrivée à l'école avec maman, déshabillage, baiser à maman.	Déshabillage
Rituels	Relevé des présences (étiquettes), écriture de la date, relevés météorologiques.	Relevés météorologiques
Ateliers	Différents ateliers : peinture, puzzles, fiches, avec la maîtresse.	Atelier dirigé avec la maîtresse
Collation	Distribution du lait, consommation, ramassage des verres.	Consommation de lait
Récréation	Jeux libres, jeux avec engins, marelle.	Jeux avec engins dans la cour
Activités physiques et sportives	Ateliers différents : parcours sur bancs, activités sur tapis, espace moteur.	Espace moteur
Sortie	Habillage, arrivée des mamans.	Arrivée des mamans

Procéder par étapes : une séance sera tout d'abord consacrée à la mise en relation des différents temps de la matinée avec leurs moments, une autre séance sera prévue pour les temps et moments de l'après-midi. Nous ne décrivons ici que la séance consacrée à la matinée. Il suffira d'extrapoler pour mettre en œuvre la séance consacrée à l'après-midi.

:: Préparation de la classe

- **Organisation de la classe**

  Découverte collective : photographies grand format des principaux moments des temps de la matinée (voir tableau ci-dessus) ; 7 bandes de couleurs différentes.

  Travail individuel (évaluation) : une photocopie par élève des moments de trois temps de la matinée.

- **Matériel**

  Tableau d'affichage (susceptible d'être gardé quelques jours) dans la zone de regroupement des élèves.

:: Déroulement de l'activité

• **Durée** : 30 minutes.

• **Modalités de travail** : alternance travail collectif-travail individuel.

→ Description de l'activité

• **Travail collectif**

Les vingt photographies représentant les différents moments de la matinée (voir tableau précédent) sont accrochées au tableau dans le désordre. L'enseignant conduit les élèves à décrire ce qu'ils voient et surtout à établir des relations entre temps et moment.

Exemple de procédure : l'enseignant montre la photographie représentant un élève en train de se déshabiller avec sa maman. → C'est le moment du déshabillage. → C'est le temps de l'accueil. → On discute de tous les moments qui constituent ce temps : tout d'abord on arrive à l'école, ensuite on se déshabille, enfin on embrasse maman.

Les photographies sont isolées. Pour confirmer la pertinence du choix, à l'aide des photographies retenues, on fait « jouer » la scène du temps de l'accueil. Les photographies retenues sont alors placées sur une bande de couleur verticale accrochée au tableau dans l'ordre (de haut en bas). On procède de la même manière pour les autres temps et moments. À la fin de cette phase de recherche collective, les sept bandes supportant chacune les différents moments ordonnés de leur temps sont verticalement placées les unes à côté des autres, sans respecter l'ordre chronologique. Cette phase de recherche peut durer longtemps car il faut prendre la peine de faire verbaliser, justifier et éventuellement mettre en scène. Il ne faut donc pas hésiter à la scinder en deux voire trois séances, en gardant à chaque fois sur l'affichage les classements et rangements opérés.

• **Travail individuel**

On propose aux élèves une activité de classement et de rangement similaire mais en se limitant à trois temps de la matinée.

Résultat attendu

Dans un ensemble de photographies représentant des moments de la matinée, puis de l'après-midi l'élève doit être capable de regrouper toutes celles qui appartiennent à un même temps.

Évaluation

Sur trois temps de la matinée, l'élève attribue tous les moments à chaque temps, soit en les montrant, soit en les prenant ou alors en les nommant.

:: Conseils

- Fournir quatre images (dont une intruse) d'un temps. Trouver avec puis sans l'aide de l'enseignant les trois moments.
- Fournir tous les moments de deux temps. Trouver avec puis sans l'aide de l'enseignant les moments d'un seul temps. Par complémentarité, faire prendre conscience que les images qui restent appartiennent à l'autre temps.

:: Ouverture transdisciplinaire

Lors des activités mathématiques porter l'accent sur classement (relation d'équivalence) et rangement (relation d'ordre).

:: Remarque

Il est important, en vue des activités futures de mesure de durée qui interviendront dès la grande section, de faire prendre conscience très vite aux élèves que le temps (plus long) est constitué de moments (plus courts).

Séance n° 3 Chronologie des temps de la journée

:: Compétence : Utiliser des repères dans la journée.

:: Objectif : Placer dans l'ordre chronologique les temps de la journée.

:: Concepts : Temps, moments, connecteurs temporels *(d'abord, ensuite, enfin)*.

:: Capacité : Construire et utiliser une frise journalière pour organiser les moments de son temps personnel.

:: Conditions préalables : Avoir obligatoirement mis en œuvre le classement et le rangement des moments des temps de la matinée et de l'après-midi.
L'activité ici décrite ne concerne que les moments des temps de la matinée. Il faudra donc prévoir le même type d'organisation et de consignes pour les moments des temps de l'après-midi.

:: Préparation de la classe

- **Organisation de la classe**
  Tableau des 7 bandes de temps construit lors de la (ou des) séance(s) précédente(s).

Image Distribution du lait	Image atelier parcours sur bancs	Image atelier peinture	Image habillage	Image relevé des présences	Image jeux libres	Image arrivée à l'école
Image Consom-mation du lait	Image activités sur tapis	Image atelier puzzles	Image arrivée des mamans	Image écriture de la date	Image jeux avec engins	Image déshabil-lage en présence de maman
		Image atelier fiches				
Image Ramassage des verres	Image espace moteur	Image atelier dirigé avec la maîtresse		Image relevé météo	Image jeu de marelle	Image baiser à maman
Couleur 1	Couleur 2	Couleur 3	Couleur 4	Couleur 5	Couleur 6	Couleur 7
Collation	APS	Ateliers	Sortie	Rituels	Récréation	Accueil

- **Matériel**
  Tableau dans la zone de regroupement des élèves. Pâte adhésive ou aimants. Une partie du matériel décrit sur le tableau des 7 bandes de temps (bouteille, verre, etc.).

:: Déroulement de l'activité

- **Durée** : 15 minutes (groupe classe) + 15 minutes (atelier dirigé).
- **Modalités de travail** : réinvestissement collectif – atelier dirigé.

→ Description de l'activité

- **Réinvestissement collectif**

Le tableau des sept bandes de temps de la matinée construit durant les séances précédentes est

affiché. On demande aux élèves de donner le nom des différentes bandes et d'indiquer l'ordre des moments. « C'est le temps de la collation. D'abord on distribue le lait. Ensuite on le boit. Enfin on ramasse les verres. » On fait représenter les différentes scènes en utilisant éventuellement le matériel adéquat.
L'enseignant insiste tout particulièrement sur l'utilisation des connecteurs temporels : *d'abord*, *ensuite*, *enfin*. Il sollicite les petits parleurs et fait répéter plusieurs fois la succession des phrases en montrant les photographies correspondantes sur la bande de temps.

- **Atelier dirigé**

L'activité à laquelle vont se livrer les élèves étant particulièrement difficile, il est conseillé de travailler avec un petit groupe de 5-6 élèves, dans le cadre d'un atelier dirigé qui « tournera » toute la semaine en articulation avec des ateliers autonomes.
Les élèves sont regroupés devant le tableau des sept bandes de temps. On reprend chaque bande et on indique ce qu'elle représente (par exemple le temps de l'accueil). L'enseignant fait nommer les différents temps dans l'ordre d'affichage : dans le cas présent, temps de la collation, temps des APS, temps des ateliers, temps de la sortie, temps des rituels, temps de la récréation, temps de l'accueil.
Pour faire percevoir que l'antériorité et la postériorité des temps ne sont pas respectées, on attirera tout d'abord l'attention des élèves sur la position occupée, dans le tableau, par les temps de l'accueil et de la sortie, les élèves étant très sensibles à « l'heure des mamans ».
Ensuite, par le biais de questions référant à des repères temporels, on amène les élèves, par étapes successives, à déplacer les bandes et à les organiser de gauche à droite.
Exemple : La bande « temps de l'accueil » étant placée en première position, on questionne les élèves de la manière suivante : une fois que l'on est arrivé à l'école, que fait-on ensuite ? Fait-on du sport ? Va-t-on dans les ateliers ?, etc. L'enseignant égrène les différents temps en montrant les bandes correspondantes. Une fois que la bande du temps postérieur à celui de l'accueil est trouvée, on la prend et on la place à droite de la première bande. On procède ainsi jusqu'à épuisement de toutes les bandes. Après cette phase collective, les bandes sont à nouveau mélangées et chaque élève du groupe est invité à les remettre dans l'ordre chronologique.

Résultat attendu

L'élève est capable de placer dans l'ordre les photographies des différents temps de la matinée de classe.

Évaluation

Placer chronologiquement, sur une frise où sont dessinées sept bandes blanches, les temps de la matinée.

Conseils

Étayage verbal du maître qui précise le contenu de la bande. Exemple : « Si je te donne la bande "Temps de l'accueil", celui où tu arrives à l'école, où la places-tu sur la frise ? »
Positionner le temps du début voire les deux premiers. Placer le temps du milieu, celui de la récréation.

Prolongement

Jeu de placement : on donne à chacun des élèves d'un groupe de sept une bande temps et on leur demande de se positionner les uns par rapport aux autres devant la classe qui valide.

Remarque

Voir séance n° 2.

Séance n° 4 La frise journalière

:: **Compétence** : Utiliser des repères dans la journée.

:: **Objectif** : Mettre en place la frise journalière.

:: **Concept** : Moment caractéristique d'un temps.

:: **Capacité** : Construire et utiliser une frise journalière pour organiser les moments de son temps personnel.

:: **Conditions préalables** : Des activités de rangement des temps de l'après-midi doivent être mises en œuvre à l'instar de celles qui ont concerné les activités du matin dans la séance n° 3.

:: Préparation de la classe

- **Organisation de la classe**
  Tableaux des bandes de temps du matin et de l'après-midi construits durant les séances précédentes.

- **Matériel**
  • **Phase collective :** tableau dans la zone de regroupement, pâte adhésive ou aimants.
  • **Travail en ateliers :** feuilles blanches, crayons, feutres.

:: Déroulement de l'activité

- **Durée** : 45 minutes.

- **Modalités de travail** : alternance travail collectif – en ateliers – individuel.

→ Description de l'activité

- **Travail collectif**

Les élèves sont placés en face des deux tableaux (matin et après-midi) présentant dans l'ordre chronologique les bandes de temps. À l'intérieur de chacune d'entre elles les moments sont eux-mêmes ordonnés. Après avoir réactivé les acquis, à savoir reconnaître et justifier chaque temps, on demande aux élèves de réagir sur la place relativement occupée par les tableaux. Des propositions de simplification sont demandées. Le maître oriente les élèves vers celle qui consiste à ne retenir qu'un moment par temps pour le caractériser (se reporter ici au tableau fourni dans la séance n° 2. Par exemple, pour l'accueil, on retiendra le déshabillage).

- **Travail en ateliers**

Après avoir déterminé l'ensemble des moments retenus, les élèves sont invités à dessiner ces derniers. L'objectif est ici de faire en sorte que les élèves accèdent à une représentation un peu plus symbolique : par exemple une feuille et un crayon pour le moment de l'écriture dans le temps des ateliers, une briquette de lait pour le moment de la consommation dans le temps de la collation, un vêtement accroché à un porte-manteau pour le déshabillage, et ainsi de suite.

- **Travail collectif**

Les dessins sont soumis à la validation du groupe classe qui retient les plus significatifs (un par moment caractérisant chaque temps). Les symboles sont regroupés sur le tableau. On réfléchit collectivement à l'ordre pouvant être donné. Pour établir celui-ci, on peut prendre appui sur le temps charnière du repas de midi. On effectue alors un premier classement : les moments intervenant avant le repas et les moments intervenant après le repas. À l'intérieur de chaque classe on peut reprendre un autre temps charnière : la récréation. On effectue alors un second classement : les temps avant la récréation, les temps après la récréation.

À la fin de ce temps de recherche collective, les dessins sont organisés de la manière suivante :

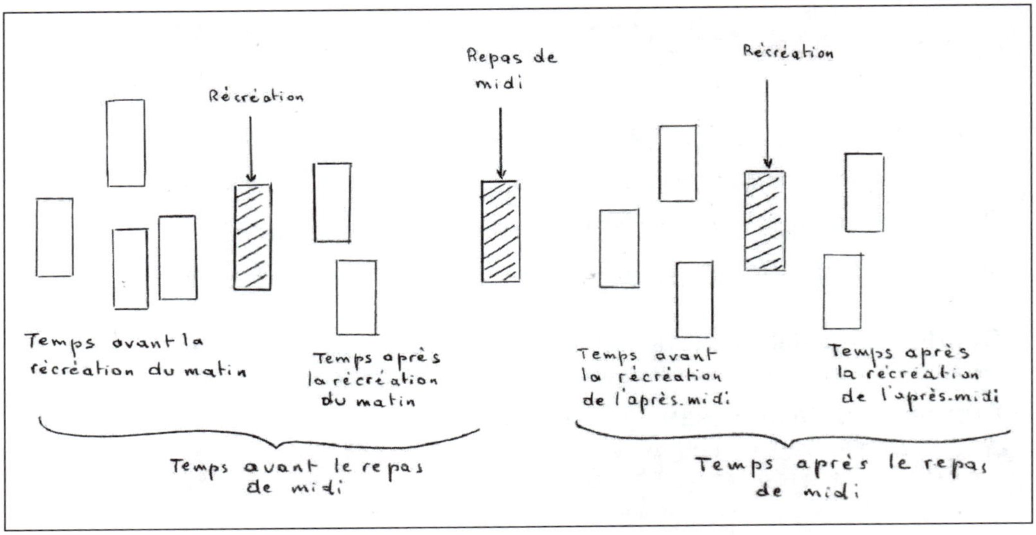

Il ne reste plus qu'à procéder au rangement des dessins dans les quatre paquets ainsi constitués et à les disposer l'un à côté de l'autre. Une frise horizontale est alors obtenue.

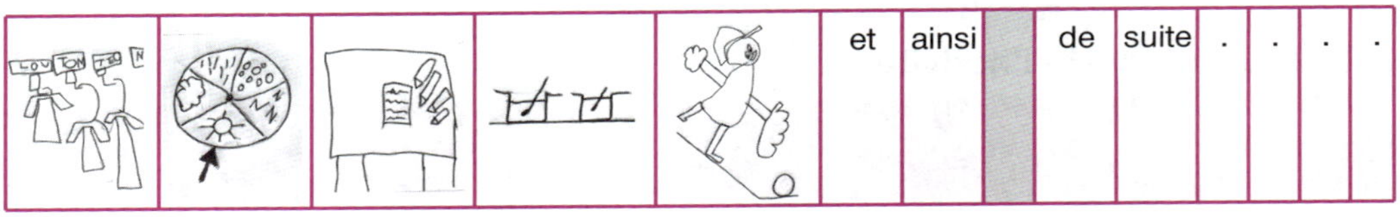

Résultat attendu

L'élève doit être capable de placer dans l'ordre sur une frise les photographies des différents temps de la journée de classe.

Évaluation

Premier niveau : dans un ensemble de 8 photographies représentant les moments significatifs des temps de la journée de classe, l'élève doit être capable de mettre ensemble les photographies représentant les moments de la matinée ainsi que celles représentant les moments de l'après-midi.

Deuxième niveau : à l'intérieur de chaque classe, il est capable de mettre les moments significatifs dans l'ordre chronologique.

:: Conseils

Quelques vignettes du matin et de l'après-midi sont déjà positionnées sur la frise (par exemple les récréations), l'élève doit placer les autres vignettes dans l'ordre chronologique (matin et après-midi).

Tous les moments qui appartiennent à l'après-midi sont positionnés, placer ce qui s'est passé avant ou le contraire.

:: Prolongement

Dans une banque de dessins réalisés par les élèves lors des ateliers, en choisir quelques-uns et leur demander de les placer sur la frise de référence, de manière à vérifier leur capacité à établir d'autres relations.

Séquence : Situer les événements les uns par rapport aux autres

Séance n° 5 Les recettes

:: **Compétence** : Situer des événements les uns par rapport aux autres.

:: **Objectif** : Utiliser une fiche technique (recette) pour planifier une tâche.

:: **Concepts** : Antériorité, postériorité.

:: **Conditions préalables** : Il s'agit d'une séance filée à reproduire autant de fois que nécessaire dans l'année. Nous avons choisi ici l'exemple de la recette car les occasions de l'introduire, en articulation étroite avec les fêtes traditionnelles, ne manqueront pas : galette des rois, crêpes de la chandeleur, etc. Pour la perception des étapes de planification d'une tâche, il ne faudra toutefois pas se limiter à la seule recette. On pourra, dans le cadre de différents projets de classe, introduire d'autres fiches techniques : la fabrication d'un objet, les parcours moteurs en activités physiques et sportives (APS), etc. L'activité proposée s'inscrit dans le cadre de la fête des écoles durant laquelle les élèves, avec l'aide de leurs parents, mettront en vente les gâteaux confectionnés.

:: Préparation de la classe

- **Organisation de la classe**
  Trois à quatre grandes tables (éventuellement on regroupera les tables individuelles des élèves).
- **Matériel**
  Celui-ci sera fonction des recettes retenues.
- **Documents**
  3 ou 4 affiches de recettes organisées de la manière suivante.

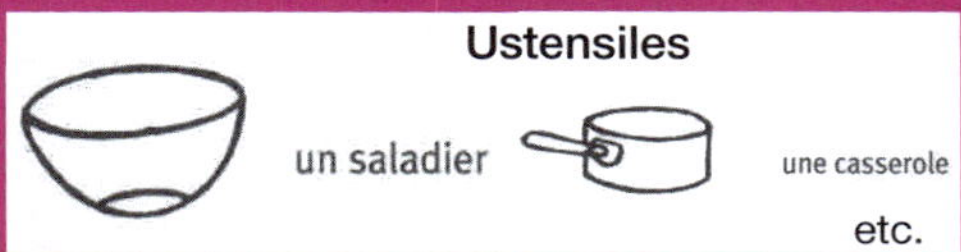

Recette

Étape 1
Casser les œufs. Séparer les blancs dans le saladier. Jeter les jaunes.

Étape 2
...

Étape 3
...

Étape 4
...

Étape 5
...

Étape 6
Mettre au four

:: Déroulement de l'activité

• **Durée** : 30 minutes.

• **Modalités de travail** : alternance activité collective – ateliers.

→ Description de l'activité

• **Regroupement collectif**

L'enseignant présente et décode avec les élèves une affiche de recette. Il veille à faire percevoir les trois rubriques : ingrédients, ustensiles et recette. Il donne la consigne : « Avec l'aide des adultes (ATSEM et parents d'élèves) nous allons fabriquer des gâteaux pour la fête des écoles (ou le goûter des anniversaires, etc.). »

• **Ateliers dirigés (un adulte et une recette différente par atelier)**

L'adulte encadrant l'atelier fait nommer les ingrédients puis les ustensiles à prévoir. Ensuite il lit le texte de la recette et demande aux élèves d'expliquer rapidement les étapes principales en ayant recours aux illustrations de l'affiche. Il laisse les élèves se répartir les tâches et les invite à consulter souvent l'affiche de manière à vérifier la succession des étapes de la recette.

Résultats attendus

Être capable de vérifier si tous les ingrédients et ustensiles sont disponibles, puis de suivre l'ordre des étapes pour fabriquer le gâteau demandé.

Évaluation

Donner les images des étapes dans le désordre, demander de les remettre dans l'ordre chronologique.

:: Conseil

Par écrit, fournir aux adultes encadrant les ateliers les instructions pédagogiques (voir déroulement ateliers dirigés).

:: Ouverture transdisciplinaire

Profiter de ce type de séance pour aborder l'hygiène : se laver les mains, nettoyer, ranger, etc.

Séance n° 6 Les anniversaires

:: **Compétence** : Situer des événements les uns par rapport aux autres.

:: **Objectifs** : Chronologie. Prise de repères.

:: **Concepts** : Antériorité, postériorité.

:: **Conditions préalables** : Séance filée à reproduire autant de fois que nécessaire dans l'année. Chaque enfant doit fêter son anniversaire. L'objectif est de lui faire prendre conscience, par référence au nombre de bougies sur le gâteau, qu'il grandit.

:: Préparation de la classe

- **Organisation de la classe**

  Magnétophone et cassette enregistrée ; bougies ; photographies de l'enfant dont c'est l'anniversaire. Prévoir si possible pour chaque anniversaire à fêter les photographies suivantes : enfant à la naissance, fêtant son anniversaire à 1 an, 2 ans, 3 ans (si possible devant le gâteau d'anniversaire comportant 1, 2 ou 3 bougies), à l'âge de 4 ans ; photocopies des photographies précitées.

- **Matériel**

  Tableau, aimants, pâte adhésive. Pour le premier anniversaire fêté, en plus des photographies, on peut très bien imaginer de demander aux parents de l'enfant concerné d'enregistrer un petit texte relatant le jour de sa naissance. Exemple de texte : « C'était il y a quatre ans, le dimanche 21 septembre. Nous allions nous mettre à table et soudain j'ai senti que tu allais naître. Papa a sorti la voiture et m'a conduite à la maternité. Il faisait très beau. Il y avait du soleil et un beau ciel bleu. Les arbres du jardin avaient déjà des feuilles jaunes et rouges. Tu es né pratiquement tout de suite. Tu étais tout petit avec beaucoup de cheveux blonds. Tout de suite tu as crié et sucé le drap. Tu avais faim. Alors je t'ai mis un pyjama vert et je t'ai donné la tétée. Tu t'es alors endormi. Bon anniversaire Olivier. »

:: Déroulement de l'activité

- **Durée** : 20 minutes.
- **Modalités de travail** : alternance activité collective – ateliers.

→ Description de l'activité

- **Découverte collective**

– **Présentation du jour de naissance :** l'enseignant précise : « Aujourd'hui c'est l'anniversaire d'Olivier qui a 4 ans. » Par le biais de questions du type : « Olivier a-t-il toujours été comme on le connaît aujourd'hui ? Avant était-il grand ou petit ? », l'enseignant amène les élèves à découvrir qu'Olivier a grandi, qu'au tout début il était bébé et que l'on fête aujourd'hui sa naissance. L'enseignant précise que sa maman a raconté le jour de sa naissance. Les élèves écoutent alors l'enregistrement et on procède à la reconstruction orale de la bande : départ à la maternité, naissance d'Olivier, habillage, tétée, sieste. On s'intéresse ensuite aux circonstances de la naissance d'Olivier (type de temps).

– **Prise d'indices sur les photographies :** les différentes photographies sont alors présentées et les élèves sont invités à y prélever des indices pour les caractériser : la couleur du pyjama et les cheveux blonds, le nombre de bougies, quelques éléments caractérisant Olivier aujourd'hui.

– **Prise de conscience du temps qui passe :** on peut alors procéder au rangement chronologique des photographies : l'enfant a grandi, il a changé, le nombre de bougies augmente : 0, puis 1, puis 2, puis 3). En relation avec des activités de numération, on fait alors découvrir le nombre de bougies à mettre sur le gâteau d'anniversaire.

- **Ateliers**

– **Ateliers autonomes :** à titre d'exemple citons, en vue de la fête d'anniversaire intervenant dans la journée, l'empaquetage des cadeaux, la préparation de sets de table, etc.

– **Atelier dirigé :** ranger les photocopies dans l'ordre chronologique en partant d'un point donné, de la gauche vers la droite, sans faire référence aux nombres de bougies, l'enseignant ayant pris soin d'occulter les gâteaux d'anniversaire sur les photocopies distribuées aux élèves. Pour vérifier et justifier l'ordre retenu, on recourt aux nombres de bougies figurant sur les photographies affichées sur le tableau. Par déduction on détermine à nouveau le nombre de bougies du gâteau d'anniversaire à prévoir. Les élèves dessinent les quatre gâteaux d'anniversaire et les collent sur les photocopies correspondantes.

Résultat attendu

L'élève est capable de prélever des indices sur les photographies pour les ranger dans l'ordre chronologique.

Évaluation

Voir atelier dirigé. L'objectif est ici, dans un premier temps, de vérifier la capacité des élèves à percevoir les modifications physiques (plus grand, plus petit) du camarade dont on fête l'anniversaire puis, dans un second temps, de les confirmer par référence aux nombres de bougies.

:: Conseil

Pour lever les difficultés liées au rangement des quatre photographies, prendre essentiellement appui sur le nombre de bougies.

:: Ouverture transdisciplinaire

Activités de dénombrement et de rangement.

Séance n° 7 Les fêtes traditionnelles

:: Compétence : Situer des événements les uns par rapport aux autres.

:: Objectifs : Caractériser et situer des repères sociaux (fêtes traditionnelles).

:: Concepts : Antériorité, postériorité.

:: Conditions préalables : Séance filée à reproduire pour chaque fête traditionnelle. Nous développons ici l'exemple de la *fête des rois*.

:: Préparation de la classe

- **Organisation de la classe**
  Jeux de cartes (rois, reines, valets, etc.), couronnes de boulanger.
- **Matériel**
  Activité collective : tableau, pâte adhésive, aimants.
  Ateliers : bandes de papier assez longues, ciseaux, colle.
- **Documents**
  Album de Nathan Caputo, *Roule galette*, Père Castor, Flammarion, 2000.
  Photographies de châteaux de différentes époques (Renaissance, châteaux forts, château de Versailles) ; reproductions d'œuvres d'art (par exemple tableau de Rigaud présentant Louis XIV en habit de sacre (1701) ; photographies de rois et reines actuels.

:: Déroulement de l'activité

- **Durée** : 30 minutes.
- **Modalités de travail** : alternance activité collective – ateliers.

→ Description de l'activité

- **Activité collective**

À partir du corpus documentaire présentant les rois, reines, châteaux et couronnes faire découvrir les caractéristiques du monarque, à savoir les insignes royaux (couronne, costume) et le lieu de résidence (château). L'enseignant procédera par questionnement : « Qui voit-on sur la photographie ? » Après la découverte des termes *roi*, *reine*, il posera les questions suivantes : « À quoi voit-on qu'il s'agit d'un roi, d'une reine ? Où vit-il ? » Pour susciter la contradiction mais aussi la comparaison l'enseignant peut introduire ici des photographies intruses (chaumière, immeuble, etc.). L'objectif est de faire construire et reformuler par les élèves « petits parleurs » des phrases du type : « c'est un roi parce qu'il a une couronne ».

- **Ateliers de structuration du temps : les bandes dessinées**

Nous proposons ci-après plusieurs ateliers. L'enseignant veillera à y faire passer par rotation tous les élèves. Les élèves exécutent la tâche sur des bandes de papier. Les bandes dessinées peuvent être introduites à partir d'une histoire ou d'une recette de la galette.

- **À partir d'une histoire racontée**

L'histoire de circonstance à raconter est sans conteste *Roule galette*. Elle met en scène une galette des rois qui ne veut pas être mangée et se sauve. Elle rencontre successivement des personnages et animaux qui lui courent après, mais en vain. En dernier lieu, elle rencontre le renard qui, sans lui courir après, lui propose une promenade au milieu de la rivière et la mange.

→ **Présentation de la couverture :**

« Ce matin, on va lire une histoire. Est-ce que quelqu'un la connaît ? Oui, de quoi parle cette histoire ? Non, de quoi l'histoire peut-elle parler ? »

Dans ce deuxième cas de figure, l'enseignant invite les élèves à décrire la couverture : un renard joue avec une galette. L'enseignant lit alors le titre et le montre aux élèves qui réagissent librement à propos de ce titre.

→ **Présentation de la page de garde :**
« Et là que voit-on ? » On décrit l'illustration : un grand-père est assis dans un fauteuil. Il fume la pipe. Il lit son journal. Un chat dort sur ses genoux. « Le renard et la galette, où sont-ils ? Il va falloir lire l'histoire pour connaître la suite. »
Pour chaque page de l'histoire, l'enseignant procède de la sorte : description de l'image, formulation d'hypothèses sur la suite de l'histoire, lecture par l'enseignant, impressions des élèves.
→ **Réalisation d'une bande dessinée :**
Les élèves dessinent simplement les personnages principaux du conte sans chercher à organiser précisément le récit. Il s'agit ici d'une simple ébauche de bande dessinée.

- **À partir d'une recette de la galette**

La recette peut être dessinée avant la préparation, à partir d'une recette donnée oralement par un adulte. Elle peut être dessinée après la préparation afin de s'en souvenir pour la mettre dans un album ou un fichier, ou pour la communiquer à d'autres.

- **À partir de sa propre histoire**

Chaque élève crée sa propre histoire. Ces histoires, comme les bandes dessinées précédentes, seront, si possible, décodées par les élèves d'une autre classe.

Résultat attendu

L'élève est capable d'indiquer les principaux événements et de les remettre dans l'ordre.

Évaluation

Voir prolongement.

:: Conseil

Pour lever les difficultés liées à la perception de la chronologie, inviter l'élève à feuilleter l'album et à indiquer successivement les personnages et animaux rencontrés et à modifier en conséquence sa bande dessinée.

:: Prolongement

Pour chaque fête traditionnelle, procéder de la sorte et, à l'issue de l'année, avec l'aide des référentiels de classe, demander aux élèves, dans le cadre de l'évaluation finale, de remettre dans l'ordre du temps, sur une frise, les symboles des fêtes.

Séance n° 8 Les bandes dessinées

:: **Compétence** : Situer des événements les uns par rapport aux autres.

:: **Objectif** : Percevoir quatre étapes d'une bande dessinée.

:: **Concepts** : Antériorité, postériorité.

:: **Condition préalable** : Séance filée à reproduire autant de fois que nécessaire.

:: Préparation de la classe

- **Organisation de la classe**
  Photocopies des moments significatifs de l'histoire (format A4) représentant le sapin décoré, le sapin entouré de cadeaux, le sapin dans la poubelle, le sapin dans le camion-poubelle ; un jeu de photocopies des quatre moments (petit format) pour chaque élève.
- **Matériel**
  Bandes de papier pour reconstituer l'histoire, colle, tableau, aimants, pâte adhésive.
- **Document**
  Michel Gay, *Noël de sapin*, École des Loisirs, 1989.

:: Déroulement de l'activité

- **Durée** : 20 à 30 minutes.
- **Modalités de travail** : alternance phase collective – atelier dirigé.

→ Description de l'activité

- **Phase collective**

– **Raconter les événements de Noël :** dans un premier temps, au retour des vacances de Noël, l'enseignant fait raconter par les élèves les événements vécus à la maison. Il retient alors ceux vécus par le sapin de Noël. Par le biais de questions il fait découvrir au moins quatre étapes : l'arrivée du sapin, sa décoration, les cadeaux au pied du sapin, le rangement et éventuellement la disparition du sapin.

– **Découverte de l'histoire *Noël de sapin* :** dans un deuxième temps l'enseignant lit l'histoire sans montrer les images du livre : « Un petit sapin vit dans la forêt. Un jour, il est emmené dans une famille où il va connaître les joies de Noël avec les décorations et les cadeaux. Malheureusement, la fête de Noël finie, il se retrouve à la poubelle. Heureusement, avec la complicité du camion-poubelle, il retourne dans la forêt retrouver ses congénères. »

– **Reconstitution chronologique de l'histoire :** dans un troisième temps, l'enseignant raconte l'histoire avec les élèves puis montre les photocopies du livre dans l'ordre chronologique. Il aide les élèves à prendre des indices qui permettent de raconter l'histoire : le sapin sans décorations dans la forêt, le sapin couvert de décorations, le sapin entouré de cadeaux, le sapin dans la poubelle, le sapin dans le camion-poubelle.

– **Symbolisation de l'histoire :** dans un dernier temps, l'enseignant présente des dessins symbolisant quatre grandes étapes de l'histoire.

L'enseignant aide les élèves à analyser les images et à y puiser des indices (décorations, cadeaux, etc.). Après avoir indiqué le début et le sens de rangement (de la gauche vers la droite), le maître invite les élèves à retrouver la succession des quatre images. Plusieurs élèves, à tour de rôle, effectuent la manipulation et se corrigent mutuellement. Pour chaque élève sollicité, le maître s'attachera à faire employer les connecteurs temporels *avant*, *après*, *ensuite* (éventuellement *enfin*).

- **Atelier dirigé**

Cet atelier fonctionne simultanément avec des ateliers satellites (par exemple, en mathématiques, ranger dans l'ordre croissant ou décroissant quatre petits sapins ; en arts visuels, décorer des sapins avec des gommettes de couleur, etc.).
Dans l'atelier dirigé – dont l'objectif sera de vérifier la capacité de chaque élève à respecter le code (début et sens) et l'ordre de l'histoire mais aussi d'employer à bon escient quelques connecteurs temporels –, les élèves ont à leur disposition les photocopies en petit format des dessins symbolisant les quatre grandes étapes de l'histoire. Ils ont également à leur disposition une bande de papier sur laquelle le code de lecture est indiqué : un point pour le début et une flèche pour le sens. Les élèves manipulent librement les cartes puis les positionnent sans les coller sur la bande de papier. Avant de procéder à cette ultime étape, ils sont invités par l'enseignant à justifier l'ordre en utilisant les connecteurs *avant*, *après*, *ensuite* (éventuellement *enfin*).

Résultats attendus

L'élève est capable de ranger les images en respectant l'ordre et le code. Il est capable d'utiliser les connecteurs temporels *avant*, *après*, *ensuite*.

Évaluation

Voir atelier dirigé. Les critères d'évaluation sont le respect du code (début et sens) et de l'ordre de l'histoire.

:: Conseil

Plusieurs possibilités s'offrent à l'enseignant :
- limiter le nombre d'images (3 au lieu de 4) : on travaille sur la notion de début, de milieu et de fin ;
- positionner une image : soit au début, au milieu ou à la fin, l'élève plaçant les trois autres ;
- aider l'élève à prendre des indices sur les images (poubelle, camion, décorations).

:: Prolongement

Effectuer le même travail avec d'autres contes, par exemple l'album de Nathan Caputo, *Roule galette*, Père Castor, Flammarion, 2000. Les différentes rencontres peuvent être facilement mémorisées, repérées et ordonnées.

Séquence : Maîtriser les marques temporelles et chronologiques

Séance n° 9 Le temps social

:: Compétence : Comprendre et utiliser à bon escient le vocabulaire du repérage et des relations dans le temps.

:: Objectif : Utiliser des images séquentielles pour saisir les notions de début, de déroulement et de fin *(avant, pendant, après)*.

:: Concepts : Antériorité, postériorité.

:: Capacité: Savoir utiliser correctement les marques temporelles et chronologiques.

:: Condition préalable : Comme certains jeux de mémoire raconteront des histoires, il serait judicieux que le maître les ait préalablement lues aux élèves.

:: Préparation de la classe

- **Organisation de la classe**
  Cette séance ne nécessite que la fabrication de quelques jeux de cartes.
- **Matériel**
  Fiches bristol, images extraites d'albums, photographies de moments ou de temps de la journée de classe ; magnétophone.

:: Déroulement de l'activité

- **Durée** : 10 à 15 minutes (par jeu mis en œuvre).
- **Modalités de travail :** le maître profitera de toutes les opportunités pour mettre en place ces jeux de paroles.

→ Description de l'activité

- **Jeux de mémoire simples**

Il s'agit de fabriquer des séries de deux cartes. Chaque série comporte un début et une fin : une fleur épanouie, une fleur fanée par exemple. Les cartes sont retournées sur la table. Il s'agit de reconstituer les paires. Durant cette activité le maître incitera les élèves à s'exprimer, à justifier la constitution des paires proposées et à employer les connecteurs *avant* et *après*.

- **Jeux de mémoire difficiles**

Cette activité est à proposer aux élèves maîtrisant bien la succession d'images séquentielles. Si le maître ne dispose pas d'images séquentielles toutes prêtes, il en fabriquera deux à trois séries de cinq (en fonction des compétences des élèves), abordant toutefois des thèmes très différents de manière à favoriser la mise en ordre. Toutes les images sont retournées sur la table. Le but est de reconstituer les trois histoires dans l'ordre chronologique. Le maître, là aussi, incitera les élèves à justifier leurs choix et à utiliser les connecteurs temporels.

- **Histoires à raconter**

Le maître met à disposition des élèves deux paquets de cartes proposant soit des « débuts », soit des « fins » d'histoire. Les cartes étant rangées dans le même ordre sur les deux piles (par exemple le début de *Roule galette* et la fin de *Roule galette* en première position dans chaque pile), les élèves tirent au sort une carte de « début » et une carte de « fin ». Ils doivent alors inventer les étapes intermédiaires (au moins deux) et utiliser à bon escient les connecteurs temporels *(avant, pendant, après)*.

Dans le cadre d'une activité portant davantage l'accent sur la cohérence du récit, le maître s'attachera à faire employer les connecteurs suivants : *d'abord*, *puis*, *ensuite*, *enfin*. Il pourra introduire dans cette activité un niveau de complexification. À cette fin, il mélangera les cartes dans chaque pile : l'élève pourra par exemple piocher le début de *Roule galette* et la fin des *Trois petits cochons*. À charge pour lui d'inventer des événements qui s'enchaînent de manière logique sur le plan chronologique.

- **Histoires à écouter**

Lors de la lecture d'un conte, le maître prendra la précaution de procéder à son enregistrement. Lorsque les élèves connaissent bien l'histoire, le maître déclenche l'écoute à un moment donné. Les élèves doivent indiquer s'il s'agit du début, du milieu ou de la fin en justifiant leur réponse et en employant dans une phrase construite les connecteurs temporels. Le maître, là encore, en cas de difficultés, reformulera et fera répéter la phrase.

- **Moments vécus**

Le maître photographiera différents temps ou moments de la journée de classe mais aussi des moments forts (par exemple la galette des rois entière, la galette des rois entamée, un élève avec une couronne sur la tête). Les photographies sont dans le désordre. Les élèves doivent les remettre dans l'ordre chronologique en utilisant à bon escient les connecteurs temporels.

Résultats attendus

– L'élève est capable d'employer à bon escient dans une phrase construite les connecteurs temporels *avant*, *après*, *pendant*.

– L'élève est capable de respecter la cohérence du récit et d'utiliser des connecteurs du type *d'abord*, *puis*, *ensuite*.

Évaluation

Pour la mise en œuvre de cette dernière, on pourra s'inspirer de la dernière activité relative aux moments vécus. Cette évaluation privilégie l'aspect affectif et permet donc d'identifier les élèves ayant encore réellement des difficultés.

Conseils

Faire varier le nombre d'images séquentielles.

Réciter et ensuite faire réciter sous forme de comptine le déroulement de l'histoire en veillant à bien insister sur les connecteurs temporels.

Prolongement

Apprendre à se servir du langage pour évoquer des événements en leur absence (événements passés, à venir).

Séquence : Exprimer et comprendre les oppositions entre présent, passé proche et passé lointain

Séance n° 10 La vie autrefois

:: **Compétence** : Comprendre et utiliser à bon escient le vocabulaire du repérage et des relations dans le temps.

:: **Objectif** : Évoquer la vie autrefois à partir d'œuvres picturales.

:: **Concepts** : Connecteur d'évocation *(il y a longtemps)*. Profondeur du passé ; premier capital historique.

:: **Capacité** : Savoir exprimer et comprendre les oppositions entre passé et présent, disposer d'un premier capital historique constitué soit à partir du patrimoine, soit par le récit d'événements.

:: **Conditions préalables** : Pour mettre en place cette séance et la suivante, l'enseignant peut utiliser, comme le suggèrent les programmes de 2008, les traces architecturales (château fort par exemple). Conscients du fait que les ressources patrimoniales de ce type ne sont pas toujours disponibles, nous proposons une séquence d'apprentissage prenant appui sur des œuvres picturales de Pieter Bruegel très connues et reproduites dans la plupart des ouvrages d'art. Il s'agit de :

- *Les Jeux d'enfants*, 1560, Kunsthistorisches Museum, Vienne.
- *Le Dénombrement de Bethléem*, 1566, musées royaux des Beaux-Arts, Bruxelles.
- *Le Repas de noces*, 1568, Kunsthistorisches Museum, Vienne.
- *La Danse des paysans*, 1568, Kunsthistorisches Museum, Vienne.
- *Le Combat de Carnaval et de Carême*, 1599, Kunsthistorisches Museum, Vienne.

Il est conseillé d'utiliser des reproductions en grand format (transparents et rétroprojecteur).

:: Préparation de la classe

- **Organisation de la classe**
  Reproductions picturales en grand format ou alors sur transparents.
- **Matériel**
  Tableau, pâte adhésive, aimants, éventuellement rétroprojecteur.
- **Document**
  Reproduction de l'œuvre picturale *Le Combat de Carnaval et de Carême*, 1599.

:: Déroulement de l'activité

- **Durée** : 20 minutes.
- **Modalités de travail** : alternance travail collectif – travail en ateliers.

→ Description de l'activité

- **Découverte collective**

L'enseignant invite les élèves à observer la reproduction de l'œuvre picturale *Le Combat de Carnaval et de Carême*. Cette œuvre de Pieter Bruegel a un caractère tellement coloré et foisonnant qu'elle suscite de la part des élèves de nombreuses réactions qu'il faudra orienter et structurer. De fait, après l'indispensable premier « déballage » des remarques à propos des modes de vie suggérés par cette œuvre, notamment l'architecture, les vêtements et les activités des personnages, il y a lieu de faire percevoir, de façon fort modeste, la profondeur du passé par le biais de questions du type : « Est-ce que c'est pareil que ce que nous connaissons en ce moment, aujourd'hui ? » En raison du caractère exotique du tableau, les élèves auront vraisemblablement tendance à penser qu'il s'agit d'un pays lointain. On leur précise alors que c'est « chez nous ». Est alors attendue une remarque du type : « c'est chez nous mais il y a longtemps ». En section de moyens, on se contentera de la découverte et de la formulation de ce seul connecteur. Il faudra par la suite, dans le cadre de la narration de contes, distinguer ce dernier du connecteur « il était une fois » au titre de l'opposition récit historique-récit fictionnel. On demande alors aux élèves de justifier le fait que c'est un temps fort lointain, une représentation, pour reprendre les programmes de 2008, « de ce qui n'est plus ». La justification se fait, par exemple, par référence aux vêtements (hommes en robe et bas-de-chausses, femmes en longue robe et capuchon, bébés langés), mais aussi par rapport à l'architecture (maison à pas de moineau, à colombage, à ogives). On retient quelques détails architecturaux et vestimentaires du tableau. Parallèlement on attire l'attention sur les déguisements de certains personnages (Carnaval).

- **Travail en ateliers**

En ateliers d'arts visuels, selon différentes techniques (peinture, collage de papier de couleur déchiqueté, froissé, découpé, collage de gommettes, etc.), les élèves s'approprient les éléments vestimentaires et architecturaux retenus. Ces dessins constitueront le référentiel de classe.

Résultats attendus

Appréhender le passé lointain et employer à bon escient le connecteur temporel *il y a longtemps* par opposition à *hier* et *aujourd'hui*.

:: Conseil

Lors des activités de comparaison, choisir des caractères historiques en « nette rupture » avec le vécu de l'élève.

:: Définitions

Il ne faut pas confondre **énonciation** et **évocation**. Les marques de l'énonciation permettent à l'enfant de situer le présent au moment où il parle et, de part et d'autre, le passé et le futur. Les marques de l'évocation réfèrent au temps réel du récit historique (autrefois, il y a longtemps, date) ou au temps imaginaire de la fiction (il était une fois).

Séance n° 11 Modes de vie anciens et contemporains

:: Compétence : Comprendre et utiliser à bon escient le vocabulaire du repérage et des relations dans le temps.

:: Objectifs : Découvrir, vivre et comparer des modes de vie anciens et contemporains.

:: Concepts : Profondeur du passé. Permanences et transformations.

:: Capacité : Voir séance n° 10.

:: Conditions préalables : Avoir introduit le connecteur d'évocation « il y a longtemps » et analysé l'œuvre *Le Combat de Carnaval et de Carême*.

:: Préparation de la classe

- **Organisation de la classe**
  - **Travail collectif :** reproduction *Les Jeux d'enfants*.
  - **Travail en ateliers :**
    - Reproduction en petit format des 5 œuvres de Bruegel accompagnées de 2 ou 3 intruses (œuvres contemporaines présentant des éléments architecturaux et vestimentaires en nette rupture avec les éléments picturaux des œuvres de Bruegel et correspondant au vécu des élèves). Prévoir un jeu de 8 vignettes par atelier.
    - Agrandissements de représentations de jeux extraites du tableau de Bruegel *Les Jeux d'enfants*. Prévoir un agrandissement différent par atelier.
- **Matériel**
  Tableau, pâte adhésive, aimants, éventuellement rétroprojecteur. Petit matériel APS : cerceaux, bâtons, etc.
- **Documents**
  Le Combat de Carnaval et de Carême, 1599 – *Le Dénombrement de Bethléem*, 1566 – *Le Repas de noces*, 1568 – *La Danse des paysans*, 1568 – *Les Jeux d'enfants*, 1560.

:: Déroulement de l'activité

- **Durée** : 40 minutes.
- **Modalités de travail :** alternance travail en ateliers – travail collectif.

→ Description de l'activité

- **Travail en ateliers**

Les ateliers ont la même tâche et fonctionnent de manière identique. On propose dans chaque atelier une série de 8 documents iconographiques (voir organisation de la classe). Au préalable, l'enseignant fait chercher le tableau qui a fait l'objet d'une analyse lors de la précédente séance. Il veille à faire justifier le choix : tenues vestimentaires, éléments architecturaux mais aussi éléments picturaux qui n'ont pas fait l'objet d'un traitement particulier lors de la précédente séance : personnages déguisés (Carnaval). L'enseignant fait retrouver le connecteur temporel « il y a longtemps ». Puis, il invite plusieurs élèves à l'utiliser dans une phrase du type : « cela s'est passé il y a longtemps » et à justifier le propos par référence aux éléments vestimentaires et architecturaux. Le tableau *Le Combat de Carnaval et de Carême* ayant été identifié, on demande aux élèves d'en trouver d'autres qui présentent des événements qui se sont passés il y a longtemps. Pour chaque tableau retenu, les élèves doivent justifier le propos. Par exemple sur le tableau *Le Dénombrement de Bethléem* on retrouve des maisons à pas de moineau. Sur les tableaux *Le Repas de noces* et *La Danse des paysans*, les hommes ont des « robes » et des bas de chausses, les femmes des longues robes et des capuchons. Sur le tableau *Les Jeux d'enfants*, on trouve des maisons avec des ogives. Il s'agit ici avant tout d'une activité d'observation fine, puis de comparaison à des fins de mise en relation et de classement. À la fin de cette activité par ateliers, les élèves doivent avoir classé les documents iconographiques en deux catégories : événements du passé lointain (il y a longtemps), événements récents (d'aujourd'hui).

- **Travail collectif**

Parmi les œuvres de Bruegel classées dans les événements lointains, on sélectionne le tableau *Les Jeux d'enfants*. Celui-ci est affiché en grand format au tableau . L'enseignant fait rappeler les critères de choix de ce tableau par le biais d'une question du type : « Qu'est-ce qui montre que ça s'est passé il y a longtemps ? » Plusieurs éléments de datation figurent sur ce tableau : les maisons à pas de moineau, à ogives ; les costumes des enfants.
Après avoir découvert le contenu essentiel des activités décrites sur ce tableau, on demande aux élèves de repérer des jeux différents et de tenter de les expliquer.

- **Travail par ateliers**

En salle d'APS, les élèves sont répartis par groupe de 3-4 élèves. À charge pour chacun d'eux, au regard de l'agrandissement d'une représentation de jeu octroyé et éventuellement du matériel APS fourni, de « jouer à la manière de Bruegel, il y a longtemps ». Là encore, les dessins iront enrichir le référentiel de classe en veillant systématiquement à l'articulation signifiant (mot) – signifié (dessin).

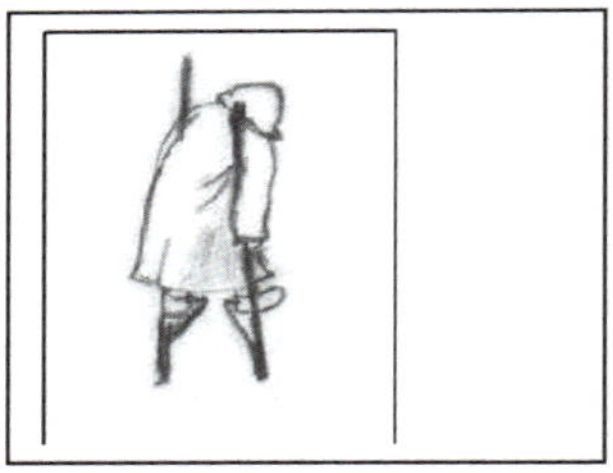
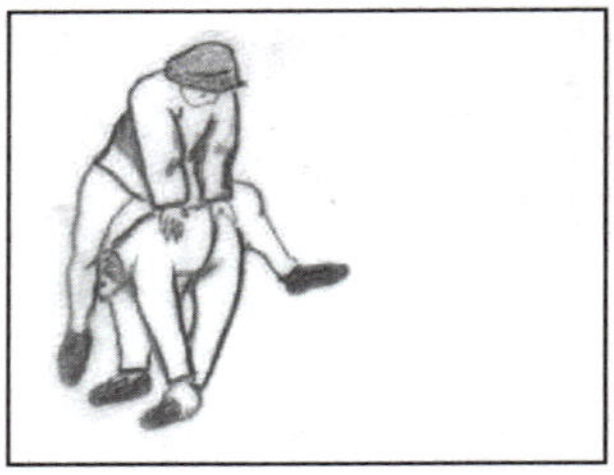

Résultat attendu

Utiliser des caractères historiques simples pour classer des événements en deux catégories : passé lointain, présent.

:: Conseil

Il s'agit ici d'une séance ramassée, tout comme la précédente. On pourra, en fonction du temps disponible mais aussi de l'intérêt et des difficultés des élèves, les fractionner en plusieurs séances.

:: Ouverture transdisciplinaire

Arts visuels : étude d'autres œuvres picturales.

:: Définitions

Voir séance n° 10.

Partie 3

Percevoir, sentir, imaginer, créer

Chapitre 9

Le **dessin** et les **compositions plastiques**

:: **Continuité des apprentissages en maternelle**

:: **Repères pratiques**

:: **Séances 1 à 12**

Marie-Lise Daubercour
Bernadette Sauvage

Continuité des apprentissages en maternelle

	1re année	2e année	3e année	Grande section
Le dessin				
Adapter son geste aux contraintes matérielles	à travailler prioritairement	à travailler prioritairement	à travailler prioritairement	à consolider
Utiliser le dessin comme moyen d'expression	à travailler prioritairement	à travailler prioritairement	à travailler prioritairement	à consolider
Les compositions plastiques				
Tirer parti des ressources expressives d'un procédé et d'un matériau donnés	peut être travaillé	peut être travaillé	à travailler prioritairement	à consolider
Exercer des choix parmi des procédés et des matériaux déjà expérimentés	peut être travaillé	à travailler prioritairement	à travailler prioritairement	à consolider
Réaliser une composition en plan ou en volume selon un désir d'expression	peut être travaillé	peut être travaillé	à travailler prioritairement	à travailler prioritairement
Surmonter une difficulté rencontrée			peut être travaillé	à travailler prioritairement
Observation et description d'œuvres du patrimoine				
Reconnaître des images d'origines et de natures différentes	peut être travaillé	peut être travaillé	à travailler prioritairement	à consolider
Établir des rapprochements entre deux objets plastiques (une production d'élève et une reproduction d'œuvre d'art par exemple) sur le plan de la forme, du sens ou du procédé de réalisation	peut être travaillé	à travailler prioritairement	à travailler prioritairement	à consolider
Collections et musées				
Identifier les principaux constituants d'un objet plastique (image, œuvre d'art, production d'élève, etc.)	à travailler prioritairement	à travailler prioritairement	à consolider	à consolider

Légende :
- à travailler prioritairement
- à consolider
- peut être travaillé

Repères pratiques

« Avant, je dessinais comme Raphaël, mais il m'a fallu toute une existence pour apprendre à dessiner comme les enfants. »
Picasso, *in* Florence de Mèredieu, *Le Dessin d'enfant*, éditions Blusson, p. 13.

1. Les axes forts du domaine d'activités

Les textes officiels concernant l'enseignement artistique à l'école maternelle sont regroupés dans le domaine : « Percevoir, sentir, imaginer, créer ». Ce domaine renvoie aux « deux ensembles de pratiques artistiques mettant en jeu des sollicitations sensorielles complémentaires : visuelles et tactiles pour "le dessin et les compositions plastiques", auditives et vocales pour "la voix et l'écoute" ».
Il s'agira donc pour l'enseignant de maternelle de mettre en place des situations permettant de « familiariser les enfants, par l'écoute et l'observation, avec les formes d'expression artistique les plus variées »... de leur faire éprouver des émotions et acquérir des premiers repères dans l'univers de la création. Ces activités permettront de tisser de nombreux liens avec les autres domaines d'apprentissage : « elles nourrissent la curiosité dans la découverte du monde, permettent à l'enfant d'exercer sa motricité et l'encouragent à exprimer des réactions, des goûts et des choix dans l'échange avec les autres » (*Bulletin officiel* n° 3, 19 juin 2008).

2. Les spécificités de la section

Comment répondre à la spécificité de l'enseignement des arts visuels en section de moyens ?

Les activités s'orientent vers la constitution de réserves de formes, obtenues par les moyens les plus variés : dessin à main levée, dessin de réserve, frottage et prise d'empreintes, jeu sur les reproductions qui facilitent les reprises et les interventions, déclinaisons de moyens techniques (encre, pastel, fusain, crayon gras, feutre), etc. L'enseignant suscite la créativité à travers des situations de recherche, provoque des exercices qui amènent l'enfant à se poser des questions de représentation, attire l'attention sur des éléments de composition repérables dans leurs dessins ou dans ceux des artistes. Il s'agit de les rendre sensibles à ces notions sans tomber dans les codes et les conventions.
L'enseignant pensera l'espace classe d'un point de vue pratique et fonctionnel : l'espace arts visuels doit être clairement identifiable par les élèves : mur d'images, affichage spécifique. Il doit être accessible et pratique : des tables adaptées à la taille des enfants (travail debout), des tables avec des chaises (travail individuel), des plans verticaux (contre un mur recouvert de papier plastique transparent), des chevalets, des outils et des médiums variés rangés, etc.
Une corde à linge tendue dans la classe permettra de laisser sécher ou d'accrocher les productions, etc.

3. Éléments didactiques et pédagogiques

A Comment construire une démarche en arts visuels ?

Le professeur des écoles est un enseignant polyvalent. Il lui incombe de programmer l'enseignement des arts visuels au même titre que les autres disciplines.
Quelques rappels concernant les différentes étapes d'une séquence en arts visuels :
- **Entrée dans l'activité :** c'est la manière dont l'enseignant entraînera les élèves dans une démarche de création.
- **Sollicitation plastique :** un problème à résoudre est posé.

– **Mise en œuvre :** les élèves se mettent en recherche. Cette phase s'apparente à une démarche expérimentale au cours de laquelle les élèves vont tenter de répondre au problème posé.
– **Confrontation avec les pairs :** les élèves sont invités au cours de cette phase à confronter les résultats obtenus. Ils mettent en commun leurs découvertes : c'est l'occasion de formaliser les savoirs. Les élèves reprennent leurs productions et poursuivent leur travail.
– **Confrontation avec les œuvres d'artistes :** toutes les productions sont affichées. On constate les effets produits. Un vocabulaire spécifique pour désigner les découvertes est mis en place. Les enfants établissent des relations entre les œuvres d'artistes et leurs productions.

B Quelques points de repère

Lors de sa préparation l'enseignant réfléchit à la mise en place d'un **SMOG** cohérent (Interactions : **S**upport, **M**édium, **O**util, **G**este). L'objectif d'une séance n'est parfois pas atteint en raison d'une inadéquation des éléments entre eux : par exemple projections, coulures sur un petit format (amplitude gestuelle restreinte) ou travail avec un outil inadapté au format proposé (encre appliquée au coton-tige sur un très grand format).

C Références culturelles

Les enseignants se posent souvent la question du moment pertinent pour présenter une œuvre d'art aux élèves. Il n'existe pas de règle stricte. Selon le projet :
– l'œuvre d'art peut servir de point de départ à une séance en arts visuels (sollicitation plastique). L'enseignant en dégagera ou la thématique, ou une notion ou un procédé plastique. Dans tous les cas, il faudra veiller à éviter le plagiat ;
– elle peut également être présentée au cours de la phase de confrontation avec les œuvres d'artistes pour aider à formaliser des découvertes plastiques ;
– enfin, elle peut être présentée en fin de séance ou de séquence pour valider les expérimentations ou pour relancer les recherches en proposant aux élèves des représentations très différentes des résultats obtenus.

D Les séances en arts visuels

Avant d'entrer dans la lecture des séances, il nous semble important de préciser quelques points incontournables pour une réelle démarche de création dans le domaine des arts visuels.
– Les séquences d'apprentissages se déclinent en séances pour montrer la progression des apprentissages pour une notion donnée.
– Cependant chaque séance s'inscrit dans un projet. Il s'agit d'éviter l'écueil de la séance d'arts visuels... « décontextualisée ». C'est pourquoi vous trouverez à la fin de chaque séance un renvoi vers les différentes séances du projet.

⇨ **Intégrer au projet « Représenter l'arbre » :** séances n°s 1, 2, 7, 11.

⇨ **Intégrer au projet « Traiter la vache » :** séances n°s 4, 5, 6.

⇨ **Intégrer au projet « Élaborer un musée de la couleur » :** séances n°s 9, 12.

⇨ **Intégrer au projet « Faire un portrait » :** séances n°s 3, 10.

⇨ **Intégrer au projet « Faire des rideaux sonores » :** séance n° 8.

– Pour mieux percevoir la cohérence des séances à l'intérieur du projet, vous trouverez un tableau de correspondance compétences/projets.
– Les séquences doivent se concevoir à partir du *vécu* des élèves. *Le projet de classe est donc essentiel* à ce niveau. Il serait tout à fait arbitraire de proposer des séances en arts visuels sans se poser la question du *sens*.
– Il est important d'associer l'enfant très jeune à ce type de démarche pour favoriser notamment l'anticipation.

– Il ne s'agit bien sûr que de propositions liées aux possibilités des élèves de cet âge. Chacun est libre de les adapter en fonction de l'école, du projet de classe, de la spécificité des élèves.

Nous tenons à remercier les enseignants du Pas-de-Calais qui s'impliquent chaque année dans les projets en arts visuels. Que les photographies des productions d'enfants de cet ouvrage soient un hommage à la qualité de leur travail. Plus particulièrement, nous remercions Cécile Guyot, enseignante à l'école maternelle Montessori de Lens qui a réalisé les séances n°s 7 et 10, ainsi que les enseignantes de l'école maternelle Berteloot de Liévin pour la séance n° 12.

Tableau décrivant la progression de l'acquisition de compétences dans le sens vertical et la succession des projets dans le sens horizontal

Compétences / Projets	Élaborer un musée de la couleur	Représenter l'arbre	Traiter la vache	Faire un portrait	Faire des rideaux sonores
Utiliser le dessin comme moyen d'expression					
10. Utiliser le dessin pour traduire des expressions, des émotions.				X	
Observer et décrire des œuvres du patrimoine. Construire des collections.					
4. Collecter des images artistiques ou non sur une thématique donnée.			X		
11. Établir des rapprochements entre plusieurs reproductions d'œuvres d'art.		X			
12. Établir des rapprochements entre des impressions et des objets de même couleur.	X				
Adapter son geste aux contraintes matérielles (instruments, supports, matériels)					
1. Tirer parti de formes de papier déchiré.		X			
2. Tirer parti des ressources expressives du papier.		X			
3. Déchirer des formes de papier dans une intention donnée.				X	
Réaliser une composition en plan ou en volume, selon un désir d'expression					
5. Combiner des formes géométriques en vue de réaliser un relief.			X		
6. Associer des objets en vue de réaliser un volume.			X		
7. Combiner des productions plastiques en vue de réaliser un volume.		X			
8. Combiner des objets plastiques en vue de réaliser une suspension.					X
9. Combiner des productions plastiques en vue de réaliser une installation.	X				

Séquence : Adapter son geste aux contraintes matérielles (instruments, supports, matériels)

Séance n° 1 Arbre de papiers déchirés

:: **Compétence** : Adapter son geste aux contraintes matérielles (instruments, supports, matériels).

:: **Projet** : Représenter l'arbre.

:: **Objectif** : Tirer parti des morceaux de papiers déchirés pour représenter un arbre.

:: **Concept** : Matière.

:: **Capacité** : Tirer parti des formes de papier déchiré.

:: **Condition préalable** : Avoir observé des reproductions d'œuvres sur l'arbre (séance n° 11). En effet, tout projet de représentation de forme suppose en préalable un enrichissement des représentations mentales de cette forme. C'est pour cela qu'il est indispensable de collecter des documents sur la thématique retenue (musée de classe sur l'arbre).

:: Préparation de la classe

- **Organisation de la classe**
  Plan horizontal.
- **Matériel**
  Papier journal, papier de soie, papier kraft, papier calque, papier de verre, carton fin, etc.
  Colle vinylique, pinceaux à colle, etc.

:: Déroulement de l'activité

- **Durée** : 20 minutes.
- **Modalités de travail :** par groupes de 5 ou 6.

→ Description de l'activité

- **Entrée dans l'activité.** Collecter toutes sortes de papiers : papier journal, papier de soie, papier kraft, papier calque, papier de verre, papier crépon, etc.
- **Sollicitation plastique.** Chercher différentes façons de déchirer les matériaux collectés.

Tirer parti des morceaux déchirés pour réaliser un arbre.
Agencer par collage sur un support, lui-même récupéré ou mis en couleur préalablement.

Résultats attendus

Les enfants déchirent le papier d'abord en petits morceaux puis ils découvriront qu'il est possible d'obtenir des bandes plus longues. En observant la forme des bandes, ils tireront parti des morceaux pour créer l'arbre : les longues bandes seront utilisées pour les branches et la multitude de petits morceaux pour l'effet de matière du tronc.

Évaluation

Les enfants seront capables de tirer parti des formes de papiers déchirés pour représenter une autre forme figurative.

:: Remarques

Les enfants déchirent volontiers le papier et le carton. L'enseignant leur fera prendre conscience du sens du papier pour obtenir des bandes plus longues.

:: Prolongement

Il est possible de retravailler certaines parties de la composition en utilisant peinture, fusains, feutres, sanguines, etc., pour unifier, contraster ou cerner.

:: Ouverture transdiciplinaire

Découvrir le monde : découverte de différents milieux, sensibilisation aux problèmes de l'environnement.

:: Conseils

Les formes peuvent être géométriques ou aléatoires. Elles peuvent prendre l'allure de lignes, d'aplats, de taches ou de tracés (graphisme, écriture, calligraphie, etc.), etc.

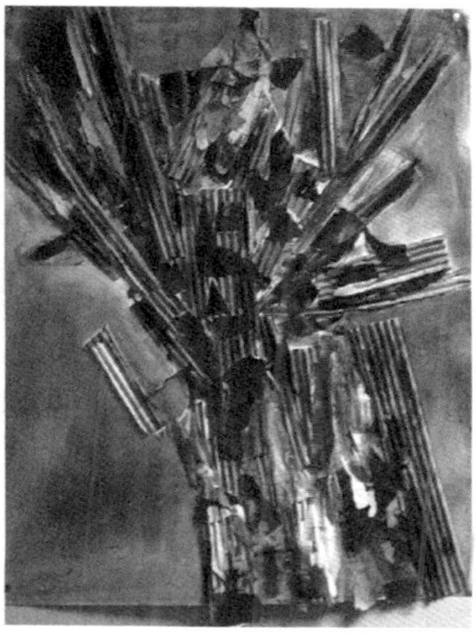

:: Intégrer au projet

Représenter l'arbre : séances n°s 2, 7 et 11.

Séance n° 2 Arbre de papiers transformés

:: **Compétence** : Adapter son geste aux contraintes matérielles (instruments, supports, matériels).

:: **Projet** : Représenter l'arbre.

:: **Objectif** : Tirer parti des ressources expressives du papier.

:: **Concept** : Matière, opérations plastiques : transformer et associer.

:: **Capacité** : Tirer parti des ressources expressives du papier.

:: **Condition préalable** : Avoir vécu une séance sur une des transformations de la matière, à savoir : le déchirage séance n° 1.

:: Préparation de la classe

- **Organisation de la classe**
  Plan horizontal.
- **Matériel**
  Papier journal, papier de soie, papier kraft, papier calque, papier de verre, etc., colle vinylique, pinceaux à colle, etc.
- **Documents**
  Mondrian, *L'Arbre bleu*.
  Mondrian, *L'Arbre rouge*.
  Mondrian, *Forêt*.

:: Déroulement de l'activité

- **Durée** : 20 minutes.
- **Modalités de travail :** par groupes de 5 ou 6.

→ Description de l'activité

- **Entrée dans l'activité.** Collecter toutes sortes de papiers : papier journal, papier de soie, papier kraft, papier calque, papier de verre, etc.
- **Sollicitation plastique.** Chercher différentes façons de transformer les matériaux collectés : chiffonner, froisser, torsader, plier, etc.

Tirer parti de la transformation du papier pour réaliser un arbre.
Agencer par collage sur un support, lui-même récupéré.
Confrontation avec des œuvres d'artistes
Montrer des œuvres de Mondrian qui conforteront le traitement de la ligne, de l'arbre.

Résultats attendus

Les actions plastiques sont à expérimenter et à verbaliser. Un **référent**, mémoire des recherches, sera établi et accroché dans la classe.
La réalisation de l'arbre entraînera des choix plastiques en termes de nouvelle transformation de la matière.

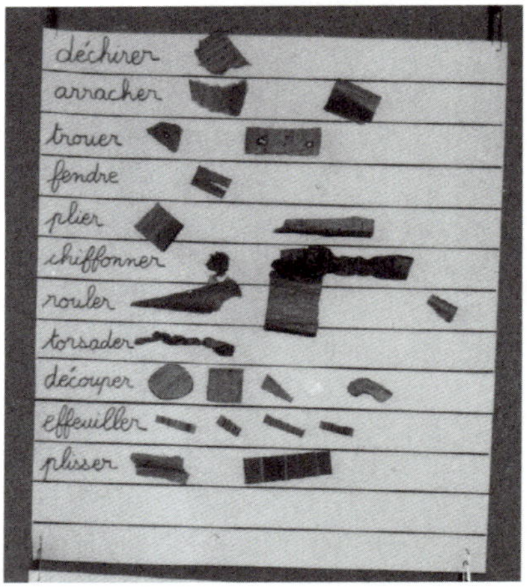

Évaluation

Les enfants seront capables de transformer le papier et de verbaliser leurs actions dans une représentation figurative différente.

:: Remarques

L'enseignant encourage les découvertes : chiffonner, froisser, torsader, plier. Il demande de verbaliser les verbes d'action.

La confrontation entre les pairs est un véritable enrichissement des trouvailles.

:: Prolongement

Il est possible de retravailler certaines parties de la composition en utilisant peinture, fusains, feutres, sanguines, etc., pour unifier, contraster ou cerner.

:: Ouverture transdisciplinaire

Dire des poésies sur la thématique de l'arbre.

:: Définition

Transformer, c'est modifier une forme, une couleur, une matière, un volume, etc., pour les faire devenir autres. Le processus créateur peut donc être envisagé comme une suite d'opérations de transformation du monde physique selon plusieurs moyens. On accorde une importance suffisante au travail du relief : torsader, tisser, chiffonner sont autant de façons de varier les représentations.

:: Intégrer au projet

Représenter un arbre : séances n°s 1, 7 et 11.

Séance n° 3 Bonhomme de papier

:: **Compétence** : Adapter son geste aux contraintes matérielles (instruments, supports, matériels).

:: **Projet** : Faire un portrait.

:: **Objectif** : Déchirer des formes de papier dans une intention donnée.

:: **Concepts** : Forme (le bonhomme), opérations plastiques : représenter, associer.

:: **Capacité** : Déchirer des formes de papier dans une intention donnée.

:: **Conditions préalables** : Avoir dessiné des bonshommes dans les carnets de croquis. Avoir testé le déchirage de papier journal (séances n°s 1, 2).

:: Préparation de la classe

- **Organisation de la classe**
  Plan horizontal.
- **Matériel**
  Feuilles de papier journal, des fonds gouachés ou fonds d'essais de frottage à la craie grasse, spatule à colle, colle, feutres noirs.
- **Document**
  Un dessin du carnet de croquis.

:: Déroulement de l'activité

- **Durée** : 25 minutes.
- **Modalités de travail** : par groupes de 5 ou 6.

→ Description de l'activité

- **Entrée dans l'activité.** Dessiner des bonshommes dans le carnet de croquis. En choisir un.
- **Sollicitation plastique : représenter le bonhomme dessiné en utilisant le papier journal.**

Déchirer les morceaux de journaux nécessaires dans l'intention de représenter les différentes parties du bonhomme.
Disposer les différents morceaux sur les fonds colorés. Les fixer provisoirement avec de la gomme adhésive.
Au regard du dessin initial, remplacer au besoin une forme obtenue qui ne donnerait pas satisfaction par déchirage d'une autre frome.
Coller les morceaux. Cerner au feutre noir, dessiner les détails (yeux, nez, bouche, etc.).

- **Confrontation avec une œuvre d'artiste.** Claës Oldenbourg, *Trop fatigué pour aimer*, 1960.

Résultats attendus

Les élèves devront s'adapter à cette contrainte : déchirer des morceaux de journaux dans l'intention de représenter un bonhomme. Ils seront confrontés aux difficultés suivantes : obtenir une forme à la taille adéquate, déchirer avec précision, anticiper le déchirage de la forme désirée.

Évaluation

Les élèves valideront leur production en fonction de la ressemblance avec le dessin initial : les différentes parties du corps sont représentées, harmonie des formes (proportions respectées), bonhomme de face, de profil, etc.

:: Conseils

C'est l'occasion d'utiliser les fonds réalisés au cours des séances de recherche ou d'appropriation d'une technique. Les élèves peuvent ici les utiliser comme support pour mettre en valeur le bonhomme réalisé en papier journal déchiré.
La représentation du bonhomme fait partie des évaluations utilisées au cours de la scolarité des enfants du cycle 1. Cette technique permettra aux élèves de découvrir une autre manière de représenter le bonhomme.

:: Prolongements

- Présenter aux élèves une œuvre de Dubuffet pour enrichir leurs représentations.
- Représenter un bonhomme en utilisant un autre médium : la gouache.

:: Intégrer au projet

Faire un portrait : séance n° 10.

Séquence : Observer et décrire des œuvres du patrimoine

Séance n° 4 La vache : musée de classe

Compétence : Observer et décrire des œuvres du patrimoine.

Projet : Traiter la vache.

Objectif : Collecter des images artistiques ou non sur la thématique de la vache.

Concept : Forme.

Capacité : Reconnaître des images d'origine et de nature différentes.

Conditions préalables : Avoir observé et manipulé des images. Savoir faire la différence entre une reproduction d'œuvre d'art et une œuvre d'art.

Préparation de la classe

- **Organisation de la classe**
  Autour d'une table.
- **Documents**
  Reproductions d'œuvres de petit format (A4 ou cartes postales) pour une manipulation aisée. Exemples : Eugène Boudin, *Étude de vaches* ; Pablo Picasso, *Les Métamorphoses du taureau* ; Niki de Saint-Phalle, *Cow 1992* ; Roch Vandromme, *Vache léchant son veau d'un jour* ; Fernand Léger, *La Vachère* ; Paul Rebeyrolle, *La Margui*.

Déroulement de l'activité

- **Durée** : 20 minutes.
- **Modalités de travail** : groupe classe.

→ Description de l'activité

- **Entrée dans l'activité.** Dans le cadre d'un projet sur l'élaboration d'une exposition sur la vache (un animal vu à la ferme), engager une réflexion sur cet animal.
- **Sollicitation plastique.** Collecter toutes sortes de documents sur la thématique et venir expliciter son choix devant les élèves de la classe. Installer le fruit de la collecte dans le musée de classe.

Résultats attendus

Les enfants apporteront différents éléments à répertorier selon les différentes composantes du musée de classe.

Les composantes du musée de classe sont :

- **Magasin de curiosité**

Il consiste à réaliser avec les élèves un véritable « cabinet de merveilles » : les enfants rassemblent, collectent, collectionnent des **objets** où figure la forme. Jouets (peluches de vache, jouets de la ferme, jeux de carte, etc.), tampons, objets (tasses, assiettes, pantoufles, tee shirt, etc.), emballage de pots de yaourt, des tissus imprimés, des cartes de jeux de société, etc.

- **La réserve d'images**

Il s'agit de rassembler des **images** représentant ou évoquant le sujet choisi : images, photographies, cartes postales, clip'art. Articles de revues agricoles, littérature enfantine (*Gloria la vache*, P. Maar, Nord Sud ; *La Vache et le Lézard*, K. Banks, Gallimard Jeunesse ; *Dessine avec Mila*, *la* *vache*, M. Boutan, Hachette ; *Sophie, la vache musicienne*, G. Pennart, Kaléidoscope ; *Blanchette, la vache sans tâches*, Zidrou, Nathan).

- **Le musée imaginaire**

C'est un groupement de **reproductions d'œuvres d'art** apportées par l'enseignant ou les enfants. Les élèves les trient, les classent selon des critères plastiques : couleur, forme, etc.
Ce musée imaginaire aide à désacraliser l'œuvre d'art par un contact fréquent et spontané. Exemples : Eugène Boudin, *Étude de vaches* ; Pablo Picasso, *Les Métamorphoses du taureau* ; Niki de Saint-Phalle, *Cow 1992* ; Roch Vandromme, *Vache léchant son veau d'un jour* ; Fernand Léger, *La Vachère* ; Paul Rebeyrolle, *La Margui*.
Lors des apports d'images ou d'objets, l'enseignant encouragera les enfants à :
- présenter la trouvaille aux autres ;
- prendre le temps de montrer, de nommer et d'indiquer la fonction, la matière, etc. ;
- différencier les catégories d'images (images, reproductions d'œuvre, photographies, etc.)

Évaluation

L'enfant sera capable de collecter des objets ou des images sur une thématique choisie et de les rapporter à l'école. Il sera capable de les présenter à ses camarades et de les différencier selon l'origine et la nature.

:: Remarques

Pourquoi mettre en place un musée de classe ?
Tout enfant est par nature collectionneur : il affectionne particulièrement certains objets, il aime les rassembler et les conserver : « Faisons les poches des enfants, nous trouverons toujours mille trésors. »
Le musée de classe est un moyen d'établir une relation entre les intérêts des enfants et les productions vers lesquelles nous l'engageons.

:: Ouverture transdisciplinaire

- **Maîtrise de la langue orale :** compétence concernant le langage d'évocation : raconter « l'histoire » de l'image rapportée.
- **Découvrir le monde :** reconnaître les manifestations de la vie animale, étude de la vache.

:: Définitions

- **Quelques repères pour l'adulte :** toute analyse d'œuvres suppose de détailler les quatre notions plastiques : couleur, lumière, matière, espace/forme.

Ici, c'est la **forme** en interaction avec l'**espace** qui prédominera.

- **Espace/forme**

Formes : géométriques, aléatoires, lignes, aplat, taches, tracés (graphisme, écriture, calligraphie, etc.), etc.
Espace : échelle, angle de vue, point de vue, cadrage, plans, perspective, frontalité, profondeur, etc.
La *nature de l'œuvre* supposera de définir s'il s'agit d'une peinture, d'une sculpture, d'un dessin, ou d'une photographie.

:: Intégrer au projet

Traiter la vache : séances n°s 5 et 6.

Séquence : Réaliser une composition en plan ou en volume selon un désir d'expression

Séance n° 5 Douze formes géométriques pour traiter la vache

:: **Compétence** : Réaliser une composition en volume selon un désir d'expression.

:: **Projet** : Traiter la vache.

:: **Objectif** : Combiner des formes géométriques en vue de réaliser un volume (un relief).

:: **Concepts** : Espace/forme. Opération plastique : associer.

:: **Capacité** : Combiner des formes géométriques en vue de réaliser un relief.

:: **Conditions préalables** : Avoir mis en place le musée de classe et s'être approprié la forme de l'animal (séance n° 4).

:: Préparation de la classe

- **Organisation de la classe**
  Sur plan horizontal.
- **Matériel**
  12 formes géométriques préalablement découpées dans des feuilles de cartons gouachés, colle, pinceaux à colle.
- **Documents**
  Images du musée de classe représentant des vaches géométrisées.
  Pablo Picasso, *Les Métamorphoses* ; François Xavier Lalanne, *La Vache bien établie* ; Milos Sikora, *La Vache verte*.

:: Déroulement de l'activité

- **Durée** : 20 minutes.
- **Modalités de travail :** groupe de 4 ou 5.

→ Description de l'activité

- **Entrée dans l'activité.** Réunir 12 formes géométriques préalablement découpées dans des feuilles de cartons gouachés (4 triangles, 4 carrés, 4 ronds). Observer formes, tailles et couleurs. Les nommer.
- **Sollicitation plastique.** Agencer ces formes géométriques sur un support donné de façon à former un portrait de vache. Coller.
- **Confrontation avec des œuvres d'artistes.** Confronter avec des œuvres d'artistes ayant géométrisé les formes : Pablo Picasso, *Les Métamorphoses* ; François Xavier Lalanne, *La Vache bien établie* ; Milos Sikora, *La Vache verte.*

Résultats attendus

Les enfants tâtonnent pour former la tête de la vache. En se référant au musée de classe, l'adulte leur montre qu'une tête de vache se compose d'une grande forme avec 2 oreilles, 2 yeux en haut et 2 naseaux en bas. La contrainte des 12 formes à utiliser amènera les enfants à découvrir la superposition et créera le relief.

Évaluation

Les enfants seront capables de créer un relief par superposition de formes de carton préalablement découpées.

:: Remarques

Les enfants ne superposent pas spontanément les formes. Ils préfèrent la juxtaposition et l'éloignement des formes.

Ici, c'est la contrainte du nombre important de formes par rapport à l'objet à réaliser qui les encouragera à superposer.

Ils se rendront compte également qu'il est préférable de faire apparaître les petites formes au-dessus des plus grandes pour les rendre visibles.

:: Prolongement

Placer une autre feuille sur ce portrait animalier. Reproduire en révélant par frottage à la craie grasse. Cerner de noir ou avec la couleur complémentaire.

:: Ouverture transdisciplinaire

Les formes géométriques en mathématiques

– Avant l'activité

Reconnaître, classer et nommer des formes simples : carré, triangle, rond, etc.

– Après l'activité

Reproduire un assemblage de formes simples à partir du travail réalisé en arts plastiques.

:: Définitions

- La **sculpture** est le terme qui définit dans son ensemble la production d'œuvres en volume.
- **Les reliefs**

Bas-relief : sculpture exécutée sur un seul plan dont les reliefs comportent peu de saillies.
Haut-relief : sculpture dont les formes sont presque totalement détachées du fond.

- **Les volumes**

Ronde-bosse : production en trois dimensions autour de laquelle on peut tourner. Toutes les faces sont travaillées.

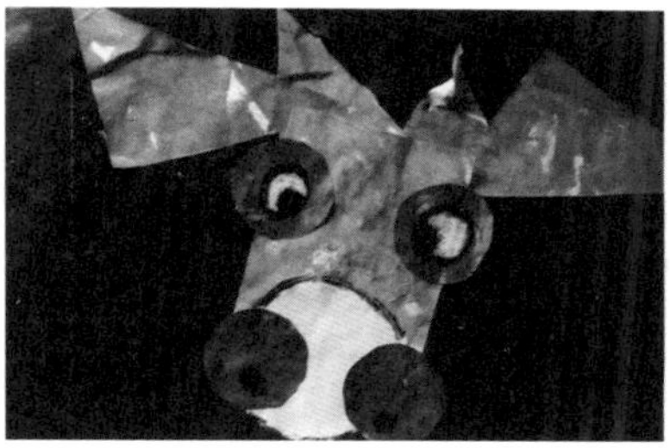

:: Intégrer au projet

Traiter la vache : séances n°s 4 et 6.

Séance n° 6 Vaches en volume

:: **Compétence** : Réaliser une composition en volume selon un désir d'expression.

:: **Projet** : Traiter la vache.

:: **Objectif** : Associer des objets en vue de réaliser un volume.

:: **Concepts** : Espace/forme (volume). Opération plastique : associer.

:: **Capacité** : Associer des objets en vue de réaliser un volume.

:: **Conditions préalables** : Avoir mis en place le musée de classe et s'être approprié la forme de l'animal (séance n° 4).

:: Préparation de la classe

- **Organisation de la classe**
  Plan horizontal.
- **Matériel**
  Boîtes d'emballage, ruban adhésif d'emballage, ruban adhésif, ciseaux, papier journal, colle à tapisser, bandes plâtrées, eau.

:: Déroulement de l'activité

- **Durée** : 35 minutes.
- **Modalités de travail** : par groupes de 4 ou 5.

→ Description de l'activité

- **Entrée dans l'activité.** Collecter toutes sortes de boîtes d'emballage : emballage de lait, boîtes de camembert, pots de petits suisses, de yaourts, etc.
- **Sollicitation plastique.** Chercher à réaliser un animal géométrique en assemblant ces boîtes d'emballage.

Le critère de réussite suppose que « le volume tienne debout et puisse être contourné ».

Recouvrir à l'aide de papier mâché (bandes de papier journal trempées dans de la colle à tapisser) ou de bandes plâtrées.

Résultats attendus

Les enfants feront preuve de beaucoup d'imagination pour réaliser les vaches en volume.

L'assemblage sera une contrainte forte. Des petits morceaux de ruban adhésif ou ruban adhésif d'emballage seront à leur disposition pour assembler au fur et à mesure les boîtes.

La recherche d'équilibre est une autre contrainte.

Évaluation

Les enfants seront capables de tirer parti des formes des boîtes d'emballage pour construire un volume représentant une vache. Leur sculpture devra tenir en équilibre et pourra être contournée.

:: Remarque

Pourquoi proposer un travail en volume ? Pour développer :

- la **structuration de l'espace** : organiser un espace « contournable » : la ronde-bosse, à partir de repères connus : notion d'angle de vue, de point de vue, d'équilibre ;
- la **gestualité** : motricité fine lors de l'habillage de la sculpture, affiner et maîtriser son geste, différencier les gestes : lisser, pincer, tirer, estamper, etc. ;
- la **familiarisation** avec une autre forme d'art.

Prolongement

Les sculptures obtenues pourront être mises en couleurs.

Ouverture transdisciplinaire

- Structuration de l'espace.
- Repérer dans l'espace les boîtes d'emballage par rapport aux autres boîtes.

Remarques

Il existe différentes techniques de sculpture :
- l'assemblage : assemblage de tout type d'objets ;
- l'habillage sur armature : habillage d'une structure en grillage ou fil de fer ou carton avec un matériau qui en durcissant forme une couche résistante ;
- la taille directe : taille dans un bloc de matière par retrait de matière ;
- le modelage : modelage sur des matériaux malléables par ajout ou retrait de matière.

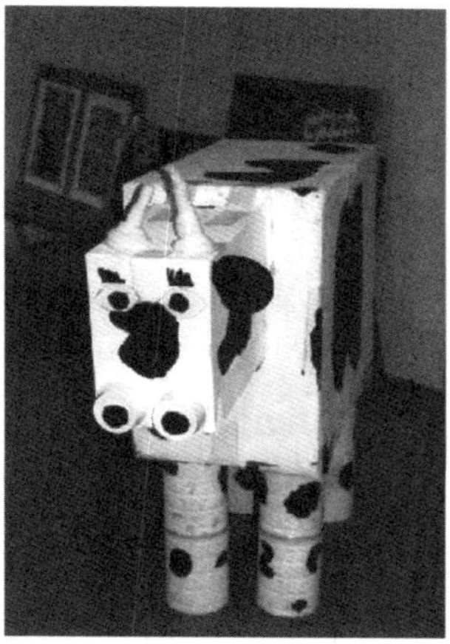

Intégrer au projet

Traiter la vache : séances n°s 4 et 5.

Séance n° 7 Arbre en volume

:: **Compétence** : Réaliser une composition en volume selon un désir d'expression.

:: **Projet** : Représenter l'arbre.

:: **Objectif** : Combiner des productions plastiques en vue de réaliser un volume.

:: **Concept** : La forme. Opération plastique : associer.

:: **Capacité** : Combiner des prductions plastiques en vue de réaliser un volume.

:: **Conditions préalables** : Avoir effectué les séances n°s 1, 2, 3.

:: Préparation de la classe

- **Organisation de la classe**
  Plan horizontal.
- **Matériel**
  Cylindres en carton, carton, journaux, photocopies de partitions, colle, spatule à colle.
- **Document**
  CD « Mon arbre à chansons ».

:: Déroulement de l'activité

- **Durée** : 30 minutes.
- **Modalités de travail** : groupe de 6.

→ Description de l'activité

- **Entrée dans l'activité**

Écouter la chanson « Mon arbre à chansons ».

- **Sollicitation plastique**

Réaliser l'arbre à chansons de la classe.
Déchirer des formes dans du carton. Déchirer des lanières de papier journal et de partition. Enrouler et coller en alternant bande de papier journal et bande de partition.

- **Associer par imbrication :**

– les morceaux de cartons entre eux (entailles réalisées dans les formes de carton) ;
– les « branches » ainsi réalisées sur le tronc de l'arbre.

Résultats attendus

Les élèves déchireront et enrouleront les bandes autour des formes de carton. Ils affineront leur motricité.

Évaluation

Les élèves auront respecté l'alternance des bandes. Ils auront adapté leurs gestes aux contraintes : déchirer, enrouler, coller, imbriquer.

:: Remarques

Choisir une épaisseur de carton permettant aux enfants de déchirer aisément les formes.
Le maître réalisera les entailles sur le tronc de l'arbre (cylindre de carton). Les élèves pourront ainsi fixer leurs formes par imbrication. Renforcer au besoin en fixant à l'aide du pistolet à colle.

:: Prolongements

- Accrocher les fruits de l'arbre à chansons :
- notes de musique dessinées et découpées dans du carton ;
- mots du répertoire des chansons ou comptines apprises en classe.
- Réaliser une bande sonore : enregistrer les enfants en train de chanter, de dire les mots des chansons. Diffuser cette bande sonore au pied de l'arbre pour réaliser une petite installation.

Détails des imbrications de deux formes, des formes sur le tronc

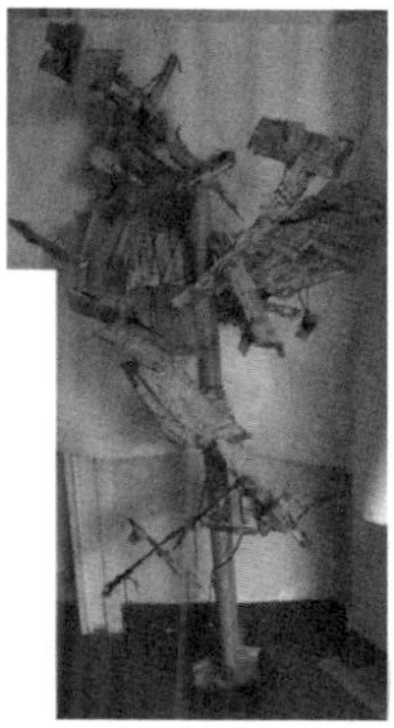

Arbre à chansons

:: Ouverture transdisciplinaire

Découvrir le monde : découverte des différents milieux, sensibilisation aux problèmes de l'environnement.

:: Définitions de notions ou concepts

La découverte et la manipulation des matières et des matériaux amènent les enfants à en explorer des caractéristiques physiques et des propriétés plastiques. Dans les activités artistiques, cette découverte passe par une utilisation sensorielle alliant le toucher, la perception visuelle et diverses actions du corps. De cette connaissance, l'enfant tire une expérience qu'il utilise pour choisir un matériau plutôt qu'un autre en fonction de son envie de représenter. Les compositions plastiques sont réalisées en deux ou trois dimensions à partir d'activités picturales, d'activités de fabrication par assemblage, par modelage et sculpture, etc. La variété des expériences implique une diversité de propositions : partir d'un même matériau pour en appréhender l'éventail des caractéristiques (le carton, le papier, le bois, la terre, etc.)
On pourra garder des traces de ces expériences dans la cahier personnel d'histoire des arts.

:: Intégrer au projet

Représenter l'arbre : séances n°s 1, 2 et 11.

Séance n° 8 Rideaux sonores

:: **Compétence** : Réaliser une composition en volume selon un désir d'expression.

:: **Projet** : Faire des rideaux sonores.

:: **Objectif** : Combiner des objets plastiques en vue de réaliser une suspension (rideaux sonores dans un jardin public).

:: **Concepts** : Espace (suspension, rideau sonore, etc.). Opération plastique : associer.

:: **Capacité** : Combiner des objets plastiques en vue de réaliser une suspension.

:: **Condition préalable** : Avoir été sensibilisé au tri sélectif.

:: Préparation de la classe

- **Organisation de la classe**
  Salle de motricité (portants à vêtements pour élaborer des rideaux).
- **Matériel**
  Matériaux de récupération (bouteilles d'eau, canettes de boisson, CD, coquillages, etc.), fils, fil de fer, corde, branche.
- **Documents**
  Photographies d'installations sonores
  - Installation sonore (bois), Le Bleymard, Lozère.
  - Installation sonore (coquillages), Le Bleymard, Lozère.

:: Déroulement de l'activité

- **Durée** : 30 minutes.
- **Modalités de travail** : groupe de 5 ou 6.

→ Description de l'activité

- **Entrée dans l'activité.** Dans le cadre de la fête de la nature, décider de réaliser des rideaux sonores qui seront installés dans un jardin public.
Collecter des objets de récupération.
- **Sollicitation plastique.** Tester les matériaux collectés pour leur qualité sonore.
Associer dans le but de réaliser un rideau sonore : accrocher, ligaturer, ficeler, etc.
- **Confrontation avec des œuvres d'artistes.** Observer les œuvres d'artistes, établir des rapprochements entre les productions des enfants et les œuvres (*cf.* documents en référence).

Résultats attendus

Les enfants manipulent les objets pour découvrir les propriétés sonores : sons aigus, graves, intenses, etc. Ils adaptent leur geste en fonction de l'objet à suspendre : accrocher, ligaturer, ficeler, empiler.

Évaluation

Les enfants seront capables d'identifier les qualités sonores des matériaux de récupération.

:: Conseils

Ils cherchent différentes façons d'accrocher les éléments entre eux. L'enseignant pourra perforer certains éléments pour faciliter l'enfilage.

:: Prolongements

Dans un souci d'esthétique, on pourra viser l'unité plastique en peignant d'une même couleur.
On pourra ajouter des éléments dans des contenants pour amplifier ou modifier le son.
Les élèves pourront contempler l'installation de leurs productions dans un jardin public. Ils pourront apprécier les sonorités des rideaux qui bougeront au gré du vent, etc.

:: Définition

De la suspension à l'installation

Les élèves seront ainsi sensibilisés à la notion d'œuvre *in situ*. Les productions devront tenir compte du lieu dans lequel elles seront présentées (jardin public) et du support d'accrochage (arbres), d'où la réalisation de suspensions.

Création *in situ* : se dit d'une œuvre réalisée en fonction du lieu auquel elle est destinée et sur lequel elle réagit (expression proposée par Büren : « en situation »).

Artpla école, *Les Arts visuels à l'école*, SCEREN, CRDP, académie de Grenoble.

Séance n° 9 La couleur mise en espace

:: Compétence : Réaliser une composition selon un désir d'expression.

:: Projet : Élaborer un musée de la couleur.

:: Objectif : Combiner des productions plastiques en vue de réaliser une installation.

:: Concepts : Couleur, espace. Opérations plastiques : représenter, associer.

:: Capacité : Combiner des productions plastiques en vue de réaliser une installation.

:: Conditions préalables : Avoir expérimenté les différents outils pour réaliser des tracés spontanés.

:: Préparation de la classe

- **Organisation de la classe**
  Plan horizontal.
- **Matériel**
  Gouaches, feuilles de papier Canson grand format, eau, pinceaux, outils divers : fourchettes, pinceaux caoutchoutés, cotons-tiges, pochons, feutres et marqueurs usagés, etc.
- **Document**
  Album jeunesse *Mélodie de la pluie*, Barbara Haupt, éditions Nord Sud.

:: Déroulement de l'activité

- **Durée** : 30 minutes.
- **Modalités de travail** : 2 ateliers de 5 ou 6.

→ Description de l'activité

- **Entrée dans l'activité.** Observer dans le livre cité les différentes façons de représenter, d'évoquer la pluie, les flaques d'eau, etc.
- **Sollicitation plastique.** Dans l'intention de représenter l'eau, la pluie, tester les différents médiums et outils. Faire des choix en fonction des effets obtenus.

Faire varier **SMOG** (**S**upport, **M**édium, **O**util, **G**este).

Supports : papiers plus ou moins épais

Médium :

- encres : papier humide + tâches ; papier Canson + encres + sels ;
- bougies + encres ;
- craies frottées, tracés + encres ;
- gouaches plus ou moins liquides : traces à la fourchette dans un fond de peinture encore humide, empreintes, projections, coulures, etc.

Outils : doigt, pinceaux, brosses, bougies, craies grasses, plumes, rouleaux.

Outils fabriqués : carton ondulé, plumeaux de caoutchouc, papier à bulles, papier chiffonné, film plastique, etc.

Gestes : frotter, gratter, projeter, chiffonner, tracer, couler, griffonner, égoutter.

Réaliser un **répertoire plastique** des différentes façons de représenter l'eau, la pluie.

Enrichir le carnet de dessin personnel de fragments de ces découvertes.

Résultats attendus

Les enfants testeront les différentes façons de représenter la pluie. Ils verbaliseront et feront des choix.

Évaluation

Les enfants seront capables d'expérimenter le SMOG pour obtenir des tracés différents évoquant la pluie.

:: Conseils

On organisera deux ateliers en différenciant les contraintes médiums, outils.
Exemple : atelier 1, autour de l'utilisation de la craie grasse, feutres marqueurs, etc.
Atelier 2, autour de l'utilisation des pinceaux, fourchettes, pochons... et de la gouache.
Cette séance sera reprise par rotation de petits groupes. Les découvertes viendront enrichir le répertoire plastique.

:: Prolongement

Sollicitation plastique 2

Déchirer ou découper dans ces fonds des carrés ou rectangles bleus.
Les organiser sur un autre support en juxtaposant, superposant, alternant, etc.
Dans les espaces laissés vides, compléter avec graphismes ou dessins de parapluies, bottes, etc.
L'ensemble des productions sera installé pour créer un espace bleu.

:: Remarques

Les activités s'orientent vers la constitution de réserves de formes obtenues par les moyens les plus variés : dessin à main levée, dessin de réserve, frottage et prise d'empreintes, jeux sur les reproductions qui facilitent les reprises et interventions, déclinaison de moyens techniques (encres, pastel, fusain, crayon gras, feutre). L'enseignant suscite la créativité à travers des situations de recherche, provoque des exercices qui amènent les enfants à se poser des questions de représentation, *attire* l'attention sur des éléments de compositions repérables dans leurs dessins ou dans ceux des artistes.

:: Intégrer au projet

Élaborer un musée de la couleur : séance n° 12.

Séquence : Utiliser le dessin comme moyen d'expression

Séance n° 10 Autoportrait

:: **Compétence** : Utiliser le dessin comme moyen d'expression.

:: **Projet** : Faire un portrait.

:: **Objectif** : Utiliser le dessin pour traduire des expressions, des émotions.

:: **Concept** : Forme.

:: **Capacité** : Utiliser le dessin pour traduire des expressions, des émotions.

:: **Condition préalable** : Avoir réalisé et collecté des portraits dans les carnets de dessins.

:: Préparation de la classe

- **Organisation de la classe**
  Plan vertical (feuille fixée sur le chevalet ou sur le mur dans le coin arts visuels).
- **Matériel**
  Une dizaine de petits miroirs fixés sur les chevalets, à hauteur des enfants, des feuilles de dessin (format A4) fixées sur le chevalet ou sur le mur, à côté du miroir, des craies grasses.
- **Document**
  Les carnets de dessin des enfants.

:: Déroulement de l'activité

- **Durée** : 20 minutes.
- **Modalités de travail :** production individuelle, groupe de 5 ou 6.

→ Description de l'activité

- **Entrée dans l'activité.** Observer les différents éléments du visage dans le miroir. Établir une carte d'identité : identifier la couleur des yeux, des cheveux, le forme du nez, de la bouche, des oreilles.
- **Sollicitation plastique 1.** En se regardant dans le miroir, peindre à la gouache à même le miroir les différents éléments : contour du visage, yeux, sourcils, nez, bouche, cheveux, oreilles.
  Garder une trace du dessin en appliquant une feuille du même format que le miroir (utiliser le miroir comme une plaque de monotype). Nettoyer le miroir.
- **Sollicitation plastique 2.** Observer les impressions obtenues sur les feuilles en situation 1. Reproduire son autoportrait par le dessin.
- **Sollicitation plastique 3.** Choisir une expression de visage : le rire, la colère, la tristesse.
  Représenter cette expression sur une feuille A4 à la craie grasse. Encrer.

Résultats attendus

Les représentations sur le miroir aideront les enfants à mieux percevoir les formes et à organiser l'espace visage. Il sera ainsi plus facile d'introduire une variable supplémentaire : l'expression.

Évaluation

Les élèves vérifieront que les différents éléments du visage ont été représentés. Ils nommeront les différentes expressions suggérées.

:: Conseil

C'est ici l'occasion d'enrichir le carnet de dessins. Selon la période de l'année, l'enfant pourra revenir sur des représentations du visage incomplètes et les enrichir en mettant en relation avec les nouvelles productions.

:: Prolongement

Dessiner tout au long de l'année son portrait dans un carnet de dessins.

:: Ouverture transdisciplinaire

- **Acquisition du schéma corporel :** prendre conscience des différentes parties du visage, savoir les reconnaître et les nommer.
- **Mise en relation avec des passages ou des illustrations de littérature enfantine :**

- à partir de l'extrait de la description d'un personnage (la description permet-elle de dessiner le personnage ?) ;
- à partir de l'illustration du visage, procéder oralement à la description du visage (carte d'identité).

:: Remarques

L'enfant améliore ses tracés. Le geste s'affirme. Il est capable de produire des lignes fermées. Il se constituera ainsi un répertoire de représentations graphiques qu'il enrichira progressivement. Il passera du bonhomme têtard à un bonhomme plus précis (cou, tronc, etc.).
Le dessin est un des éléments essentiels de la saisie du monde ; il est souvent lié à ce que vit et ressent l'enfant. Émergeant des premiers gribouillages, il s'affine dans les multiples tentatives. Il s'affranchit des contraintes pour se mettre au service de l'expression de l'imaginaire enfantin, etc. Le dessin est le langage naturel des jeunes enfants, expression spontanée qui permet l'émergence de la fonction symbolique. C'est aussi une activité ludique et motrice qui construit le rapport entre le geste et la trace.

:: Intégrer au projet

Faire un portrait : séance n° 3.

Séquence : Observer et décrire des œuvres du patrimoine. Construire des collections

Séance n° 11 Classement d'œuvres

Compétence : Observer et décrire des œuvres du patrimoine.

Projet : Représenter l'arbre.

Objectif : Établir des rapprochements entre plusieurs reproductions d'œuvres d'art.

Concepts : Couleur, espace, forme.

Capacité : Établir des rapprochements entre deux objets plastiques.

Conditions préalables : Avoir déjà observé des reproductions d'œuvres d'art et savoir faire la différence entre une reproduction d'œuvre et une œuvre.

Préparation de la classe

- **Organisation de la classe**
  Autour d'une table.
- **Documents**
  Reproductions d'œuvres d'art sur la thématique de l'arbre (format carte postale ou A4) :
  Vlaminck, *Bord de Seine à Carrières*
  Magritte, *Le Chœur des Sphinges*
  Magritte, *À la recherche de l'absolu*
  Magritte, *Le Dernier Cri*
  Derain, *L'Estaque*
  Klimt, *L'Arbre de la vie*
  Malevitch, *Arbres*
  Vlaminck, *Paysage aux arbres rouges*
  Mondrian, *L'Arbre gris*
  Mondrian, *L'Arbre bleu*
  Mondrian, *L'Arbre rouge*
  Mondrian, *Forêt*
  Mondrian, *Bois près d'Oele*

Déroulement de l'activité

- **Durée** : 20 minutes.
- **Modalités de travail** : par groupes de 5 ou 6.

→ Description de l'activité

- **Entrée dans l'activité.** Observer les images artistiques mises à disposition. Constater qu'elles traitent toutes de la thématique de l'arbre.
- **Sollicitation plastique.** Rapprocher des images qui présentent des points communs. Argumenter ces appariements.

Résultats attendus

Les enfants comparent les reproductions et les rapprochent en fonction de leurs caractéristiques :
- sur le plan de la forme : un arbre, plusieurs arbres ;
- sur le plan du cadrage : arbre entier ou non ;
- sur le plan de la couleur : couleurs identiques, couleurs réelles ou non.

Évaluation

Les enfants seront capables de verbaliser des caractéristiques communes à plusieurs œuvres et par conséquent d'énoncer les différences.

Remarques

Dans un premier temps, les enfants décrivent les reproductions en énonçant les formes : les arbres, la maison, le soleil, etc.

L'enseignant enrichira les perceptions en les invitant à affiner leurs descriptions : remarquer les arbres en entier, différencier une forêt d'un seul arbre, etc.

Pour guider le regard, l'enseignant promènera sur l'image un cadre évidé en carton pour aider les enfants à isoler les détails.

Le critère couleur apparaîtra sans doute lors de l'observation des reproductions des artistes du mouvement artistique : le fauvisme. Les enfants seront étonnés par les couleurs utilisées ; en effet, ces artistes ont pris une grande liberté par rapport à la couleur sans jamais respecter la réalité.

Ouverture transdisciplinaire

Ce type d'activité permet également l'acquisition de compétences langagières : enrichissement du lexique, l'utilisation d'un discours descriptif, l'argumentation, l'émission d'hypothèses.

Définitions

Quelques repères pour l'adulte

Toute analyse d'œuvre suppose de détailler les quatre paramètres plastiques : couleur, lumière, matière, espace/forme.

- **Couleurs**

Couleurs primaires, couleurs secondaires.

Palette restreinte, palette large, monochrome, polychrome, etc.

Contrastes : de quantité, de qualité (vif/terne), de chaleur, de complémentaires (bleu/orange, rouge/vert, jaune/violet).

- **Lumière :** contraste de valeurs : clair obscur, noir/blanc, le reflet, l'ombre, la transparence, etc.
- **Matière :** rugueux/lisse, brillant/mat, illusion des matières réelles, etc.
- **Espace/forme**

Formes : géométriques, aléatoires, lignes, aplat, taches, tracés (graphisme, écriture, calligraphie, etc.), etc.

Espace : échelle, angle de vue, point de vue, cadrage, plans, perspective, frontalité, profondeur, etc.

Intégrer au projet

Représenter l'arbre : séances n°s 1, 2 et 7.

On pourra garder des traces de ces expériences dans la cahier personnel d'histoire des arts.

Séance n° 12 Empreintes et impressions

:: **Compétence** : Construire des collections

:: **Projet** : Élaborer un musée de la couleur.

:: **Objectif** : Établir des rapprochements entre deux objets plastiques : des impressions et des objets de la même couleur.

:: **Concepts** : Les couleurs primaires. Opération plastique : associer.

:: **Capacité** : Établir des rapprochements entre deux objets plastiques sur le plan de la forme, du sens ou du procédé.

:: **Conditions préalables** : Cette séance devra faire suite à un travail sur l'impression.

:: Préparation de la classe

- **Matériel**
Les matrices des différentes impressions utilisées pour établir un répertoire des différentes dentelles ou des motifs observés, des objets de couleur, colle, spatule à colle.

- **Documents**
Les images et les reproductions d'œuvres du musée de classe.

:: Déroulement de l'activité

- **Durée** : 30 minutes.

- **Modalités de travail :** classe entière répartie autour de tables par groupes de 4 ou 5, travail individuel.

→ Description de l'activité

- **Entrée dans l'activité.** Choisir des dentelles et des rideaux pour leur motif.

Les utiliser pour obtenir de nouvelles impressions.

Enrichir le répertoire d'impressions.

Par ailleurs, collecter différents objets. Les classer par couleur et les installer dans le musée de classe. Conserver les dentelles en tant que matrices.

- **Sollicitation plastique.** Observer les impressions et les différentes matrices.

Collecter des objets de même couleur.

Organiser objets, impressions et matrices sur un nouveau support.

Les fixer avec du fil, par collage, etc.

Constituer ainsi un petit musée du rouge.

Procéder de la même manière pour le bleu, le jaune.

Enrichir en associant la reproduction d'une œuvre d'art pour chaque couleur.

Résultats attendus

Les élèves associent et composent avec les objets choisis pour leur couleur. Ils les disposent puis les collent sur la matrice. Ils peuvent avoir une intention quant à la manière d'organiser les objets. Ils sont confrontés à la notion de composition.

Évaluation

Les enfants seront capables d'établir des rapprochements entre des objets plastiques de nature différente.

:: Conseils

Il se peut que des enfants privilégient les objets qu'ils préfèrent. L'enseignant rappellera la consigne concernant le critère « couleur ».

:: Prolongement

Procéder de la même façon pour réaliser le musée des différentes couleurs.

:: Remarques

Musée de classe

Les enfants rapporteront divers éléments à répertorier selon les différentes composantes du musée de classe.

Les composantes du musée de classe sont :

- **Magasin de curiosité**

Il consiste à réaliser avec les élèves un véritable « cabinet de merveilles » : les enfants rassemblent, collectent, collectionnent des **objets** où figurent la forme et la couleur. Dentelles, rideaux, tampons, jouets de couleurs, des photocopies de dentelles, rideaux, etc.

- **La réserve d'images**

Il s'agit de rassembler des **images** représentant ou évoquant le sujet choisi : la couleur (images, empreintes de dentelles, rideaux, photographies, cartes postales, albums jeunesse concernant la couleur).

- **Le musée imaginaire**

C'est un groupement de **reproductions d'œuvres d'art** apportées par l'enseignant ou les enfants. Les élèves les trient, les classent selon des critères plastiques : couleur, forme, etc.
Ce musée imaginaire aide à désacraliser l'œuvre d'art par un contact fréquent et spontané.

Impressions de dentelles et empreintes d'objets.

:: Intégrer au projet

Élaborer un musée de la couleur : séance n° 9.

Chapitre 10

La **voix** et l'**écoute**

:: **Continuité des apprentissages en maternelle**

:: **Repères pratiques**

:: **Séances 1 à 13**

Gaëtan Lorek
Jacqueline Lorek

Continuité des apprentissages en maternelle

	1re année	2e année	3e année	Grande section
Activités vocales				
Sait mémoriser un répertoire varié de comptines et de chansons	peut être travaillé	à travailler prioritairement	à travailler prioritairement	à consolider
Sait interpréter avec des variantes expressives un chant, une comptine		peut être travaillé	à travailler prioritairement	à travailler prioritairement
Sait jouer de sa voix pour explorer des variantes de timbre, d'intensité, de hauteur, de durée	peut être travaillé	à travailler prioritairement	à travailler prioritairement	à consolider
Sait tenir sa place dans des activités collectives et intervenir très brièvement en soliste			peut être travaillé	à travailler prioritairement
Activités d'écoute				
Sait repérer et reproduire des formules rythmiques simples		peut être travaillé	à travailler prioritairement	à consolider
Sait utiliser quelques moyens graphiques simples pour représenter et coder le déroulement d'une phrase musicale			peut être travaillé	à travailler prioritairement
Sait utiliser le corps et l'espace en fonction des caractéristiques temporelles et musicales des supports utilisés	peut être travaillé	peut être travaillé	à travailler prioritairement	à travailler prioritairement
Sait faire des propositions lors des phases de création et d'invention		peut être travaillé	à travailler prioritairement	à travailler prioritairement
Activités instrumentales				
Sait marquer la pulsation corporellement ou à l'aide d'un objet sonore			peut être travaillé	à travailler prioritairement
Sait coordonner un texte parlé ou chanté et un accompagnement corporel ou instrumental		peut être travaillé	à travailler prioritairement	à travailler prioritairement
Sait reproduire des formules rythmiques simples corporellement ou avec des instruments		peut être travaillé	peut être travaillé	à travailler prioritairement
Sait faire des propositions lors de phases de création et d'intervention	peut être travaillé	peut être travaillé	à travailler prioritairement	à travailler prioritairement

Légende :
- à travailler prioritairement
- à consolider
- peut être travaillé

Repères pratiques

« L'aspiration profonde de l'enfant tend vers un monde plein d'enchantement. Dès le début de son initiation musicale, l'élève doit se sentir transporté dans ce monde où il s'épanouit. »
Maurice Martenot, *Principes fondamentaux d'éducation musicale et leur application* (éditions Magnard, 1970).

1. Les axes forts du domaine d'activités

Éducation musicale et langage oral étant étroitement liés, une progression bien pensée favorisera l'épanouissement global des enfants dans les domaines phonologique, linguistique, psychomoteur et moteur, au sein d'une interaction pédagogique transversale. Toutes les activités musicales sont interactives et concourent au développement très progressif du jeune enfant : Chaque séance est organisée en faisant alterner l'écoute, la production imitative, les reprises, les transformations et les inventions. Les activités à mobiliser en éducation musicale impliquent en permanence l'audition, la voix, le mouvement et le geste...] »
C'est le début du développement vocal, de l'affinement auditif, de la production et de la comparaison de sons, de la structuration des composantes musicales que sont le rythme et la mélodie, de l'accès à une culture musicale diversifiée.

2. Les spécificités de la section

L'enfant qui arrive en moyenne section est déjà porteur d'un vécu musical dont il faut tenir compte. Il a déjà exploré un grand nombre de possibilités offertes par le monde sonore, notamment dans les domaines vocal, corporel et instrumental :
- la découverte de ses propres possibilités d'expression sonore ;
- l'exploration de l'espace et de l'environnement sonore ;
- l'apprentissage du groupe ;
- l'écoute de soi, de l'autre ;
- une perception affinée ;
- une ouverture sur toutes les formes de musique.

L'enfant de moyenne section est devenu « parleur ». Il répond à des sollicitations langagières multiples. Les activités musicales peuvent se dérouler sous la forme d'un dialogue avec le maître, d'une part, et l'enfant peut d'autre part répondre à des consignes orales plus élaborées.
Second facteur important, **le stade perceptif s'est largement développé**, et l'enfant de 4 à 5 ans peut décrire correctement les objets et les choses perçus. **Cette année est propice à l'affinement des perceptions visuelles et auditives.** Toutefois, les activités vécues continuent d'être proposées aux élèves, en tenant compte d'une approche différenciée des tâches exigées.
On proposera donc de nombreux jeux de discrimination auditive autour des paramètres du son et des modes de jeu instrumental.
Sur le plan rythmique, l'enfant de 4 ans sait frapper correctement des structures rythmiques simples, mais peine encore à suivre une pulsation déterminée. Des déplacements en musique seront un excellent moyen de lui faire acquérir ce sens rythmique.
On notera également un grand plaisir à inventer et à improviser.

3. Éléments didactiques et pédagogiques

L'éducation musicale est la discipline de synthèse par excellence ; elle peut couvrir tous les besoins et les objectifs de l'enseignement préélémentaire : l'éducation sensorielle ; l'éducation motrice et corporelle ; l'éducation spatio-temporelle ; l'éducation de l'attention et de la mémoire ; l'éducation de l'affectivité ; l'éducation sociale ; l'éducation du sens artistique ; le développement des facultés d'observation, de jugement et d'appréciation.
Elle répond en outre au besoin naturel et spontané de l'enfant pour le mouvement et le jeu.

A Des compétences plus techniques pourront commencer à être mises en place :
- savoir mémoriser des chansons aux textes et phrases musicales plus longs ;
- savoir accentuer l'expressivité des interprétations parlées et chantées ;
- savoir différencier plus précisément les paramètres du son (timbre, intensité, hauteur, durée, provenance) ;
- savoir s'intégrer dans un groupe de chanteurs ;
- savoir repérer et reproduire par imitation des mélodies, des formules rythmiques vocales et instrumentales ;
- savoir faire des propositions de constructions sonores ;
- savoir inventer des codes écrits avec des symboles simples, etc.

B L'attitude du maître est déterminante dans la conduite des activités adaptées à cette tranche d'âge. Il faudra oser des situations d'apprentissage permettant de préparer les élèves aux techniques musicales multiples :
- reproduction de phrasés mélodiques précis ;
- reproduction de cellules rythmiques simples par imitation ;
- jeux vocaux améliorant l'articulation, la résonance et la tessiture de la voix ;
- jeux de discrimination auditive autour des paramètres du son ;
- pratiquer une écoute musicale de qualité à travers des extraits d'œuvres caractéristiques. L'enfant sera imprégné de musiques variées qui l'ouvriront à la diversité du monde culturel ;
- créer des images sonores (ambiances, paysages) à partir des modes de jeu (frapper, frotter, pincer, secouer, souffler) ;
- commencer la mise en musique ou la création de contes musicaux à partir d'éléments sonores à portée des élèves.

3. Percevoir, sentir, imaginer, créer

Ce sont les mots clés d'une **première sensibilisation artistique** proposée aux élèves de l'école maternelle afin de les préparer à la découverte des arts, à travers les formes d'expression artistique les plus variées. Ce n'est pas encore une étude de l'histoire des arts, mais elle en pose les premiers jalons, par le bais de l'appropriation de chants du patrimoine et du monde environnant, d'œuvres musicales éclectiques et la mise en contact avec des artistes et des lieux de spectacle.
Ainsi, les programmes officiels indiquent que « **pour les activités vocales**, le répertoire de comptines et de chansons est issu de la tradition orale enfantine et comporte des auteurs contemporains » ; « **pour les activités structurées d'écoute**, les enfants écoutent des œuvres musicales variées ».
La découverte des œuvres musicales se déroule en classe par le biais d'imprégnation passive et d'audition active, mais les enfants sont mis au contact, autant que faire se peut, d'artistes musiciens locaux et régionaux, des musiciens du monde avec leurs instruments caractéristiques, des orchestres symphoniques ou d'harmonie, des chanteurs pour enfants...
La découverte et la manipulation d'instruments sera aussi profitable aux jeunes élèves. L'accès au monde artistique et à la création peut se faire dans l'univers du conte musical.

Séance n°1 Un répertoire vocal varié

:: **Compétence** : Avoir mémorisé et savoir interpréter des chants, des comptines.

:: **Objectif** : Acquisition d'un répertoire varié de comptines et de chansons.

:: **Concept** : Notion de chanson dans son entité rythmique, mélodique et textuelle.

:: **Capacité** : Savoir mémoriser un répertoire varié de comptines et de chansons.

:: **Sous-compétences** : Utiliser et explorer la voix chantée et la voix parlée. Apprendre à maîtriser le langage oral. Être capable d'une écoute attentive.

:: Préparation de la classe

- **Organisation de la classe**
  Les enfants sont réunis sur le tapis autour du maître.
- **Matériel**
  Un diapason ou un carillon, un magnétophone.
- **Document**
  Un répertoire de comptines et de chansons.

:: Déroulement de l'activité

- **Durée** : séances filées de 15 minutes tout au long de l'année.
- **Modalités de travail :** toute la classe.

→ Description de l'activité

- **Phase 1 : La comptine parlée.** Certaines comptines parlées préparent à l'éducation musicale. Elles se distinguent des comptines à parler, à compter ou du type jeu de doigts par la présence d'éléments rythmiques particuliers. Exemples : *Am stram gram ; C'est Minnie, la souris ; Voilà Lilou.*
« Am stram gram, pic et pic et co-lé-gram, bour et bour et ram tam tam, am stram gram. »

♩ ♩ ♩ ♪ ♪ ♪ ♪ ♪ ♪ ♩ ♪ ♪ ♪ ♪ ♪ ♪ ♩ ♩ ♩ ♩

Le parler rythmé. C'est un mode d'expression destiné à travailler le rythme, mais qui prépare néanmoins au chant.
Exemples : Mes quatre canards ; Un petit chat, un petit chien... ; Le cheval de Thomas... ; Tic tac, tique tique tac...
« Un petit chat, un petit chien, et puis un petit ours, un tout petit ours en peluche rose. »

♪ ♪ ♪ ♩ ♪ ♪ ♪ ♩ ♩ ♩ ♪ ♪ ♪ ♩ ♪ ♪ ♪ ♪ ♪ ♪ ♪ ♪ ♪ ♩

- **Phase 2 : La comptine chantée.** C'est une comptine mélodique, textuellement simple, qui permet de travailler des intervalles particuliers (seconde, tierce, quarte, quinte, etc.), mais reste très rythmique. Exemples : Pomme, poire ; Frère Jacques ; Dame trompette ; L'horloge de mon grand-père, etc.

● **Phase 3 : La chanson.** C'est une pièce musicale chantée avec un texte poétique ou récitatif. Une chanson est généralement constituée de couplets et d'un refrain. Les couplets racontent un événement de la vie, le refrain est un leitmotiv.

Le loup

● **Phase 4 : Le répertoire doit être éclectique et doit plaire aux enfants.** Ainsi le plaisir sera un moteur de découverte de notions musicales importantes : la pulsation, le dessin rythmique, la mesure, la ponctuation rythmique, les phrases suspensives et conclusives, le texte, la mélodie, les intervalles, les paramètres du son, tout ce qui tient du langage musical.

● **Phase 5 : Démarche d'apprentissage et mémorisation.** Le maître chante la chanson plusieurs fois avec expression, puis reprend chaque phrase une à une. Les enfants la répètent, par imitation, jusqu'à ce qu'ils connaissent bien le texte.

L'enseignant peut aussi faire entendre plusieurs fois la chanson sur le CD en repassant des extraits autant de fois que nécessaire.

Jeu de mémorisation : l'enseignant chante les couplets, la classe puis un seul enfant chante le refrain. Le maître chante un segment de phrase, la classe chante la fin et ainsi de suite.

Résultat attendu

Chaque enfant doit pouvoir réciter ou chanter par cœur quelques comptines et chansons.

Évaluation

Elle se fait à travers l'interprétation individuelle d'une comptine ou d'une chanson.

:: Ouverture transdisciplinaire

La conscience phonologique pour l'apprentissage de la lecture.

:: Définitions

Une **phrase suspensive** appelle une réponse ou une répétition ; une **phrase conclusive** achève le discours musical.

Séance n° 2 Apprentissage et interprétation d'une comptine

:: **Compétence** : Avoir mémorisé et savoir interpréter des chants, des comptines.

:: **Objectif** : Approfondir la culture vocale à partir d'un chant simple.

:: **Concepts** : La phrase musicale et le parler rythmé.

:: **Capacité** : Savoir interpréter avec des variantes expressives un chant, une comptine.

:: Préparation de la classe

- **Organisation de la classe**
  Les enfants sont réunis autour de l'enseignant, debout ou dans une position assise stable qui favorise le calme et la décontraction.
- **Matériel**
  Un diapason ou un carillon pour prendre le ton.

:: Déroulement de l'activité

- **Durée :** 20 minutes.
- **Modalités de travail :** la classe entière.

→ Description de l'activité

Apprentissage d'une comptine chantée.

« Comme un ténor »

- **Phase 1 : Présentation de la comptine aux élèves.** L'enseignant interprète la comptine avec un maximum d'expression. Une seule note : fa 4. C'est un parler rythmé expressif. Après une écoute répétée, les enfants apprennent par imitation, phrase par phrase.

Travail des nuances. Pour agrémenter l'apprentissage, on change l'**intensité** de plusieurs phrases : fort/doux ; très fort/très doux, etc. Puis on chante crescendo, decrescendo, d'une phrase à l'autre, puis en cours de phrase.

Jeux de tempo : chanter les phrases à des vitesses différentes (tempo lent/tempo rapide).

Jeux de timbres : prendre des voix diverses : grosse voix, voix de fausset, voix fluette, nasale.

- **Phase 2. Travail de culture vocale**, pour améliorer la justesse et le placement de la voix.

Jeux de hauteur : chanter la comptine sur une note plus grave (do 4), puis reprendre en montant progressivement dans l'aigu (ré ↗ mi ↗ fa ↗ sol ↗ la), toujours en conservant la même note jusqu'à la fin.

Variation : varier la hauteur à chaque phrase (on peut séparer le chant en deux phrases).

Jeux d'articulation : faire chanter lié (legato) puis détaché (staccato).

- **Phase 3 : Jeux d'ostinato.** Séparer la classe en deux groupes : chaque groupe s'approprie une partie du chant.

Exemple :
- le groupe A chante la première phrase : « Pour chanter comme un ténor, il faut d'abord articuler » ;
- le groupe B répète un mot obstinément : « la lo la lé » (ostinato rythmique) ;
- faire chanter alternativement, puis simultanément les deux groupes, en veillant au respect de la pulsation. Nous obtenons ainsi une polyphonie vocale.

Variantes : réitérer le jeu en changeant de groupes, en changeant de phrases, sur des tempos différents et en variant l'intensité.

Résultats attendus

Les élèves parviennent, par imitation de l'enseignant, à chanter la comptine avec justesse et précision rythmique et des variations de voix.

Évaluation

Elle se fait à l'écoute de quelques élèves individuellement, en solistes.

:: Prolongement

Prolonger la technique de l'ostinato rythmique en travaillant les déplacements sur une formule simple : « Trois petits pas ».

♪ 𝅘𝅥𝅯𝅘𝅥𝅯 ♩

Un moment d'expression corporelle pourra être consacré à cet exercice. Le maître peut aussi accompagner les déplacements avec un tambourin. Un groupe d'enfants peut chanter pendant qu'un autre se déplace en sautillant sur l'ostinato rythmique.

Ostinato corporel : on frappe la formule ♪ 𝅘𝅥𝅯𝅘𝅥𝅯 ♩ sur les genoux.

:: Définitions

- Un **ostinato** est un mot ou une phrase musicale ou rythmique répété(e) obstinément.
- La **tessiture** d'une voix est l'étendue vocale, de la note la plus grave à la note la plus aiguë.
- L'**ambitus** d'un chant est l'étendue vocale de la note la plus grave à la note la plus aiguë.

Il doit être en rapport avec la tessiture des voix selon l'âge des enfants.
- La **polyphonie** consiste à chanter deux ou plusieurs voix simultanément.

Séance n° 3 Jeux vocaux autour des paramètres du son

:: **Compétence** : Avoir mémorisé et savoir interpréter des chants, des comptines.

:: **Objectif** : Découvrir les paramètres du son par le biais d'activités vocales **(timbre, hauteur, intensité et durée).**

:: **Concept** : Le son et ses variations.

:: **Capacité** : Savoir jouer de sa voix pour explorer des variantes de timbre, d'intensité, de hauteur, de durée.

:: Préparation de la classe

- **Organisation de la classe**
  La classe est réunie autour du maître, sur le tapis ou en cercle dans l'espace de motricité si possible.

:: Déroulement de l'activité

- **Durée :** 15 minutes.
- **Modalités de travail :** séance collective, puis par groupes.

→ Description de l'activité

Dans cette activité, les enfants passeront de la voix parlée à la voix chantée.

Jeux d'imitation à partir d'onomatopées de comptines, parlées et chantées, d'instruments de percussion. Jeux de sirènes et de fusées.

- **Phase 1. Quelques onomatopées** extraites de comptines connues vont servir de point de départ au premier jeu d'imitation, utile aussi au travail d'**articulation** et de **résonance de la voix** :

Tic tac (L'horloge de mon grand-père) ;
Toc toc toc (Qui est là ? Père Noël, entrez vite, il fait si froid !) ;
Pim pam pom, pim pam pom (Pomme, poire) ;
Clic clac ! (dans les mains, ça les réchauffe...) ;
Ding ding dong (Frère Jacques) ;
Pan ! Pan ! Pan ! (Riquiqui) ;
Coucou (le hibou, il a fait son nid partout)...

Par un dialogue avec le maître, les enfants répètent ces onomatopées de différentes manières (faible, en chuchotant, fort, très fort, bref, long, en écho, en changeant de timbre). La plupart de ces onomatopées se chantent sur deux notes distinctes, en intervalle de tierce ou de quart.

- **Phase 2. Imitation des cloches** (en tierces) : ding dong !, ning nong !, bing bong !

→ longue résonance sur la finale, bouche fermée.
→ lancer une balle de son : bam !, baoum !
→ chanter une chanson connue avec « bloum », ou autres « bom », « pom », « poum ».

Explorer les possibilités vocales avec la bouche, les mâchoires, les lèvres, la langue :
- imiter une tempête (lèvres, larynx) ; siffler, souffler, rouler les *r*, chuchoter, gazouiller, grogner, claquer la langue, etc. ;
- imiter le vent, une mouche, des abeilles, une sirène, un avion, etc. ;
- bâiller en vocalisant des voyelles, chanter une comptine en bâillant.

- **Phase 3 : Jeux de fusées.** Imiter une fusée qui décolle en associant le geste de la main au son d'une voyelle ou d'une diphtongue qui monte dans l'aigu, puis qui redescend dans le grave.
↑ Faire une fusée « a », puis une fusée « o ».

- **Phase 4 : jeux de sirènes** ⇝ ⇝ ↗ ↘ ⇝ ⇝

La main de l'enseignant guide les enfants dans la représentation spatiale des sirènes et ondulations. Faire imiter quelques sirènes sur des voyelles et diphtongues précises : « i », « o », « on », etc.
Prolongements : imitations d'instruments.
Consigne : essayons d'imiter le son des instruments que nous possédons. « On chante comme les instruments » : le tambourin peut faire « pam pam », ou « boum boum » ; les castagnettes et les claves font « clac clac » ; le triangle sonne « cling » ou bien « bing » ; les maracas « tsss ».
Ces exemples ne sont pas exhaustifs bien sûr, tant le choix est large.
Enregistrer les sons originaux des instruments et les sons d'imitation vocale, puis faire écouter le tout.
Jeu d'écoute et de production vocale : un enfant joue d'un instrument, un autre lui répond en imitant les sons entendus. Même chose avec deux autres enfants et un autre instrument. On demande ensuite à un petit groupe d'enfants de frapper un rythme sur une famille d'instruments et à un autre groupe de répondre vocalement.
Exemple : △ △ △ △ O O // // // // △, △
Production vocale : bing bing bing bing boum boum clac clac clac clac bing bing, etc.
Varier le paramètre timbre : intervertir les instruments ; demander aux enfants de chanter d'autres onomatopées.

Résultat attendu
Appropriation progressive des paramètres du son.

Ouverture transdisciplinaire

Rapport direct avec l'étude de la langue orale par la prise de conscience phonologique.

Définitions

Les paramètres du son déterminent ses qualités.
- **Le timbre** est ici représenté par la couleur de chaque son, la distinction que l'on peut faire entre un « pam » et un « clic », tout comme la différence entre le son d'un tambourin et celui d'un woodblock.
- **L'intensité** est le volume sonore entendu : elle est fonction de la force de l'émission vocale ou du geste instrumental.
- **La hauteur** correspond à une fréquence donnée qui va du grave à l'aigu, en passant par le médium.
- **La durée** est la longueur du son dans le temps : bref ou long, mais aussi continu et discontinu.

Séance n° 4 Des comptines pour improviser

:: **Compétence** : Avoir mémorisé et savoir interpréter des chants, des comptines.

:: **Objectif** : Chanter ensemble en chœur et en solo.

:: **Concept** : Notion d'improvisation.

:: **Capacité** : Savoir tenir sa place dans des activités collectives et intervenir très brièvement en soliste.

:: **Condition préalable** : Un travail sur les rimes.

:: **Préparation de la classe**

- **Organisation de la classe**
  La classe est réunie autour du maître.
- **Document**
  La comptine *Ali* de Guy Prével.

:: **Déroulement de l'activité**

- **Durée :** 20 minutes.
- **Modalités de travail :** séance collective en classe.

→ **Description de l'activité**

- **Phase 1 : Présentation. Une comptine en parler rythmé**

– Mélodie, que manges-tu ? Du rôti.
– Sylvain, que manges-tu ? Du pain.
– Bernard, que manges-tu ? Des épinards.
– Que manges-tu Jacqueline ? Une tartine.
– Que manges-tu, Marion ? Des champignons, etc.

La répéter plusieurs fois pour la faire mémoriser par les enfants. Jouer ensuite en dialogue avec le groupe, puis questionner les enfants individuellement.

On joue ici sur la **mémorisation des rimes**. Les enfants de 5 ans auront à cœur d'être solistes à tour de rôle pour répondre au maître : « Que manges-tu Arthur ? De la confiture. »

- **Phase 2 : Improvisation.** On demande aux élèves d'inventer une réponse aux questions posées.

– Que manges-tu, José ? Je mange du ....
– Que manges-tu, Alice ? Je mange du .... (pain d'épice ?)
– Où cours-tu, Jean-Pierre ? Je cours sur .... (la terre ?)

Cette variante constitue une transition entre le parler rythmé et la comptine chantée d'une part, et un accès à la langue orale correcte, d'autre part.

Par la suite, on proposera des phrases complètes, rythmiques et/ou mélodiques, sur plusieurs hauteurs de notes.

Exemple : « Que manges-tu, Mélanie ? Je mange des macaronis. »

♪ ♪ ♩ ♪ ♪ ♩ ♪ ♪ ♪ ♪ ♪ ♪ ♩

Comptine chantée : Ali de Guy Prével.

Ali, mon ami, est en Arabie.
Il va dans le désert,
Sur son beau dromadaire.
Ali, mon ami, est en Arabie.

• •   • • •   • • • • • (formule rythmique)
♩ ♩   ♪ ♪ ♩   ♪ ♪ ♪ ♪ ♩

À partir du moment où les enfants chantent par cœur la chanson, en prononçant correctement le texte, et de manière collective, on peut confier des réponses rythmées ou chantées à quelques solistes. On assiste alors **aux prémices de la formation d'un chœur**. Ce travail commencé avec les petits (3 à 4 ans), aboutira réellement en grande section.

Jeu d'imitation : le maître chante une première phrase et demande à l'ensemble de la classe de la répéter ; puis il chante la seconde phrase et le chœur répète. Remplacer le texte par des syllabes (la la, no no, ti ti...).

Variante : on fait répéter par un seul élève, désigné par la main ou le regard.

Improvisation : quand la chanson est parfaitement sue, on demande à quelques élèves solistes d'interpréter la formule rythmique de diverses manières, en réponse au groupe (sur une syllabe choisie, en frappant dans les mains ou encore en scandant le texte de la dernière phrase).

Résultat attendu

Les enfants réussissent à chanter un rythme simple connu.

Évaluation

Faire s'exprimer les enfants à tour de rôle sur une phrase rythmique puis avec ajout de mélodie. Critère retenu : restitution de la cellule complète.

:: Prolongement

Invention d'un nouveau texte. Sur la même structure rythmique, le maître change volontairement certains mots, afin de faire réagir les élèves et de les inciter à trouver d'autres mots pour terminer le couplet.

Exemple : Henri, mon ami, est en ... (Italie).
Sur la place à midi,
Il vend des ... (spaghettis).
Henri mon ami est en Italie.

ALI

Guy Prével

Ali, mon ami, est en Arabie.
Il va dans le désert,
Sur son beau dromadaire.
Ali, mon ami, est en Arabie.

Séquence : Pratiquer des activités d'écoute

Séance n° 5 Rythmes en imitation

Compétence : Écouter un extrait musical ou une production puis s'exprimer et dialoguer avec les autres pour donner ses impressions.

Objectif : Fournir des supports pour reconnaître et différencier les rythmes de base.

Concept : Notion de cellule rythmique.

Capacité : Savoir repérer et reproduire des formules rythmiques simples.

Condition préalable : Connaître un répertoire de comptines.

Préparation de la classe

- **Organisation de la classe**
  Les enfants sont réunis autour de l'enseignant.
- **Documents**
  Une progression rythmique.

Déroulement de l'activité

- **Durée :** séances filées de 15 minutes durant l'année scolaire.
- **Modalités de travail :** en grand groupe.

→ **Description de l'activité**

À partir des prénoms

- **Phase 1 : Dire son prénom en rythme.** Les enfants sont assis en cercle autour du maître. Chacun se présente en scandant son prénom à tour de rôle sur une formule rythmique simple. Le maître commence.

Exemple : « Je m'appelle Gaëtan. » La classe reprend en chœur : « Tu t'appelles Gaëtan. »

♪ ♪ ♩ ♪ ♪ ♩ ♪ ♪ ♩ ♪ ♪ ♩

Je m'appelle Vic - tor → Tu t'appelles Vic - tor.

♪ ♪ ♩ ♩ ♩ ♪ ♪ ♩ ♩ ♩

Je m'appelle Éve... Je m'appelle Ma - rie-Charlotte...

♪ ♪ ♩ ♩ 𝄽 ♪ ♪ ♪ ♪ ♪ ♪ ♩

Une fois l'habitude et la cadence de rythme installées, on peut faire passer le dialogue avec des cellules rythmiques issues de comptines.

– Le maître chante : « Frère Jacques, Frère Jacques, dormez-vous ? Dormez-vous ? »

Les enfants répètent la phrase entière.

Le maître chante et s'accompagne en frappant dans les mains sur chaque syllabe.

Il invite les enfants à faire de même, par imitation.

Frère Jacques, Frère Jacques, dormez-vous ? Dormez-vous ?

♩ ♩ ♩ ♩ | ♩ ♩ ♩ ♩. | ♩ ♩ 𝅗𝅥 | ♩ ♩ 𝅗𝅥 |

Même démarche avec d'autres comptines connues des enfants :

Coucou le hibou, coucou le fi-lou, il a fait son nid partout, coucou

Ba-la-lin, ba-la-lan, les cloches de Montauban sont tombées dedans l'étang

- **Phase 2 : Réinvestissement dans de nouvelles comptines.** Les enfants doivent retrouver, par le chant intérieur, quelques formules rythmiques connues et les reproduire corporellement.

Écoute de quelques phrases musicales, chantées par l'enseignant :

Démarche : 1. Le maître chante.

2. Les enfants chantent.

3. Les enfants frappent les cellules rythmiques (consigne : « ce sont les mains qui chantent »).

– Une souris verte qui courait dans l'herbe...

– Une poule sur un mur, qui picore du pain dur...

– Au clair de la lune, mon ami Pierrot...

– Viv(e) le vent, viv(e) le vent, viv' le vent d'hiver

– Pauvre cigale, le bon temps venu...

– Pimpanicaille, roi des papillons...

- **Phase 3 : reconnaître une comptine** par sa (ou ses) formule(s) rythmique(s). L'enseignant frappe dans les mains une comptine, les enfants essaient de répondre en chantant les paroles. Vérification collective en frappant et chantant simultanément la comptine.

Variante : un élève chante une phrase rythmique et désigne un camarade pour lui répondre en frappant le rythme correspondant.

Variante 2 : on frappe des formules rythmiques sur d'autres niveaux corporels (pieds, genoux, langue).

Résultats attendus

Des mots et des phrases rythmiques frappés avec les mains, puis progressivement avec les autres niveaux.

Évaluation

Proposer un jeu de rythmes en imitation individuelle, en dialogue avec le maître.

:: Prolongements

- **Organiser des jeux de relais rythmique.** Dans la ronde, un élève frappe une cellule, son voisin doit la répéter et la faire circuler au suivant.
- **Au cours d'une audition d'œuvre,** repérer dans un extrait une cellule rythmique particulière.

  Exemple : ♩ ♩ ♩ ♩ dans l'introduction de *Carmina Burana* de Karl Orff.

- **Proposer des exercices systématiques de rythmes en imitation** : voir séance n° 12.

:: Définition

Le chant intérieur : la comptine est chantée dans la tête (chant muet), mais l'enfant doit prendre des repères rythmiques, non verbaux.

Séance n° 6 Comptines à rythmer

:: **Compétence** : Adapter son geste aux contraintes matérielles (instruments, supports, matériels).

:: **Objectif** : Accompagner des parties de comptines avec des instruments de percussion.

:: **Concept** : Approche de la notion de **cellule rythmique**.

:: **Capacité** : Savoir coordonner un texte parlé ou chanté et un accompagnement corporel ou instrumental.

:: **Conditions préalables** : Les enfants ont déjà approché l'accompagnement rythmique en fin de petite section, répondant aux conditions suivantes :
- avoir acquis une certaine maîtrise du schéma corporel ;
- avoir suffisamment manipulé les instruments utilisés pour parvenir à s'en servir de façon rythmique ;
- bien connaître les comptines que l'on va accompagner.

:: Préparation de la classe

- **Organisation de la classe**
  Les enfants sont regroupés assis sur le tapis autour du maître, puis debout pour utiliser les différents segments du corps.
- **Matériel**
  Une panoplie d'instruments de percussion.
- **Documents**
  Quelques supports audio et écrits de comptines.

:: Déroulement de l'activité

Accompagnement de la comptine *Dame trompette*

- **Durée** : 20 minutes.
- **Modalités de travail :** d'abord toute la classe, puis deux groupes.

→ Description de l'activité

- **Phase 1.** Le maître chante la comptine connue des enfants, ceux-ci la reprennent en chœur avec lui.

DAME TROMPETTE

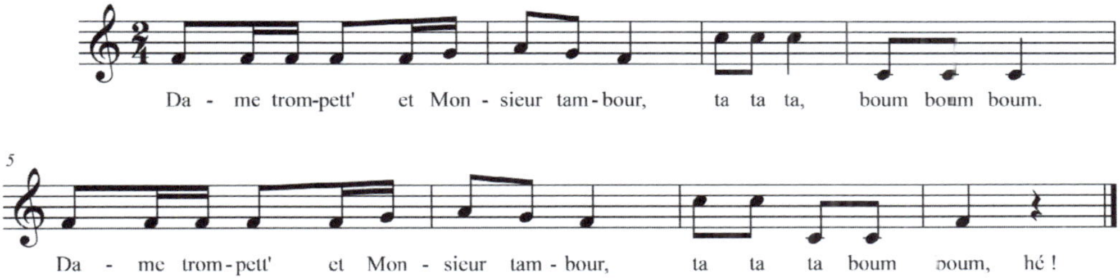

1. Dame trompette et Monsieur tambour,
Ta ta ta, boum boum boum,
Dame trompette et Monsieur tambour,
Ta ta ta boum boum, hé !
2. Jouent sans arrêt depuis quinze jours,
Ta ta ta, boum boum boum,
Jouent sans arrêt depuis quinze jours,
Ta ta ta boum boum, hé !

3. Tous les enfants sont venus jouer,
Ta ta ta, boum boum boum,
Tous les enfants sont venus jouer,
Ta ta ta boum boum, hé !
4. Tous les enfants sont venus chanter,
Ta ta ta, boum boum boum,
Tous les enfants sont venus chanter,
Ta ta ta boum boum, hé !

- **Phase 2.** Faire répéter les onomatopées « Ta ta ta » et « Boum boum boum » par tous les élèves sur les deux notes (intervalle d'une octave do5 ↘ do4). Répétition individuelle en désignant quelques enfants. On frappe ensuite dans les mains et avec les pieds sur les syllabes désignées, sans consigne spécifique, par imitation du maître.

 (mains sur « Ta ta ta » ; pieds sur « Boum boum boum »)

Variante : répartis en deux groupes, les enfants alternent les accompagnements de mains et de pieds.

- **Phase 3.** Attribuer à chaque groupe des instruments de percussion (claves et tambourins).

Le groupe A accompagne les onomatopées « Ta ta ta » avec les claves.
Le groupe B accompagne les onomatopées « Boum boum boum » avec les tambourins.
Reprendre la comptine entière en laissant les enfants désignés accompagner leur partie.

- **Phase 4.** Chercher un accompagnement possible sur l'onomatopée « hé ! » qui ponctue chaque couplet. C'est l'occasion d'introduire un instrument de la famille des métaux, en prévision d'un petit orchestre incluant trois familles d'instruments : les bois, les peaux et les métaux. On peut proposer un triangle de petite taille, pour obtenir un son qui dure un peu. Il est nécessaire de préparer les élèves corporellement à cette « ponctuation sonore », en leur demandant d'écarter les bras en disant « hé ! ».

Résultats attendus

Ce sont ici les bases de l'apprentissage rythmique qui permettront aux enfants de s'accompagner en chantant, corporellement puis avec des instruments de percussion simples, et par la suite de constituer un petit orchestre rythmique (en fin d'année).

Évaluation

Elle consiste à accompagner avec des instruments une cellule rythmique simple avec le plus de précision possible et surtout au moment juste, sur les bonnes syllabes.

:: Conseils

Si le rythme de la comptine est très facile, la mélodie l'est moins, à cause de l'ambitus d'une octave du do4 au do5, difficile à restituer par des enfants de cet âge. Remplacer alors par un intervalle plus réduit de quarte : fa fa fa, do do do.
S'il n'y a pas assez d'instruments pour tous les élèves, constituer des petits groupes de musiciens accompagnateurs, ce qui permet un meilleur rendu musical.
Habituer les enfants à être prêts à accompagner au moment juste de la comptine en faisant répéter plusieurs fois de suite l'exercice, notamment sur l'onomatopée « ta ta ta boum boum », enchaînée.

:: Définitions

Concept de rythme, notions de cellule rythmique et de pulsation (voir séance n° 12).
La **notion de famille d'instruments** correspond ici à une catégorie classée par mode de résonance :
- les instruments en bois sur lesquels la frappe émet un son bref et sec, mat : claves, wood-blocks, tubes résonants, etc. ;
- les instruments en métal qui produisent un son long et résonant voire brillant : triangles, crotales, cymbales, etc. ;
- les instruments à peau, naturelle ou plastique, qui produisent une résonance assez brève : tambours et tambourins, bongos et congas, etc.

Séance n° 7 Comptines à rythmer

Compétence : Adapter son geste aux contraintes matérielles (instruments, supports, matériels).

Objectif : Accompagner des parties de comptines avec des instruments de percussion.

Concept : Approche de la notion de **cellule rythmique**.

Capacité : Savoir coordonner un texte parlé ou chanté et un accompagnement corporel ou instrumental.

Conditions préalables : Les enfants ont déjà approché l'accompagnement rythmique en fin de petite section, répondant aux conditions suivantes :
- avoir acquis une certaine maîtrise du schéma corporel ;
- avoir suffisamment manipulé les instruments utilisés pour parvenir à s'en servir de façon rythmique ;
- bien connaître les comptines que l'on va accompagner.

Préparation de la classe

- **Organisation de la classe**
Les enfants sont regroupés assis sur le tapis autour du maître, puis debout pour utiliser les différents segments du corps.
- **Matériel**
Une panoplie d'instruments de percussion.
- **Documents**
Quelques supports audio et écrits de comptines.

Déroulement de l'activité

Accompagnement de la comptine *Dame trompette* et de *Je suis musicien*

- **Durée** : 20 minutes.
- **Modalités de travail :** la classe est séparée en trois groupes, pour l'accompagnement final de *Dame trompette* ; les enfants sont assis en cercle sur un grand tapis de regroupement ou dans un espace assez grand.

→ Description de l'activité

- **Phase 1 : accompagnement final de *Dame trompette*.** Après avoir réparti les instruments auprès des enfants, le maître vérifie que tous les musiciens connaissent leur partition. Il évalue les acquis en faisant répéter chaque groupe pendant que la classe chante en chœur un couplet. Quand tout le monde est prêt, on chante la comptine entière, accompagnée par les musiciens ; 4 paires de claves, 4 tambourins et 2 triangles suffisent à composer un petit orchestre.

Variantes :
- chant seul avec accompagnement corporel collectif ;
- laisser les musiciens jouer pendant que le reste de la classe chante ;
- même chose avec accompagnement corporel collectif.

- **Phase 2 : *Je suis musicien*, adaptation d'une comptine de Jos Wuytack.**

Comptine à désignation : la fin du texte est ponctuée par deux mesures rythmiques jouées par un ou plusieurs élèves désignés par le maître.

Et toi tu joues des maracas...
Et toi tu joues des grelots...
Faire répéter la comptine une première fois pour installer la formule rythmique finale en frappant dans les mains : ♩ ♩ ♪ ♪ ♩

Cette cellule est connue des enfants, elle est facile ; cela va permettre une mise en place rapide **avec** bon nombre d'instruments ou corps sonores différents : claves, tubes résonants, tambourins avec ou sans mailloche, castagnettes, crotales, triangles, et de comparer l'adaptation de chaque instrument au geste demandé ; faire s'exprimer les enfants à ce sujet.
Le jeu est simple : après répartition des instruments, le maître désigne pendant le chant l'élève qui va jouer en soliste sur la formule finale. On continue ainsi de suite une dizaine de fois.
Consigne : « Et toi tu joues du triangle. »
Variantes :
– désigner deux enfants simultanément, avec 2 instruments identiques ou non ;
– procéder en relais au sein du cercle des enfants (à condition que les musiciens soient assis côte à côte) ;
– faire jouer tous les musiciens en même temps (« et tout l'orchestre joue ! ») ;
– doubler la formule rythmique permet de l'installer davantage.

Résultats attendus
Voir séances n°s 1 et 6.

Évaluation
Idem.

:: Conseil
Des difficultés peuvent apparaître au niveau du moment juste, les enfants étant souvent surpris par la spontanéité du geste à réaliser. Ce jeu requiert un maximum d'attention au sein du groupe. Faire à nouveau jouer l'enfant qui s'est trompé, si nécessaire.

:: Prolongement
Accompagnement d'autres comptines.

:: Définitions
Concept de rythme, notions de cellule rythmique et de pulsation (voir séance n° 12).
La **notion de famille d'instruments :** voir séance n° 1, séance n° 6.

Séance n° 8 Imprégnation musicale

Compétences : Écouter un extrait musical ou une production, puis s'exprimer et dialoguer avec les autres pour donner ses impressions.

Objectif : Amener les élèves à connaître des extraits musicaux d'origines diverses.

Concept : La musique composée et enregistrée.

Condition préalable : Préparer les élèves à écouter dans le plus grand silence un instant très court de musique.

Préparation de la classe

- **Organisation de la classe**
  Les enfants sont réunis autour du maître sur le tapis de regroupement ou dans le coin musique.
- **Matériel**
  Un magnétophone ou lecteur de CD ; un CD ou une K7 contenant des extraits musicaux choisis. Un DVD peut aussi faire l'affaire.
- **Document**
  Un répertoire d'œuvres enregistrées pour le maître.

Déroulement de l'activité

- **Durée** : variable, par périodes de 2 à 10 minutes.
- **Modalités de travail :** toute la classe, puis en petits groupes, voire en atelier musique.

→ Description de l'activité

Elle est répétitive et peut se dérouler en plusieurs phases.

- **Phase 1.** Chaque jour, l'enseignant fait entendre un extrait musical, à des moments particuliers : accueil, regroupement après les ateliers, sieste, attente des parents, etc. Plusieurs fois par jour éventuellement, le morceau est écouté, dans une ambiance calme réclamant toute l'attention des enfants. L'extrait choisi dure 2 minutes, les enfants sont passifs.
- **Phase 2.** Après une seconde écoute, le maître indique le titre de l'extrait.

À l'écoute suivante, il pourra faire repérer un instrument particulier et montrer une image ou une photographie aux élèves. Une écoute plus tard, il fera remarquer quand la musique joue fort, ou faible (intensité) et laissera les élèves s'exprimer au sujet de l'extrait.

- **Phase 3.** Un extrait différent est proposé chaque jour, le samedi matin étant réservé à un jeu de reconnaissance.

Exemple de répertoire d'imprégnation :
- lundi : *5e bocalise* de Denis Dufour ;
- mardi : *Density 21,5 pour flûte solo* d'Edgar Varèse ;
- jeudi : *L'Hiver, concerto des Quatre Saisons* d'Antonio Vivaldi ;
- vendredi : *Toi Coco*, du groupe vocal Zap Mama.

Commentaires possibles auprès des enfants :
- On reconnaît *5e bocalise* au bruit de verre cassé entendu à plusieurs reprises.
- C'est une flûte traversière qui interpréte *Density 21,5*.
- Dans *L'Hiver* de Vivaldi, on entend bien le violon jouer. Levez la main quand vous l'entendez. On peut imiter le violoniste qui joue en mimant ses gestes. L'extrait entendu est très lent et mélancolique, même un peu triste.

- *Toi Coco* est drôle à écouter. Ce sont des femmes africaines qui chantent. Leurs voix se répètent tout au long du morceau.

Résultats attendus

Les enfants devront savoir reconnaître un répertoire musical varié et en nommer certaines caractéristiques (titres, instruments, intensité).

Évaluation

Nommer individuellement les extraits reconnus et désigner certaines caractéristiques (instrument, intensité, tempo).

:: Conseil

Ne pas attendre une grande précision dans les premiers commentaires des enfants, d'abord parce qu'il s'agit de la découverte de musiques nouvelles, et surtout parce que les enfants s'expriment avec leur langage propre et un bagage lexical pauvre au départ, mais qui s'enrichira justement grâce à des échanges répétés quotidiennement et à une ouverture culturelle sans cesse élargie.

:: Ouverture transdisciplinaire

Enrichissement du langage et du vocabulaire des enfants.

Séance n° 9 Notre première partition

:: **Compétence** : Adapter son geste aux contraintes matérielles (instruments, supports, matériels).

:: **Objectif** : Élaborer une partition.

:: **Concept** : L'image symbole d'objets et d'instruments.

:: **Capacité** : Savoir utiliser quelques moyens graphiques simples pour représenter et coder le déroulement d'une phrase musicale.

:: **Conditions préalables** : Savoir accompagner corporellement une comptine et savoir dessiner des bâtons (claves) et des ronds (tambourins).

:: Préparation de la classe

- **Organisation de la classe**
  De préférence en salle de musique.
- **Matériel**
  Petites percussions à son indéterminé.

:: Déroulement de l'activité

- **Durée** : 20 minutes.
- **Modalités de travail :** toute la classe participe à l'élaboration de dessins symbolisant les phrases musicales.

→ Description de l'activité

Les enfants ont chanté la comptine, bien connue d'eux maintenant : *Dame trompette*.
Accompagnement corporel des phrases « Ta ta ta , boum boum boum » et « ta ta ta boum boum, hé ! » et frapper avec les mains sur « ta ta ta » et avec les pieds sur « boum boum boum ».

- **Accompagnement instrumental :** on substitue un instrument à chaque niveau corporel.

- Aux mains, les claves.
- Aux pieds, les tambourins.

Les enfants chantent la comptine entière en l'accompagnant avec ces instruments, l'orchestre étant constitué de deux groupes de musiciens (5 paires de claves et 5 tambourins).
On décide alors de montrer le résultat aux parents et à une autre classe, les correspondants, par exemple. On pourra leur jouer, bien sûr, mais aussi leur montrer, en attendant de pouvoir interpréter la musique devant eux.
Enregistrement (magnétophone à K7 ou enregistreur minidisc). À l'écoute de l'ouvrage, on décide de confectionner une partition, « comme les vrais musiciens ».

- **Démarche proposée :** un enfant dit : « On pourrait dessiner les instruments ! » On laisse une dizaine de minutes aux enfants pour cela, puis on observe les dessins, on compare et on discute. « Les claves ne sont pas bien droites, elles sont grosses ! »

« Je n'arrive pas à dessiner les tambourins, ils ne sont pas bien ronds. »
Faire peaufiner les dessins jusqu'à obtenir des bâtons bien rectilignes et des ronds bien fermés. Envoyer plusieurs élèves dessiner au tableau.
Après plusieurs essais, le maître propose de simplifier les dessins pour que tout le monde puisse comprendre ce qu'ils représentent. On ajoute un triangle sur « hé ! ».

Exemple : Ta ta ta, boum boum boum Ta ta ta boum boum, hé !
// // // o o o // // // o o △

Le maître recopie cette première partition sur une grande bande de papier, qu'il affiche au tableau.
Lecture chantée puis jouée de la partition par les élèves, collective puis individuelle.

Résultats attendus
- Représenter des images symbolisant parfaitement chaque instrument.
- Représenter correctement la suite des instruments utilisés.
- Les enfants doivent être capables de relire leur propre partition en la jouant.

Évaluation
Elle est directe au niveau de la lecture et peut être faite pour chaque élève.

:: Remarque
La partition encodée avec l'aide des enfants permet un accès plus rapide à l'écrit, même s'il n'est que symbolique. Le fait d'avoir trouvé leur propre code va les inciter à explorer davantage d'autres possibilités d'écriture.

:: Conseil
Ne rien imposer d'emblée aux élèves, leur donner les pistes pour construire eux-mêmes

:: Ouverture transdisciplinaire
Amener les enfants à constituer d'autres partitions de leurs comptines accompagnées, mais aussi des affiches de recettes ou utilitaires (publicités, panneaux indicateurs).

:: Prolongement
Proposer d'élaborer des partitions de paysages sonores faisant apparaître les différentes trames sonores, pour transcrire un extrait musical écouté en classe ou encore une partition rythmique composée de signes plus complexes relatant les paramètres musicaux plus précis dans le temps.
Quelques exemples :

 ●●●●

:: Annexe
Exemple de partition issue d'une création collective.

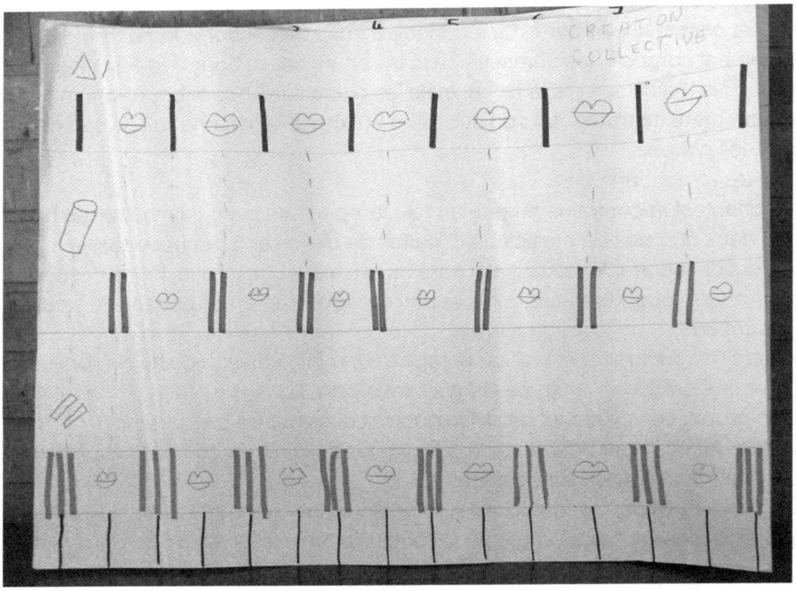

Séance n° 10 Rythmes à suivre

:: **Compétence** : Écouter un extrait musical ou une production, puis s'exprimer et dialoguer avec les autres. Adapter son geste aux contraintes matérielles (instruments, supports, matériels).

:: **Objectif** : S'exprimer corporellement dans un espace donné sur différents extraits musicaux.

:: **Concepts** : Notion de rythme. Notion de tempo.

:: **Capacité** : Savoir utiliser le corps et l'espace en fonction des caractéristiques temporelles et musicales des supports utilisés.

:: Préparation de la classe

- **Organisation de la classe**
  Les enfants sont répartis dans la salle de motricité.
- **Matériel**
  Un wood-block, un tambourin.
- **Documents**
  Une comptine ; une musique enregistrée.

:: Déroulement de l'activité

- **Durée** : 20 minutes.
- **Modalités de travail :** en groupes, en ateliers, individuellement, par deux, etc.

→ **Description de l'activité**

Déplacements et jeux rythmiques autour d'une comptine.

- **Phase 1 : présentation et apprentissage de la comptine** ***Hop ! hop ! hop !*.**

Hop ! hop ! hop ! on saute saute, hop ! Hop ! Hop ! On saute et stop !
Lentement on marche marche, lentement on marche et stop !
Vite vite on trotte trotte, vite vite on trotte et stop !
Gentiment on tourne tourne, gentiment on tourne et stop !

Le maître interprète la comptine aux enfants en changeant de tempo sur chaque phrase ou bien il fait écouter le CD. Dans les deux cas, on distingue bien les différents rythmes, qui impliquent une expression différente ***(un sautillé, une marche lente, un trot rapide, une tournerie)***.
L'apprentissage se fera plus facilement par l'entrée progressive des enfants sur le chant du maître répété plusieurs fois.

- **Phase 2 : phase de déplacement libre :** demander aux enfants de bouger et se déplacer sur le chant du maître ou sur la musique du CD. Laisser agir et observer les actions.

Constat : certains enfants vont courir dans tous les sens, d'autres vont essayer de suivre la musique, en effectuant des mouvements du corps ou en marchant.
Relance : demander aux enfants de se déplacer dans la salle sur la comptine. On montrera et modélisera l'exemple de certains enfants qui font des propositions intéressantes.
Variante : lorsque les enfants connaissent bien la comptine, on intervertit l'ordre des phrases, tout en répétant plusieurs fois la même, afin que tous aient le temps d'écouter et de s'adapter au changement de rythme.

- **Phase 3 : d'autres supports pour d'autres rythmes.** Écoute active de quelques extraits musicaux possédant des rythmes particuliers :

- une valse de Strauss ;
- *La Walkyrie* de Richard Wagner ;
- *Air du toréador* de *L'Arlésienne* de Georges Bizet ;
- *l'éléphant* du *Carnaval des animaux* de Camille Saint-Saëns ;

– *Promenade en traîneau* de Joseph Haydn. Pour chaque extrait, laisser d'abord les enfants évoluer librement, puis relancer en montrant quelques exemples de pas.

- **Phase 4 : transfert des rythmes sur des instruments de percussion ou des corps sonores.**

La comptine *Hop ! hop ! hop !*

Quelques exemples :

- Le tambourin sur « on saute, saute ».
- Un triangle sur « Lentement on marche marche ».
- Un tube résonant à deux tons sur « on trotte trotte ».
- Des maracas sur « Gentiment on tourne tourne ».

Le maître s'accompagne en chantant avec ces instruments, toujours en répétant chaque phrase *ad libitum*.

Résultat attendu

Les enfants parviennent à respecter les rythmes proposés.

Évaluation

Compétences en cours d'acquisition.

Conseil

Les enfants de cet âge sont maintenant capables d'adapter leurs gestes à un rythme entendu. On peut aussi proposer des exercices d'accompagnement corporel avec des frappés sur différents niveaux (mains, genoux).

Ouverture transdisciplinaire et prolongement

- Activités de coordination motrice en EPS.
- Déplacements en musique.

Remarques

Les formules rythmiques rencontrées sont basées sur un jeu de croches reliées deux par deux ou reliées à une noire. Elles sont la transcription d'un rythme particulier :

Marche lente : ♪♪♪♪♪♪♪♪ (tempo lent)

Trot : ♪♪♪♪♪♪♪♪ (tempo rapide)

Sautillé : ♪. 𝅘𝅥𝅯♪. 𝅘𝅥𝅯♪. 𝅘𝅥𝅯♪. 𝅘𝅥𝅯....

Tournerie : ♩ ♪♩ ♪♩ ♪♩ ♪♩....

HOP ! HOP ! HOP !

Séance n° 11 Un petit chef d'orchestre

Compétence : Adapter son geste aux contraintes matérielles (instruments, supports, matériels).

Objectif : Affinement du geste instrumental par le biais des modes de jeu.

Concepts : Le mode de jeu. Notion de geste instrumental (frapper, frotter).

Capacité : Savoir faire des propositions lors des phases de création et d'invention.

Condition préalable : Les élèves doivent connaître les divers gestes servant à jouer de la musique (frapper, frotter, secouer, souffler).

Préparation de la classe

- **Organisation de la classe**
  Les enfants sont assis en cercle dans une grande salle.
- **Matériel**
  Tambourins à peau naturelle, pots-tambours en terre cuite, tubes de PVC avec peau en ruban adhésif, etc.

Déroulement de l'activité

- **Durée** : 30 minutes.
- **Modalités de travail** : grand groupe puis petits groupes.

→ Description de l'activité

Le maître chef d'orchestre est assis au centre du cercle d'enfants et va diriger son orchestre par gestes, en se faisant imiter dans ses actes sonores :
- le chef frotte la peau de son tambourin de façon circulaire avec les doigts, les musiciens l'imitent, au geste et au son ;
- le chef frappe son instrument avec la paume de la main, ainsi font les musiciens.

Différentes actions sont enchaînées, en alternant les modes « frapper » et « frotter » sur les différentes sortes de tambours.

Lorsque les enfants sont aguerris à ce type de jeu, un élève devient le chef. Le maître peut alors l'aider à structurer ses propositions.

- **Variantes de jeu :**

- **Variations du mode de jeu :** taper avec les mains à plat, avec les paumes, avec les doigts serrés, tapoter alternativement avec plusieurs doigts ; frotter rapidement avec les doigts sur toute la surface de la peau, frotter légèrement sur un petit espace, frotter lentement avec les ongles, en tournant, etc.
- **Variations de durée :** frotter par petits coups brefs ou frotter en continu sans enlever la main.
- **Variations d'intensité :** fort, faible, crescendo, decrescendo.
- **Créer des moments de silence**, désignés soit en plaçant le doigt devant la bouche, soit en « jouant muet », c'est-à-dire en réalisant le geste au-dessus de l'instrument. Le maître peut par la suite inventer un geste particulier, main refermée, par exemple.
- **Le relais sonore (jeu du furet).** Les enfants assis en cercle répètent à tour de rôle la phrase rythmique jouée par le chef. Cet exercice permet de développer l'attention et l'écoute individuelle, ainsi que l'anticipation du geste à venir.
- Le chef désigne un musicien qui va lui répondre.

- **Travail en petits groupes.** Le maître reprend la main et désigne deux groupes de quelques élèves à qui il attribue des instruments semblables :

- une famille de tambours « PVC-ruban adhésif » qui vont jouer des frappés réguliers ;
- une famille de tambours « pots de fleurs » qui vont frotter circulairement les peaux.

Résultat attendu

Les élèves commencent à maîtriser les différents gestes leur permettant de gagner en précision dans la création de sons frappés et frottés sur n'importe quel instrument de percussion.

Évaluation

Elle peut être individuelle et se dérouler de deux manières différentes :
- l'élève chef d'orchestre sait proposer un court moment musical avec un geste parfaitement maîtrisé et le répéter si celui-ci n'a pas été correctement restitué ;
- le relais sonore peut permettre au maître de constater aisément les savoir-faire de chaque élève, puis d'ajuster le niveau de la proposition (remédiation).

:: Prolongements

- **Créer une ambiance particulière** avec deux trames sonores distinctes (une trame de peaux tapotées et une trame de peaux frottées).
- **Jouer en répondant à des consignes verbales** (des phrases simples indiquant des actions spécifiques d'un personnage éventuel. Exemple : « Tous les matins, Samba va faire de la poterie avec sa mère » → les musiciens frottent leurs peaux selon un lent va-et-vient. « Des vases de terre prennent forme en tournant » → on frotte les peaux en faisant des cercles avec un doigt.
- **Mettre un conte en musique.** Exemples : *Les Animaux musiciens, Les 3 bandits.*

:: Définitions

Les modes de jeu : il s'agit de gestes techniques inhérents au jeu de chaque type d'instruments, selon leur fonctionnement. Ainsi, le guitariste pince les cordes de sa guitare avec les doigts, un plectre ou médiator, alors que le violoniste utilise un archet qui frotte les cordes du violon.
Le trompettiste souffle dans son instrument pour obtenir un son.
Le percussionniste utilise tous les modes de jeu puisqu'il frappe ou frotte les peaux ou des guirros, secoue certains tubes sonores et des maracas.
Des tambours « artisanaux » : ce sont des instruments rudimentaires construits à partir de matériaux de récupération : tuyaux PVC avec peau en ruban adhésif, pots en terre cuite avec peau en papier kraft.
Les paramètres du son : ce sont les caractéristiques qui déterminent un son :
- le timbre (ou la couleur du son) ;
- la hauteur (ou la fréquence de la vibration : grave, médium, aigu) ;
- la durée (brève ou longue, continue, discontinue) ;
- l'intensité (ou volume sonore : faible, moyen, fort).

Séquence : Utiliser des instruments de musique

Séance n° 12 À la recherche d'une pulsation

:: **Compétence** : Adapter son geste aux contraintes matérielles (instruments, supports, matériels).

:: **Principes pédagogiques** : Les comptines sont ici le prétexte à faire découvrir aux élèves les notions rythmiques de base : pulsation et dessin rythmique. La démarche pédagogique est la même que pour l'apprentissage des comptines : vécu – perçu – conçu.

:: **Objectif** : Faire ressentir aux enfants la régularité d'un mouvement sonore.

:: **Concept** : Notion de pulsation.

:: **Capacité** : Savoir marquer la pulsation corporellement ou à l'aide d'un objet sonore.

:: **Condition préalable** : Les élèves connaissent la comptine chantée qui va servir de support.

:: Préparation de la classe

- **Organisation de la classe**
  En salle de motricité, les enfants sont d'abord assis autour du maître, puis se déplacent dans l'espace investi.
- **Matériel**
  La voix, le corps et quelques objets sonores (plusieurs réveils, un métronome). Des instruments de percussion (bois, peaux, métaux).

:: Déroulement de l'activité

- **Durée :** 30 minutes.
- **Modalités de travail :** toute la classe.

→ Description de l'activité

- **Phase 1. Révision de la comptine *L'horloge de mon grand-père*.**

1. L'horloge de mon grand-père, elle fait tic tac.
2. Qui se cache par-derrière, pour faire tic tac ?
3. Pendant des journées entières, elle fait tic tac.
4. Est-ce qu'elle a un cœur, grand-père, qui fait tic tac ?

En chantant la comptine, les enfants accompagnent les « tic tac » de chaque fin de phrase en frappant dans les mains.

Consignes :

– Jouons à l'horloge autour des « tic tac » : imitons l'horloge et toutes sortes de réveils et montres. Hocher la tête sur le tic tac d'un réveil, régulièrement. Claquons la langue, etc.

– Écoutons les différents réveils et tapons dans les mains sur la pulsation entendue.

Question : « Est-ce que tous les réveils ont le même tic tac ? » Écoutons le **métronome** (plusieurs écoutes avec des tempos différents).

Entraîner les élèves à reproduire la pulsation donnée.
- Distribuer quelques instruments de percussion aux élèves, avec lesquels ils vont chercher à reproduire le rythme d'un réveil, puis d'un métronome (claves, tambourins, triangles, maracas, etc.).
- Faire choisir le type d'instruments qui se rapproche le plus du son du réveil (claves et wood-blocks).

• **Phase 2. En déplacement** (en salle de motricité). Inviter les élèves à suivre en marchant le rythme du réveil, enregistré et amplifié (sur CD), puis du métronome. Ensuite le maître chante lui-même les « tic tac » et les joue sur un instrument à son bref (bois) ; l'instrument idéal est le « two-tons » ou tube résonant à deux tons, frappé avec une mailloche à tête de bois.
Laisser les élèves suivre la pulsation, qui doit rester régulière.
Le maître chante la comptine de l'horloge : les enfants marchent sur les « tic tac » *ad libitum*. Ils arrêtent de marcher à l'arrêt des tic tac.
Variations du tempo de pulsation : le tic tac est plus rapide, puis plus lent.
Exemple. L'horloge de mon grand-père, elle fait « tic tac tic tac tic tac tic tac tic tac tic tac, etc.
♩ ♩ ♩ ♩ ♩ ♩ ♩ ♩ ♩ ♩ ♩ ♩

Qui se cache par-derrière, pour faire tic tac tic tac tic tac tic tac tic tac tic tac, etc.
♪ ♪ ♪ ♪ ♪ ♪ ♪ ♪ ♪ ♪ ♪ ♪

• **Phase 3 : Audition.** Écouter des extraits musicaux différents :
- *l'éléphant* du *Carnaval des animaux* de Camille Saint-Saëns (pulsation lente) ;
- L'andante de la *Symphonie n° 101*, en ré majeur, « L'Horloge » de Joseph Haydn (lent) ;
- *Habanera, Carmen,* de Georges Bizet (lent) ;
- L'*Arlésienne* de Georges Bizet, *Farandole de la suite n° 2* (lent puis rapide) ;
- *Carmen* de Georges Bizet, *prélude. Allegro giocoso* (rapide) ;
- *rondo* du *Concerto pour flûte et orchestre en mi mineur* de Saverio Mercadante (rapide) ;
- *presto* du *Concerto n° 2 (L'Été) pour violon et orchestre* d'Antonio Vivaldi (rapide).

Faire marcher les élèves sur ces musiques. Le déplacement sera variable en fonction du tempo de chaque extrait, et le maître pourra modéliser un exemple de marche lente et un exemple de marche rapide, afin d'entraîner les élèves.

Résultat attendu
Les enfants sont capables de marcher régulièrement sur une pulsation donnée par un support sonore ou musical, avec variations de tempo.

Évaluation
Elle est collective avant d'être individuelle en grande section.

:: Conseils
Cette séance peut être abordée en fin de petite section.
Une ***pulsation lente*** sera ressentie lors d'activités de berceuses et de balancements. Faire d'abord s'exprimer librement les enfants sur des comptines du style *Balalin balalan* ou *Meunier, tu dors* ; on obtient des balancements du corps de gauche à droite, puis avec les bras, et aussi d'un pied sur l'autre. On peut demander ensuite de se déplacer sur les chansons chantées par le maître ou en chantant soi-même.

:: Prolongements
• **Utilisation de corps sonores** pour marquer la pulsation.
Le maître frappe une pulsation déterminée, de tempo lent avec un tambourin, qui induit le déplacement des enfants dans l'espace de motricité. Puis il désigne un petit groupe d'enfants qui va constituer un orchestre accompagnateur sur ce même rythme.

• **Variante avec une pulsation au tempo rapide** menée par un orchestre de claves et de tubes résonants.

Séance n° 13 Rythmes en imitation

:: **Compétence** : Adapter son geste aux contraintes matérielles (instruments, supports, matériels).

:: **Objectifs** : Imprégner les enfants de formules rythmiques et constituer une « valise rythmique ». Habituer les élèves à vivre corporellement des rythmes précis, notamment ceux rencontrés dans les comptines et les chansons.

:: **Concept** : La cellule rythmique.

:: **Capacité** : Savoir reproduire des formules rythmiques simples corporellement ou avec des instruments.

:: **Conditions préalables** : Connaître des comptines et savoir reconnaître les formules rythmiques qui les constituent. Savoir frapper dans les mains.

:: Préparation de la classe

- **Organisation de la classe**
  Les enfants sont assis en cercle autour du maître.
- **Document**
  Une progression rythmique pour le maître.

:: Déroulement de l'activité

- **Durée** : 10 minutes.
- **Modalités de travail** : groupe classe.

→ Description de l'activité

Le principe est simple : il s'agit d'instaurer un dialogue rythmique entre le maître et ses élèves, sur quatre pulsations. Le maître (M), placé face aux élèves, frappe dans les mains une cellule rythmique, que le groupe (E) reproduit immédiatement, sans temps mort.

- Pas d'interruption dans la pulsation, pas d'arrêt entre les formules.
- Commencer par une cellule repère (4 noires).
- Chaque cellule est terminée par une noire.
- Répéter trois fois la même cellule.
- Il est utile, au début, de revenir à la cellule de base avant chaque changement de cellule.

Progression possible, constituant un cheminement logique dans la gradation des difficultés.

M. ♩ ♩ ♩ ♩	E. ♩ ♩ ♩ ♩
M. ♩ ♩ ♪ ♪ ♩	E. ♩ ♩ ♪ ♪ ♩
M. ♪ ♪ ♩ ♩ ♩	E. ♪ ♪ ♩ ♩ ♩
M. ♩ ♪ ♪ ♩ ♩	E. ♩ ♪ ♪ ♩ ♩
M. ♪ ♪ ♩ ♪ ♪ ♩	E. ♪ ♪ ♩ ♪ ♪ ♩
M. ♪ ♪ ♪ ♪ ♪ ♪ ♩	E. ♪ ♪ ♪ ♪ ♪ ♪ ♩

Variantes : utilisation de différents niveaux corporels : mains (m), genoux (g), pieds (p), langue (l).

- Alterner deux niveaux sur une même cellule, mains/pieds par exemple.
- Avec des instruments de percussion (claves et blocs résonants, pour obtenir des sons brefs).

– Nuancer les phrases rythmiques : jouer fort/jouer faible, jouer crescendo, puis decrescendo.

Résultat attendu

Progressivement, les enfants réussiront à restituer les rythmes avec précision en frappant dans les mains.

Évaluation

Sous forme de questions/réponses avec le maître.

:: Remarques

La progression présentée ci-dessus n'est pas exhaustive, mais est largement suffisante pour les élèves de l'école maternelle, tout au moins pour le cycle 1. La grille pourra se complexifier à souhait par la suite, après l'apprentissage de comptines aux rythmes plus divers (incluant des valeurs de noires pointées-croches, doubles-croches et triolets). On proposera rapidement un travail instrumental aux enfants pour agrémenter le plaisir de jouer et leur permettre de manipuler régulièrement les bois.

:: Conseil

Afin d'entraîner les enfants, cette activité peut se faire quotidiennement, dans le cadre d'un retour au calme.

:: Définitions

Concept de rythme, notions de cellule rythmique et de pulsation.

Le **rythme** est la base de la musique. Il constitue le support sur lequel se placent la mélodie et l'harmonie. Les enfants acquièrent le sens rythmique lorsqu'ils maîtrisent les formules rythmiques et la pulsation.

La **formule (ou cellule) rythmique** est en fait la « chanson rythmique », constituée de notes de diverses durées correspondant aux syllabes entendues.

La **pulsation** est le battement régulier (Maurice Martenot parlait de « petit cœur de la musique ») sur lequel viennent se placer les cellules rythmiques.

Exemple : | | | |

♩ ♩ ♪ ♪ ♩

Ron-din Pi-co-tin

En pratique, ces formules rythmiques se trouvent dans les comptines et chansons traditionnelles, permettant ainsi aux enseignants non musiciens de se repérer et d'en constituer un petit « dictionnaire ».

NOTES PERSONNELLES (idées de projets...)

NOTES PERSONNELLES (idées de projets...)

NOTES PERSONNELLES (idées de projets...)

NOTES PERSONNELLES (idées de projets...)

NOTES PERSONNELLES (idées de projets...)

NOTES PERSONNELLES (idées de projets...)

NOTES PERSONNELLES (idées de projets...)

NOTES PERSONNELLES (idées de projets...)

NOTES PERSONNELLES (idées de projets...)

Mise en page : Linéale Production

Certifié PEFC
Ce produit est issu de
forêt gérées durablement
et de sources contrôlées
www.pefc-france.org
PEFC/10-31-2007
BV/CdC/1702681

Achevé d'imprimer en avril 2011 par EMD S.A.S. (France)
N° éditeur : 2011/577 - Dépôt légal : avril 2011
N° d'imprimeur : 24877